66. Jahrgang
2017

# Ökumenische Rundschau

## Inhaltsverzeichnis

EVANGELISCHE VERLAGSANSTALT
Leipzig www.eva-leipzig.de

# Themen des 66. Jahrgangs:

# Hauptartikel

# Dokumente und Berichte

# Ökumenische Persönlichkeiten

# Neue Bücher

# Inhalt

# Zu diesem Heft

Liebe Leserinnen, liebe Leser,

„Jetzt sind wir dran", lautete vor kurzem die Überschrift eines Artikels in der Beilage „Christ & Welt" der Wochenzeitung „Die Zeit" (34/2017). In dem Beitrag mahnte die Autorin Hanna Jacobs, Vikarin einer evangelischen Landeskirche, eine neue Emanzipation in ihrer Kirche an. Aufstrebende Frauen würden auch 500 Jahre nach der Reformation noch immer als „karrieregeil" verunglimpft. Man ruhe sich auf dem Erfolg aus, Margot Käßmann als erste Frau an die Spitze der Evangelischen Kirche in Deutschland gewählt zu haben. Doch sei die evangelische Kirche noch lange nicht so progressiv und egalitär, wie sie sich gerne selbst sehe. Diese Analyse ist nicht von der Hand zu weisen. Denn der vermeintliche „Fortschritt" hat bereits lange auf sich warten lassen. 1958 wurde Elisabeth Haseloff als erste Frau in Deutschland ordiniert. Damals wurde sie noch zur Ehelosigkeit verpflichtet. Erst 1991 führte Schaumburg-Lippe als letzte der EKD-Mitgliedskirchen die Frauenordination ein. Selbst nachdem die Ordination von Frauen mittlerweile selbstverständlich geworden ist, sind Frauen in Leitungspositionen nach wie vor selten. Mit Vorurteilen, offen ausgesprochen oder hinter vorgehaltener Hand, haben sie immer noch zu kämpfen. In anderen Kirchen können Frauen nicht in kirchliche Ämter gelangen. In Lettland wurde Frauen unlängst der Zugang zum geistlichen Amt wieder versperrt. Zahlreiche lutherische Kirchen lehnen die Frauenordination als unbiblisch ab, darunter auch die Selbständige Evangelisch-Lutherische Kirche in Deutschland. Für die römisch-katholische Kirche, in der geistliche Ämter für Frauen nicht möglich sind, hat die Journalistin Christine Florin in ihrem gleichnamigen Buch einen „Weiberaufstand" gefordert. Die Autorin in „Christ & Welt" meint, angesichts der lähmenden Zustände müsse dieser Aufstand interkonfessionell organisiert werden.

Das vorliegende Heft will zu dieser ökumenisch herausfordernden Diskussion zum einen eine Bestandsaufnahme liefern, zum anderen neue Aspekte in das Gespräch bringen. *Margit Eckholt* umreißt, wie sich derzeit die Frage nach Frauen in kirchlichen Ämtern in der römisch-katholischen Kirche darstellt, insbesondere nachdem Papst Franziskus eine Arbeitsgruppe einberief, die sich mit der Weihe von Frauen beschäftigt. *Claudia Kunz* beschreibt die Entwicklung, dass in nichtgeistliche Leitungspositionen der katholischen Kirche jedoch zunehmend Frauen berufen werden, und das ganz bewusst, wie sie anhand einiger Dokumente der deutschen Bischöfe darstellt. Den Blick auf die römisch-katholische Kirche ergänzt *Hans-Joachim Sander,* der Maria als „Topos für die Unmöglichkeit des Glaubens" skizziert. Wie sich die Lage von Frauen in Leitungsämtern der evangelischen Kirche darstellt, zeigt *Jantine Nierop* anhand einer Studie aus fünf Landeskirchen. Als Ergänzung zu dieser statistischen Momentaufnahme wirft *Uta Andrée* einen Blick in die Geschichte der evangelischen Kirche. Sie hat untersucht, welche Rolle Frauen in der Mission gespielt haben, und wie man ihnen diese Rollen wieder streitig machte, als die Männer aus den Weltkriegen zurückkehrten. *Petros Vassiliadis* gibt einen Einblick in die Diskussion der Orthodoxen Kirche und stellt dar, welche Ansätze es für die Ordination von Frauen in der Orthodoxie bereits gibt. Auf ihre Erfahrung als erste Frau an der Spitze einer Freikirche in Deutschland blickt *Rosemarie Wenner* zurück und beschreibt, dass die Ordination von Frauen in kirchliche Leitungsämter deutscher Freikirchen nach wie vor auf Schwierigkeiten stößt. Den christlichen Horizont überschreitet *Carola Roloff*, die einen Einblick in die Ordination und Ämter von Frauen im Buddhismus gewährt. Schließlich werden mit Hildegard Schaeder und Fairy von Lilienfeld zwei Frauen als ökumenische Persönlichkeiten gewürdigt, deren Lebensweg beispielhaft für den steinigen Weg von Frauen in die theologische Wissenschaft steht.

Eine anregende Lektüre wünscht Ihnen

*im Namen des Redaktionsteams*
*Marc Witzenbacher*

# Ökumenische Herausforderung

## Frauen in kirchlichen Ämtern in der römisch-katholischen Kirche

Eckholt

Margit Eckholt[1]

## 1. Frauen in kirchlichen Ämtern – Motor oder Hindernis für die Ökumene?

Vom 6. bis 9. Dezember 2017 wird an der Universität Osnabrück ein ökumenischer Kongress durchgeführt, der die Frage nach Frauen in kirchlichen Ämtern stellt. Der Kongress ist von den Veranstalterinnen – Margit Eckholt, Dorothea Sattler, Ulrike Link-Wieczorek und Andrea Strübind – bewusst im Jahr der Erinnerung an 500 Jahre Reformation verortet. Das von einer internationalen lutherisch/römisch-katholischen Kommission für die Einheit der Christen im Jahr 2013 zur Vorbereitung auf das Gedenken der Reformation (1517–2017) veröffentlichte Dokument „Vom Konflikt zur Gemeinschaft"[2] macht darauf aufmerksam, dass das Gedenken der Reformation in einer globalisierten Welt und in Zeiten der Ökumene erfolgt, und dass es zum ersten Mal zu einer gemeinsamen Sichtweise auf dieses Geschehen kommt. Von dieser gemeinsamen Perspektive geprägt ist auch das von der deutschen katholischen Bischofskonferenz und der EKD im September 2016 herausgegebene Dokument „Erinnerung heilen – Jesus Christus bezeugen". Nicht das Trennende soll bei dieser lebendigen Erinnerung in das Zentrum gestellt werden, sondern vielmehr das Gemeinsame: Jesus Christus zu bezeugen, das heißt, als Christen und Christinnen gemeinsam

---

[1]    Margit Eckholt ist Professorin für Dogmatik mit Fundamentaltheologie am Institut für katholische Theologie der Universität Osnabrück und Vorsitzende von AGENDA – Forum katholischer Theologinnen e.V.
[2]    Vom Konflikt zur Gemeinschaft. Gemeinsames lutherisch-katholisches Reformationsgedenken im Jahr 2017. Bericht der *Lutherisch/Römisch-katholischen Kommission für die Einheit,* Leipzig/Paderborn ²2013.

für ein Miteinander einzustehen, das von den Werten geschwisterlicher Liebe, von Solidarität und Hoffnung für eine Welt in Gerechtigkeit und Frieden geprägt ist. „Das Gedächtnis an die Reformation ist ein ökumenisches Ereignis, durch das die Gemeinschaft zwischen den evangelischen Kirchen und der römisch-katholischen Kirche vertieft werden kann", so formulieren es auch Dorothea Sattler und Volker Leppin für den Ökumenischen Arbeitskreis evangelischer und katholischer Theologen.[3] Gleichzeitig weisen die kirchlichen Dokumente aber auch auf die bestehenden theologischen Differenzen und den zentralen Punkt hin, der es nicht möglich macht, „2017 das Abendmahl bzw. die Eucharistie (…) gemeinsam (zu) feiern" und damit in einer besonderen Dichte und Sichtbarkeit das „Christusfest" zu begehen, das Anliegen des Reformationsgedenkens in den deutschen Ortskirchen ist. Das zeigt, so formuliert es das Dokument „Erinnerung heilen – Jesus Christus bezeugen", „dass bei allen ökumenischen Annäherungen bis heute grundlegende Fragen des Kirchen- und des Amtsverständnisses nicht gemeinsam beantwortet sind".[4] Die differierenden Ämtertheologien sind dabei auch eine kritische Instanz im Hinblick auf die Tragweite der Vorentscheidung bei der Frage, ob die „sichtbare Einheit" der Kirche(n) die Zielsetzung der ökumenischen Bewegung ist. Wer auf der institutionellen Ebene nicht mehr nach einem Ausgleich der ämtertheologischen Positionen sucht, gibt die Suche nach der „sichtbaren Einheit" der Kirchen auf und muss sich nach dem eigenen Konzept der Ökumene fragen lassen.

In diesem Zusammenhang kommt der Frage nach Frauen in kirchlichen Ämtern eine besondere Bedeutung zu; ist sie, so die Herausforderung, Motor oder Hindernis für die Ökumene? In den christlichen Kirchen liegen unterschiedliche Praktiken und theologische Begründungen im Blick auf die Frage nach Frauen in kirchlichen Ämtern vor, und es stellt sich die Frage, ob ein „gemeinsames Gedenken der Reformation" wirklich möglich ist, wenn nicht weitergehende Reformbewegungen in allen christlichen Kirchen angestoßen werden im Blick auf eine stärkere Sichtbarkeit von Frauen in Führungspositionen der Kirchen und auch in kirchlichen Ämtern. Auf der einen Seite stellt sich die Herausforderung, ob eine ange-

---

[3]  *Dorothea Sattler/Volker Leppin* (Hg.): Reformation 1517–2017. Ökumenische Perspektiven. Für den Ökumenischen Arbeitskreis evangelischer und katholischer Theologen, Freiburg/Göttingen 2014, 74.

[4]  *Deutsche Bischofskonferenz/Evangelische Kirche in Deutschland* (Hg.): Erinnerung heilen – Christus bezeugen, Gemeinsame Texte 74, 63.

strebte „sichtbare Einheit" ohne Frauenordination überhaupt möglich ist, auf der anderen Seite wird gefragt, ob die Frauenordination auch angesichts der vielfältigen Realisationsformen und theologischen und kirchlichen Debatten um ein Amt für Frauen in den christlichen Kirchen nicht eher ein Hindernis für die Ökumene ist. Den aktuellen Debatten um ein Amt für Frauen in der katholischen Kirche, die sich angesichts der Einberufung einer Kommission zum Frauendiakonat durch Papst Franziskus im August 2016 neu konfigurieren, kommt dabei besondere Bedeutung zu. In der Vielschichtigkeit der theologischen Debatten und dem Ringen um eine entsprechende amtliche Entscheidung zeigt sich die Notwendigkeit, neu der Bewegung zu vertrauen, die das Zweite Vatikanische Konzil für die Ämtertheologie und die Frage nach Frauen in kirchlichen Ämtern bedeutet hat.

## 2. Das frauenbefreiende Potential der Konzilstexte und eine neue Bewegung in der Ämterfrage[5]

Das Zweite Vatikanische Konzil hat die Grundlagen einer Volk-Gottes-Ekklesiologie, eines neuen Sakramentsverständnisses, einer partizipativen, die Charismen aller Getauften ernst nehmenden und auch der Freiheit des/der Einzelnen neuen Raum eröffnenden Kirche gelegt.[6] Das Zitat von Gal 3,28 – „nicht mehr Jude und Grieche, nicht mehr Sklave und Freier, nicht mehr Mann und Frau" – stellt, so Peter Hünermann in seinen Analysen zum Zweiten Vatikanum, „eine Grundaussage der Kirche im II. Vatikanum dar".[7] Die „Gleichheit und Würde aller Glieder der Kirche stellt zugleich die grundlegende Norm im Verhalten der einzelnen Christen zueinander dar"[8]. Frauen sind gleichberechtigte Mitglieder des Volkes Gottes, von dort her kommt ihnen, wie es die Konzilskonstitution „Lumen Gentium" deutlich macht, die „volle Würde eines Christenmenschen" zu, sie gehören zum „königlichen Priestertum" (LG 10,2) und zum „auser-

---

[5] Die folgenden Überlegungen beziehen sich auf: *Margit Eckholt*: Neue Bewegung in der Frage nach dem Frauendiakonat?; in: ThPQ 165 (2017), 266–275.

[6] Vgl. z. B. *Margit Eckholt*: Ohne die Frauen ist keine Kirche zu machen: Der Aufbruch des Konzils und die Zeichen der Zeit, Ostfildern 2012.

[7] *Peter Hünermann*: Theologischer Kommentar zur dogmatischen Konstitution über die Kirche *Lumen Gentium*; in: *Peter Hünermann/Bernd Jochen Hilberath* (Hg.): Herders Theologischer Kommentar zum Zweiten Vatikanischen Konzil, Bd. 2, Freiburg/Basel/Wien 2004, 263–582, hier: 467.

[8] *Hünermann*, Theologischer Kommentar, 330.

wählten Volk", auch ihr „Glaubenssinn" (LG 12,1) prägt das prophetische Amt Jesu Christi aus (vgl. LG 33–35).

Angesichts der Einrichtung des ständigen Diakonats (für verheiratete Männer) als eigenständiges sakramentales Amt mit einer Weihe „zum Dienst" (LG 29), wie es am Ende von Kapitel 3 der Kirchenkonstitution „Lumen Gentium" heißt, ist es mit dem Konzil zu einer Bewegung in der Ämtertheologie gekommen.[9] Im Kontext der missionarischen Aufgaben der Kirche wird der Diakonat als besonderes Zeichen einer „Welt-Kirche" benannt: „Denn es ist angebracht, dass Männer, die tatsächlich einen diakonalen Dienst ausüben, sei es als Katechisten in der Verkündigung des Gotteswortes, sei es in der Leitung abgelegener christlicher Gemeinden im Namen des Pfarrers und des Bischofs, sei es in der Ausübung sozialer oder karitativer Werke, durch die von den Aposteln her überlieferte Handauflegung gestärkt und dem Altare enger verbunden werden, damit sie ihren Dienst mit Hilfe der sakramentalen Diakonatsgnade wirksamer erfüllen können" (Ad Gentes, AG 16). Der Diakonat wird im Rahmen des einen sakramentalen Heilsdienstes der Kirche als besondere Repräsentanz des diakonischen Christus verstanden. Damit sind mit dem Konzil Grundlagen für eine Neubestimmung der Einheit des Weihesakramentes gelegt worden, das sich in der nachtridentinischen Theologie als in die Trias von Bischof, Presbyterat und Diakonat gestufter hierarchischer Ordo entfaltet hat. Das Konzil knüpft, unter Rückbezug auf Theologie und Praxis der Kirche des ersten Jahrtausends, an das Modell der „Einheit in Vielfalt" an. Jesus Christus hat „verschiedene Dienste" (LG 18) eingesetzt, und alle gründen in dem Heilsdienst, auf den die Kirche in der Nachfolge Jesu Christi verpflichtet ist. Die Einheit zeigt sich, so Peter Hünermann, in der „Fülle des bischöflichen Dienstes, in der ihm zukommenden Weihegewalt, in der grundsätzlichen Ausrichtung aller Dienste auf das Heil des Volkes Gottes und in dem fundamentalen Faktum, dass alle Dienste in sakramentaler Weise Christus gegenwärtig machen" (LG 28).[10] Das ist eine Argumentationslinie, die im Motu proprio von Papst Benedikt XVI. „Omnium in mentem" vom 26.10.2009 weiter vertieft wird, in dem er zwischen der Weihe von Bischöfen und Priestern auf der einen Seite und der Weihe von Diakonen auf der anderen Seite differenziert. Die Diakone erhalten die Sendung

---

[9]    Vgl. dazu: *Eckholt,* Ohne die Frauen ist keine Kirche zu machen.
[10]    *Peter Hünermann:* „Die Kirche braucht auch ... Frauen im kirchlichen Amt"; in: *Marianne Heimbach-Steins/Gerhard Kruip/Saskia Wendel* (Hg.): Kirche 2011. Ein notwendiger Aufbruch. Argumente zum Memorandum, Freiburg/Basel/Wien 2011, 189–197, 194; vgl. auch: *Regina Radlbeck-Ossmann:* Das Argument von der Einheit des Ordo. Fundament für die Ablehnung eines Diakonats der Frau?; in: *Dietmar Winkler* (Hg.), Diakonat der Frau. Befunde aus biblischer, patristischer, ostkirchlicher, liturgischer

und Befähigung nicht „in Person Christi, des Hauptes", sondern die „Vollmacht, dem Volke in der Diakonie, der Liturgie des Wortes und der Liebe zu dienen"[11]. So umfasst die Einheit des Amtes eine „qualitative Vielfalt", „bis hin zur unterschiedlichen sakramentalen Repräsentation Christi: der Diakon wird ad ministerium non ad sacerdotium (zum Dienst, nicht zum Priestertum) geweiht. So wird Christus immer sakramental vergegenwärtigt, aber in unterschiedlicher Signifikanz"[12].

In dieser vom Konzil eröffneten und in den letzten Jahren neu vertieften theologischen Dynamik ist die Möglichkeit begründet, den „Ordo" neu zu denken und die Frage nach Ämtern und Diensten für Frauen zu stellen. Sicher, in den Generalversammlungen des Konzils ist die Frage nach Ämtern für Frauen kein Thema gewesen, und die Eingaben von Frauen an das Konzil im Blick auf kirchliche Ämter haben in der offiziellen Konzilsgeschichte bislang keinen Ort gefunden. Die Schweizer Juristin Gertrud Heinzelmann, die Kirchenrechtlerinnen Ida Raming und Iris Müller haben in ihrer Konzilseingabe eine kirchenrechtliche Argumentationslinie im Blick auf die Weihe von Frauen eingeschlagen und die nicht haltbaren philosophisch-theologischen Grundlagen eines Ausschlusses von Frauen vom Amt benannt. Die Osnabrücker Theologin und Dogmengeschichtlerin Elisabeth Gössmann vertiefte dies in den 1970er und 1980er Jahren und wies auf die im Blick auf die Frau reduzierte Gottebenbildlichkeit in der theologischen Anthropologie bei Thomas von Aquin hin, eine Argumentationslinie, die bis in jüngere kirchenamtliche Dokumente Geschichte gemacht hat.[13] Die Ravensburger Religionslehrerin Josefa Theresia Münch hat in ihrer Konzilseingabe auf den „pastoralen Notstand", den Priestermangel, hingewiesen und sich aus der tiefen inneren Überzeugung einer eigenen Berufung zur Priesterin an das Konzil gewandt.[14] In der Folge des

---

und systematisch-theologischer Perspektive, Wien 2010, 119–134; *Sabine Demel*: Frauen und kirchliches Amt. Vom Ende eines Tabus in der katholischen Kirche, Freiburg/Basel/Wien 2004, 73–75.

[11] *Hünermann,* „Die Kirche braucht auch…", 195.

[12] Ebd.

[13] *Elisabeth Gössmann*: „Naturaliter femina est subiecta viro". Die Frau – ein verminderter Mann? Thomas von Aquin; in: *Renate Jost/Ursula Kubera* (Hg.): Wie Theologen Frauen sehen – von der Macht der Bilder, Freiburg/Basel/Wien 1993, 37–56; *dies.:* Äußerungen zum Frauenpriestertum in der christlichen Tradition; in: *Dietmar Bader* (Hg.): Freiburger Akademiearbeiten 1979–1989, München/Zürich 1989, 304–321.

[14] Vgl. den Text der Religionspädagogin *Fanny Werfer* (1906–1985): Die Stellung der Frau zum Amt in der Kirche; in: Die christliche Frau, 53 (1964), 161–168. Sie geht u. a. auch auf die Theologin Josefa Theresia Münch ein, die eine Konzilseingabe gemacht hat mit der Forderung, dass es im Kirchenrecht nicht mehr heißen dürfe: „Nur der getaufte Mann kann die Priesterweihe gültig empfangen", sondern „nur die getaufte Person".

Konzils legte Ida Raming verschiedene kirchenrechtliche Studien zum Ausschluss von Frauen aus dem Amt vor,[15] und im US-amerikanischen Kontext formierte sich das Women's Ordination-Movement, deren Fürsprecherin eine der bedeutenden von Paul VI. berufenen Auditorinnen, die Ordensfrau Mary Luke Tobin, war. Die deutschen katholischen Frauenverbände haben das Thema des Amtes zu Konzilszeiten „ausgespart", auch wenn in den von den Verbänden gesammelten „Wünschen" von Frauen an das Konzil der Frauendiakonat benannt worden ist.[16] Das sollte sich aber mit der Würzburger Synode (1972–1975) ändern, deren Votum zur Einrichtung eines Diakonenamtes für Frauen am Abschluss der Synode nach Rom gesandt wurde, und vor allem seit der Durchführung eines wissenschaftlichen Kongresses zum Frauendiakonat, der im April 1997 an der Akademie der Diözese Rottenburg-Stuttgart in Hohenheim unter Beteiligung der zwei katholischen Frauenverbände KDFB (Katholischer Deutscher Frauenbund) und kfd (Katholische Frauengemeinschaft Deutschlands) durchgeführt wurde und zur Gründung des Netzwerkes Diakonat der Frau führte, das theologisch-pastorale Ausbildungskurse für Frauen durchführt, die ein solches Amt anstreben.[17]

Papst Franziskus gibt über 50 Jahre nach dem Zweiten Vatikanischen Konzil dieser „Bewegung" neuen Raum, wenn er darauf hinweist, Frauen Möglichkeiten zu eröffnen, ihren „Genius" in die verschiedenen Aufgabenfelder der Kirche einzubringen und auch Führungspositionen in der Kirche wahrzunehmen,[18] und er aktualisiert diese Bewegung angesichts des neuen gesellschaftlichen und kulturellen Bewusstseins im Blick auf die „Frauenfrage" und die Gender-Debatten. Die vom II. Vatikanum angestoßenen theologischen Fragen zur Struktur der Kirche, zum Kirchen- und Amtsverständnis führen in eine neue Weite und sind auch von ökumenischer Relevanz, theologisch erschöpfend behandelt sind diese Fragen jedoch nicht. Sicher hat sich Papst Franziskus in Interviews abschlägig im Blick auf eine mögliche Priesterweihe für Frauen ausgedrückt und sich auf die lehramtlichen Positionen bezogen, wie sie seit der Erklärung von Papst Paul VI.

---

[15] *Ida Raming:* Priesteramt der Frau. Geschenk Gottes für eine erneuerte Kirche, Münster/Hamburg/London 2002.

[16] Vgl. *Dorothea Reininger:* Diakonat der Frau in der einen Kirche. Diskussionen, Entscheidungen und pastoral-praktische Erfahrungen in der christlichen Ökumene und ihr Beitrag zur römisch-katholischen Diskussion, Ostfildern 1999, 46.

[17] *Peter Hünermann/Albert Biesinger/Marianne Heimbach-Steins/Anne Jensen* (Hg.): Diakonat. Ein Amt für Frauen in der Kirche – Ein frauengerechtes Amt?, Ostfildern 1997.

[18] Aussagen von Papst Franziskus zu Frauen in der Kirche sind zusammengestellt in: *Papst Franziskus:* Keine Kirche ohne Frauen. Mit einer Einführung versehen und herausgegeben von Gudrun Sailer, Stuttgart 2016.

zur Frage der Zulassung der Frauen zum Priesteramt „Inter insigniores"
(1976) und dem Apostolischen Schreiben von Papst Johannes Paul II. „Ordinatio sacerdotalis" (1994) vorliegen: Eine Weihe von Frauen (zum Priester) ist – diesen Texten zufolge – „nicht erlaubt",[19] oder wie es im katholischen Kirchenrecht can. 1024 des Codex Iuris Canonici von 1983 heißt:
„Die Heilige Weihe empfängt gültig nur der getaufte Mann." Indem die Kirche, so „Inter insigniores", „nur Männer zur Weihe und zum eigentlichen
priesterlichen Dienst beruft", bleibt sie „jenem Urbild des Priesteramtes
treu", „das der Herr Jesus Christus gewollt und die Apostel gewissenhaft
bewahrt haben".[20] Das Priestertum gehört nicht „zu den Rechten der
menschlichen Person", sondern leitet „sich aus der Ökonomie des Geheimnisses Christi und der Kirche" her.[21] Einer weitergehenden Auseinandersetzung mit der Weihe von Frauen wurde mit diesem Dokument und
seiner Bekräftigung durch Johannes Paul II. in „Ordinatio sacerdotalis" ein
Riegel vorgeschoben. Aber wenn Papst Franziskus eine Kommission zur
Erörterung des Frauendiakonats eingerichtet hat, bedeutet dies, dass die
Bewegung, die das Zweite Vatikanische Konzil grundsätzlich im Blick auf
amts- und sakramententheologische Fragen bedeutet hat, fortwirkt, und es
ist zu wünschen, dass sich auch Stimmen aus der Ökumene an dieser Diskussion beteiligen, denn die Frauenordination, so hat es die früh verstor-
bene Grazer Theologin Anne Jensen formuliert, ist mehr als ein ökumenisches Problem „eine ökumenische Aufgabe",[22] weil es eben nicht nur um
Kirchenordnungen geht, sondern um die Tiefe der „Ökonomie des Geheimnisses Christi und der Kirche".

[19] Vgl. *Walter Groß* (Hg.): Frauenordination. Stand der Diskussion in der Katholischen Kirche, München 1996; ebenso: *Sabine Demel:* Frauen und kirchliches Amt. Vom Ende
eines Tabus in der katholischen Kirche, Freiburg/Basel/Wien 2004.

[20] *Sekretariat der Deutschen Bischofskonferenz* (Hg.): Erklärung der Kongregation für
die Glaubenslehre zur Frage der Zulassung der Frauen zum Priesteramt. 15. Oktober
1976, Bonn 1994, Verlautbarungen des Apostolischen Stuhls Nr. 117, 9–29, 14.

[21] Erklärung zur Frage der Zulassung der Frauen zum Priesteramt, 28. – Vgl. dazu: *Sabine
Demel:* Frauen und kirchliches Amt. Vom Ende eines Tabus in der katholischen Kirche,
Freiburg/Basel/Wien 2004.

[22] *Anne Jensen:* Ist Frauenordination ein ökumenisches Problem?; in: Internationale kirchliche Zeitschrift 84 (1994), 210–228, 228.

### 3. Die Debatten um den Frauendiakonat in der katholischen Kirche[23]

Der Frauendiakonat wurde nach dem Konzil in den Frauenverbänden diskutiert, und das war der fruchtbare Boden für die Diskussionen auf der Würzburger Synode (1972–1975), die im Beschluss über die pastoralen Dienste in der Gemeinde den „Ausschluß" von Frauen von der Weihe als „eine theologische und pastoral nicht zu rechtfertigende Trennung von Funktion und sakramental vermittelter Heilsvollmacht" bezeichnete.[24] Die „Stellung der Frau in Kirche und Gesellschaft" lasse es als „unverantwortlich erscheinen", „sie von theologisch möglichen und pastoral wünschenswerten amtlichen Funktionen in der Kirche auszuschließen. Schließlich läßt die Hineinnahme der Frau in den sakramentalen Diakonat in vielfacher Hinsicht eine Bereicherung erwarten, und zwar für das Amt insgesamt und für die in Gang befindliche Entfaltung des Diakonats im besonderen". Dabei legt die Synode Wert darauf, dass der „Diakonat (...) eine eigenständige Ausprägung des Weihesakraments (ist), die sich theologisch und funktional vom priesterlichen Dienst abhebt. Der geschichtliche Befund bezüglich des Diakonats der Frau und bezüglich des Priestertums der Frau liegt jeweils anders. Daher ist die Frage der Zulassung der Frau zum sakramentalen Diakonat verschieden von der Frage des Priestertums der Frau". Und so formulierte die Synode dann: „Die Zulassungsbedingungen zum Diakonat sollen daher für Männer und Frauen soweit als möglich angeglichen werden. Das betrifft insbesondere die Bewährung in der Gemeinde, in Beruf und ggf. in der Familie sowie das Mindestalter."[25] Die Synode hatte ihr Votum auf dem Hintergrund von Gutachten zum Diakonat der Frau formuliert, die von den Dogmatikern Yves Congar, Herbert Vorgrimler und Peter Hünermann erstellt wurden; alle drei hatten sich auf neue biblische, historische und liturgiewissenschaftliche Studien zum Diakonat der Frau bezogen.[26]

In den Texten des Neuen Testament ist mehrfach von den Frauen die Rede, die Jesus „nachfolgten und dienten" (z. B. Lk 8,2–3). Im Schlusskapitel seines Briefes an die Römer fügt Paulus ein Empfehlungsschreiben an,

---

[23]   Die folgenden Überlegungen beziehen sich auf: *Eckholt,* Neue Bewegung in der Frage nach dem Frauendiakonat?; in: ThPQ 165 (2017), 266–275.

[24]   Gemeinsame Synode der Bistümer in der Bundesrepublik Deutschland, Die pastoralen Dienste in der Gemeinde (Beschluss); in: Gemeinsame Synode der Bistümer in der Bundesrepublik Deutschland. Beschlüsse der Vollversammlung, Offizielle Gesamtausgabe I, hg. von *Ludwig Bertsch* u. a., Freiburg ⁵1976, 597–636, hier: 617 (Kapitel 4.2.2.).

[25]   Ebd.

[26]   Vgl. z. B. *Peter Hünermann:* Gutachten zum Diakonat der Frau; in: Synode (1973), 7, 42–47.

das an Phöbe gerichtet ist, „unsere Schwester, die Diakonin der Gemeinde
von Kenchreä ist" (Röm 16,1);[27] „sie selbst hat vielen, darunter auch mir
geholfen", notiert Paulus. Darüber hinaus ist von den Aufgaben die Rede,
die Witwen und Jungfrauen in den Gemeinden übernommen haben (1 Tim
5,9–12), und auch von den Ehefrauen der Diakone (1 Tim 3,11). Das sind
Zeugnisse, die für die Entfaltung der Ämtertheologie in der frühen Kirche
von Bedeutung sind und auf deren Hintergrund sich im Zuge der Entwicklung der kirchlichen Ämter auch der Frauendiakonat ausgebildet hat. Die
im Jahr 220 vorgelegte syrische Kirchenordnung der „Didascalia apostolorum" spricht von einem Diakonenamt der Frauen, das zuständig ist für die
Betreuung von Frauen in der Gemeinde, für Krankendienste, für die Tauf-
katechese und die Taufsalbung von Frauen. In can. 9 der Didascalia wird
die Ämtertrias von Bischof, Diakon und Diakonin mit einer trinitarischen
Typologie verbunden. „Denn der Bischof sitzt für euch an der Stelle Gottes
… Der Diakon aber steht an der Stelle Christi und ihr sollt ihn lieben …
Die Diakonin aber soll nach dem Vorbild des Heiligen Geistes von euch geehrt werden."[28] Im 4. Jahrhundert wird auf dem Konzil von Nizäa (325)
zum ersten Mal der Titel „Diakonin" erwähnt, im 5. Jahrhundert bezeugt
das Konzil von Chalcedon (451), dass es eine Ordination von Frauen gegeben hat; in can. 15 wird das Mindestalter der Diakoninnen benannt, 40
Jahre, es werden Bestimmungen zur Ehe und Heirat der Diakoninnen gegeben, und es ist von einer Weihe mit Handauflegung und Gebet die Rede.[29]

Der italienische Kamaldulenser und Liturgiewissenschaftler Cipriano
Vagaggini (1909–1999), dessen Forschungen zum Frauendiakonat in der
byzantinischen Tradition der frühen Kirche 2013 von der US-Amerikanerin
Phyllis Zagano neu vorgelegt und kommentiert wurden, hat deutlich gemacht, dass in diesen Texten – darunter in den bedeutenden Ende des
4. Jahrhunderts entstandenen Apostolischen Konstitutionen – kein Unterschied gemacht wird im Blick auf die Qualität der Weihe zwischen Mann
und Frau, dass es auch keinen Unterschied gibt zwischen einer höheren
oder einer niederen Weihestufe oder zwischen einem Sakrament und einer

---

[27] Vgl. *Marlies Gielen:* Frauen als Diakone in paulinischen Gemeinden; in: *Dietmar W. Winkler* (Hg.): Diakonat der Frau. Befunde aus biblischer, patristischer, ostkirchlicher, liturgischer und systematisch-theologischer Perspektive, Wien 2010, 11–40; vgl. auch: *Gerhard Lohfink:* Weibliche Diakone im Neuen Testament; in: *Gerhard Dautzen-
berg/Helmut Merklein/Karlheinz Müller* (Hg.): Die Frau im Urchristentum, Freiburg 1983, 320–338.

[28] Didascalia apostolorum, can. 9, zitiert nach: www.diakonat.de/ (aufgerufen am 04.08. 2017).

[29] Vgl. *Reininger,* Diakonat der Frau in der Einen Kirche, 89.

Sakramentalie.[30] Der seinen Thesen zugrunde gelegte byzantinische Ritus (Barberini Codex Gr. 336, genannt „Barberini Euchologion") geht bei der Ordination von Diakoninnen davon aus, dass diese am Fuß des Altars stehen, also auf einer Ebene wie Bischof, Priester und Diakon. Das werde auch in der theologischen Reflexion bestätigt, so bei Johannes Chrysostomos, der in der Linie von Theodor von Mopsuestia zwischen zwei Gruppen unterscheidet, dem Bischof, Priester und Diakon auf der einen und auf der anderen Seite dem Subdiakon und Lektor; nur die ersten werden am Fuß des Altars geweiht, und dazu gehören, so Johannes Chrysostomos, auch die Diakoninnen. Auch Justinian zähle die Diakoninnen zum Klerus und sie erhielten eine „heilige Weihe", auch wenn sie nicht zum Presbyterat zugelassen wurden.[31] Die Ordinationsformulare des Codex Barberini enthalten die Epiklese und im Weihegebet die Bezugnahme auf „die göttliche Gnade"[32], was ausdrücklich auf eine sakramentale Weihe hinweise. Der Diakonat gehört zum „höheren Ordo" wie der Bischof und Presbyter, und dazu zählt auch der Frauendiakonat. Vagaggini spricht zwar von zwei Stufen des Diakonats,[33] der Diakonat für Männer und Frauen habe andere liturgische Funktionen gehabt, aber beide seien „streng sakramentaler Natur"[34], Frauen haben eine Weihe erhalten, die „der Natur und Würde nach der Weihe der Diakone gleichgekommen ist",[35] es hat sich nicht nur um einen einfachen Segen gehandelt. Vagagginis Thesen wurde Ende der 1970er Jahre vehement vom französischen Liturgiewissenschaftler Aimé-Georges Martimort widersprochen. In seinem 1982 vorgelegten umfassenden Werk zum Frauendiakonat in der frühen Kirche „Les diaconesses. Essai historique"[36] hat er die „Andersartigkeit" des Frauendiakonats herausgestellt und herausgearbeitet, dass aus dem Amt in der frühen Kirche kein sakramentaler Frauendiakonat abgeleitet werden könne.

Die grundsätzliche Frage, die sich in der Auseinandersetzung zwischen den beiden Liturgiewissenschaftlern Vagaggini und Martimort abzeichnet, prägt auch die aktuellen Debatten: Ist der Frauendiakonat eine „ordinatio"

---

[30] *Phyllis Zagano* (Hg.): Ordination of Women to the Diaconate in the Eastern Churches. Essays by Cipriano Vagaggini, Collegeville/Minnesota 2013, 38–40. Phyllis Zagano hat zwei bedeutende Aufsätze von C. Vagaggini zum „Frauendiakonat in der griechischen und byzantinischen Tradition" zum ersten Mal in englischer Sprache zugänglich gemacht: „L'ordinazione delle diaconesse nella tradizione greca e bizantina" (1974) und „Le diaconesse nelle tradizione greca e bizantina" (1987).

[31] Siehe *Zagano* (Hg.), Ordination, 44.

[32] Ebd., 53.

[33] Ebd., 4.

[34] Ebd.

[35] Ebd., 59.

[36] Rom 1982.

oder eine „benedictio", kann er also zum sakramentalen Amt zugerechnet werden oder ist er – so die Position, die auch Kardinal Kasper beim Studientag „Das Zusammenwirken von Frauen und Männern im Dienst und Leben der Kirche" anlässlich der Frühjahrs-Vollversammlung der DBK am 20.02.2013 in Trier vorgelegt hat[37] – nur mit einer „Segnung" verbunden, was zur Folge hat, dass er als bloße diakonische Beauftragung für den Gemeindedienst verstanden werden kann? In den vergangenen Jahren sind auch über die Diakoninnenweihe hinaus Studien zur Weihe von Witwen und Äbtissinnen von Bedeutung geworden. Vagaggini hatte bereits darauf aufmerksam gemacht, dass Benedikt XIV. die Libanesische Maronitische Synode von 1736 anerkannt habe, auf der es Äbtissinnen von Klöstern, im maronitischen Ritus als Diakoninnen anerkannt, erlaubt worden sei, den eigenen Nonnen die „letzte Ölung" zu spenden.[38] Gary Macy hat in diesem Sinn in seiner 2008 vorgelegten Studie "The hidden history of women's ordination"[39] die Weihe von Frauen in der westlichen Tradition des Mittelalters aufgezeigt und darauf hingewiesen, dass der Abbruch dieser Tradition eher kulturell und kirchenpolitisch bedingt war, als dass er auf einer dogmatischen und lehramtlichen Entscheidung fußt.

Historische Forschungen, das machen diese Diskussionen deutlich, sind nur begrenzt hilfreich; ein neuer theologischer Zugang zum Diakonat der Frau wird nur im Zuge einer Neubesinnung auf die gesamte Ämtertheologie möglich sein. Was Amt und Dienst in der Gemeinde sind, hat sich auf dem Weg der lebendigen Tradition der Kirche herauskristallisiert, ein Weg, der nicht abgeschlossen ist, sondern die Kirche, vom Geist Gottes begleitet und geleitet, immer wieder neu in ihr Wesen hineinwachsen lässt. Auch wenn sich in den Ländern des Südens nicht in einer ausdrücklichen Weise Theologinnen oder Frauenverbände für Frauen in kirchlichen Ämtern aussprechen, so spricht die konkrete pastorale Praxis eine deutliche Stimme, haben doch gerade in den Kirchen des Südens Frauen – vor allem Ordensfrauen – in Basisgemeinden und den „kleinen christlichen Gemeinschaften" mit Ausnahme der Eucharistiefeier und des Bußsakraments alle Aufgaben der Männer übernommen. Gerade um der Glaubwürdigkeit ihrer Verkündigung in modernen, globalisierten und von verschiedensten

[37] Vortrag von Kardinal Kasper zum Studientag „Das Zusammenwirken von Frauen und Männern im Dienst und Leben der Kirche" in der Frühjahrs-Vollversammlung der DBK am 20.02.2013 in Trier; vgl.: www.dbk.de/fileadmin/redaktion/diverse_downloads/presse_2012/2013-035-Studientag-FVV-Trier_Vortrag-K-Kasper.pdf (aufgerufen am 04.08.2017).
[38] Siehe *Zagano* (Hg.), Ordination, 5.
[39] *Gary Macy:* The hidden history of women's ordination. Female clergy in the Medieval West, Oxford/New York 2008.

„Exklusionen" bestimmten Zeiten braucht die Kirche Frauen im Diakonat, und die Kirche verspielt ihre „Gnadenchance", wenn sie Frauen den Weg in ein solches sakramentales Amt verwehrt.[40] Nicht die Weihe von Frauen ist zu rechtfertigen, so formuliert es auf diesem Hintergrund die Kirchenrechtlerin Sabine Demel, sondern der Ausschluss von Frauen.[41]

## 4. Frauen in kirchlichen Ämtern – eine ökumenische Herausforderung angesichts des gemeinsamen Gedenkens der Reformation

Die Auseinandersetzung mit sakraments- und amtstheologischen Fragestellungen auf dem Hintergrund der vom Zweiten Vatikanischen Konzil angestoßenen Bewegung wird, so das Ziel des ökumenischen Ämterkongresses in Osnabrück,[42] im ökumenischen Gespräch auch den amtstheologischen Debatten in den Kirchen der Reformation neue Horizonte erschließen. Weil die Frage der Sakramentalität ein entscheidender ökumenischer Kontroverspunkt in der gesamten Christenheit bei der Suche nach Antworten auf die bislang unbeantworteten Fragen des Kirchen- und Amtsverständnisses ist, werden auch theologische Perspektiven der orthodoxen Tradition einbezogen. Ermutigen kann die geistgewirkte Praxis der Diakoninnenweihe, die der Patriarch von Alexandria, Theodoros II., in der Demokratischen Republik Kongo im Februar 2017 vorgenommen hat. Er hat dort im Rahmen eines Gottesdienstes in Kolwezi eine Frau zur „Missionsdiakonin" geweiht.[43] Ermutigend ist dies, weil einerseits an die alten Traditionen angeknüpft wird, andererseits der veränderte Zeitmoment, die zunehmende Verantwortung von Frauen in den Kirchen und die Herausbildung neuer Gestalten von Ämtern von der Basis her ernst genommen werden. Wenn die christlichen Kirchen in einer sich weiter säkularisierenden und gleichzeitig religiospluralen Gesellschaft gesellschaftliche Akzeptanz und Relevanz haben, so gelingt ihnen dies über die vielfältigen diakonischen und karitativen Felder und ihren Einsatz für Frieden und Gerechtigkeit, für eine nicht Grenzen setzende, sondern öffnende Gesellschaft. Jede

---

[40]  *Dorothea Reininger:* Diakonat der Frau. Gegenwärtige Realitäten und zukunftsweisende Visionen; in: Diakonia 33 (2002), 277–286, hier: 286.

[41]  *Sabine Demel:* Frauendiakonat als Endstation – Weiterdenken verboten?; in: Theologie und Glaube 102 (2012), 275–286, 286.

[42]  Der Ökumenische Kongress „Frauen in kirchlichen Ämtern. Reformbewegungen in der Ökumene" findet vom 6. bis 9. Dezember 2017 an der Universität Osnabrück statt.

[43]  Siehe www.katholisch.de/aktuelles/aktuelle-artikel/erste-orthodoxe-diakoninnenweihe-in-der-neuzeit (aufgerufen am 04.08.2017).

Debatte um kirchliche Ämter und Ämter für Frauen in den christlichen Kirchen macht nur dann Sinn, wenn diese Dynamik der Öffnung und der Anerkennung der anderen auch diese innerkirchlichen und theologischen Debatten prägt. Denn das Amt steht für eine Christus-Repräsentanz, und das
heißt im Dienst der barmherzigen und heilenden Liebe Gottes für die Welt.

# „Leitung in der Kirche hat viele Gesichter"

## Frauen in Leitungspositionen der katholischen Kirche in Deutschland

Claudia Kunz[1]

### 1. Aufbruch nach dem Konzil

Papst Johannes XXIII. hat vor mehr als 50 Jahren in seiner Enzyklika *Pacem in terris* (1963) „die allgemein bekannte Tatsache, dass die Frau am öffentlichen Leben teilnimmt" (Nr. 22), theologisch als ein „Zeichen der Zeit" erklärt und somit der Frauenfrage eine prioritäre Rolle unter den Herausforderungen für die Kirche zugesprochen. Damit kommt es Anfang der 1960er Jahre in der katholischen Kirche zu einer Anerkennung der emanzipatorischen Frauenbewegung. Diese Anerkennung schließt auch konkrete Anliegen der Frauenbewegung ein, dass Frauen nicht mehr nur auf Haus und Familie festgelegt sind, sondern sich in Gesellschaft, Politik und Wirtschaft, in verschiedenen Berufen und Aufgaben, Rollen und Funktionen engagieren. Als „Zeichen der Zeit" ist in diesem Aufbruch der Frauen sogar ein Aufruf Gottes zu sehen, der damit auch die Kirche auf neue Wege weisen will.

Das Zweite Vatikanische Konzil (1962–1965) hat diesen Impuls aufgegriffen,[2] und die deutschen Bischöfe haben sich für ihren Bereich in „Zu Fragen der Stellung der Frau in Kirche und Gesellschaft" (1981) dazu positioniert.[3] Darin setzten sich die Bischöfe für eine Gesellschaft ein, „in der

---

[1]  Dr. Claudia Kunz ist Referentin im Bereich Pastoral der Deutschen Bischofskonferenz. Sie ist Geschäftsführerin der Pastoral- und der Frauenkommission der Deutschen Bischofskonferenz in Bonn.

[2]  Vgl. Pastorale Konstitution über die Kirche in der Welt von heute (Gaudium et spes), Nr. 29, 60 und Dekret über das Laienapostolat (Apostolicam actuositatem) Nr. 9.

[3]  Die deutschen Bischöfe: Zu Fragen der Stellung der Frau in Kirche und Gesellschaft. Bonn 1981 (Die deutschen Bischöfe Nr. 30).

Mann und Frau gleichberechtigt zusammenleben und -arbeiten, in gemeinsamer Verantwortung für die Zukunft einer menschlicheren Welt" (S. 6). Erstmals sprachen sich die Bischöfe auch für ihren Bereich ausdrücklich dafür aus, dass „die Frau in der Kirche noch deutlicher und gerechter in die Verantwortung einbezogen wird, die allen Christen für das kirchliche Leben aufgetragen ist" (S. 11). Sie machten sich das Anliegen zu eigen, „dass gesamtkirchlich und für den eigenen Jurisdiktionsbereich Frauen zu allen Diensten zugelassen werden, die theologisch möglich, pastoral sinnvoll, angemessen und notwendig sind" (S. 19). Theologisch sicherten sie dieses Vorhaben durch eine grundlegende anthropologische Besinnung ab: „Mann und Frau sind gleich als Person" (S. 8), „in der Ausprägung ihres Menschseins verschieden" (S. 12), und darum „auf gegenseitige Partnerschaft angewiesen" (S. 16). Selbstbewusst sprachen sie vor dem Hintergrund dieser theologisch-anthropologischen Grundsatzentscheidung davon: „Die Kirche soll Modell für das gleichwertige und partnerschaftliche Zusammenleben und -wirken von Männern und Frauen sein" (S. 19).

Als das Wort der deutschen Bischöfe „Zu Fragen der Stellung der Frau in Kirche und Gesellschaft" am 21.09.1981 der Öffentlichkeit vorgestellt wurde, fand es ein enormes Medienecho. Es schien sich eine Zeitgenossenschaft von katholischer Kirche und bundesrepublikanischer Gesellschaft aufzutun, einer Gesellschaft, in der gerade erst (1977) das Partnerschaftsgesetz verabschiedet wurde, das der Frau erlaubt, ohne Zustimmung ihres Mannes erwerbstätig zu sein, und das die gesetzliche Aufgabenteilung in der Ehe aufgehoben hat. Nicht nur die katholischen Frauenverbände und andere innerkirchliche Gruppen begrüßten diese Stellungnahme der deutschen Bischöfe, sondern auch Vertreter der evangelischen Kirche und großer gesellschaftlicher Gruppierungen, wie Parteien und Gewerkschaften. Allerdings darf der im Konsens beschlossene Text nicht darüber hinwegtäuschen, dass um diese Sätze intern fast zehn Jahre lang gerungen wurde.

Die Anfänge dieses Bischofswortes reichten in die Zeit der Würzburger Synode (1971–1975) zurück. In den bischöflichen Beratungen zum Text zeichneten sich Spannungen ab, die bis heute die Diskussion um Frauen in kirchlichen Diensten und Ämtern begleiten: Das Anliegen der Gleichberechtigung von Frauen und Männern in kirchlichen Engagements und Berufen, die aufgrund von Taufe und Firmung, also als Teilhabe am gemeinsamen Priestertum, möglich sind, wurde und wird bischöflicherseits uneingeschränkt unterstützt. Doch je mehr dieses Vorhaben an Fahrt aufnahm, desto stärker bremste es den von einzelnen Bischöfen geäußerten Verdacht wieder aus, man wolle auf diese Weise insgeheim die Zugangsbedingungen zum sakramentalen Priestertum ausheben. Das Konzept der Deutschen Bischofskonferenz, die Frage nach der Leitung in der Kirche darum ekklesiologisch und pastoral von der Frage nach den Zulassungsbedingungen zum Amt trennen, reicht also in die Anfänge der 1980er Jahre zurück. Damit konnten nicht nur die Bedeutung und Aufgaben des sakramentalen Priestertums in der Kirche deutlicher profiliert werden; es wurden auch neue Entwicklungs- und Erfahrungsräume für Leitung und das Zusammenwirken von Frauen und Männern auf allen Ebenen in der Kirche eröffnet. Diese gäbe es heute nicht, wenn mit der Leitungs- oder Machtfrage in der Kirche immer zugleich auch die Zugangsbedingungen zum Klerikerstand diskutiert würden.

Das Wort der deutschen Bischöfe von 1981 hat in der Tat den Weg eröffnet, dass Frauen heute selbstverständlich als Theologieprofessorinnen oder Direktorinnen von katholischen Akademien und Leiterinnen kirchlicher Einrichtungen, als Ordinariatsrätinnen und Finanz- oder Caritasdirektorinnen, als Vorsitzende von Pfarrgemeinderäten und Kirchenvorständen, als geistliche Leiterinnen katholischer Verbände und Leiterinnen von Gemeinden oder pastoralen Einheiten in der Kirche wirken.

## 2. Zielsetzung: Erhöhung des Frauenanteils in Führungspositionen

Anlässlich der Verabschiedung und Veröffentlichung des Wortes der deutschen Bischöfe „Zu Fragen der Stellung der Frau in Kirche und Gesellschaft" am 21. September 1981 in Fulda hat der damalige Vorsitzende der Pastoralkommission, Erzbischof Dr. Oskar Saier, allen Beteiligten nicht nur gedankt für „die jahrelange engagierte und mühevolle Arbeit und die zähe Geduld", die das Projekt zur Veröffentlichung geführt haben, er erinnerte auch daran, dass die Aussagen dieses bischöflichen Wortes alle Verantwortlichen – und damit vor allem auch die Bischöfe – in die Pflicht nehmen.

Innerhalb der Bischofskonferenz war es die Pastoralkommission, die unter ihren Vorsitzenden, Erzbischof Dr. Oskar Saier von Freiburg (1979–1998), Bischof Dr. Joachim Wanke von Erfurt (1998–2010) und Bischof Dr. Franz-Josef Bode von Osnabrück (seit 2010), diese Verpflichtung annahm und die verschiedenen Fragestellungen nach Geschlechtergerechtigkeit und Teilhabe von Frauen an kirchlichen Leitungsaufgaben weiter verfolgt hat.

Die kirchliche und pastorale Wirklichkeit blieb allerdings weit hinter den Erkenntnissen und Zusagen des Bischofswortes von 1981 zurück. Bis heute entspricht die Beteiligung von Frauen an den verantwortlichen Aufgaben und Positionen in der katholischen Kirche, die keine sakramentale Weihe voraussetzen, noch längst nicht der Kompetenz, dem Engagement und der Präsenz von Frauen in den entsprechenden Sachbereichen und

Fachgebieten, etwa in der Seelsorge und Caritas, in der Bildung, in den Medien, in der Theologie usw. Eine Repräsentativbefragung von Katholikinnen, durchgeführt vom Institut für Demoskopie Allensbach im Auftrag der Deutschen Bischofskonferenz,[4] machte 1993 auf erhebliche Kommunikationsstörungen zwischen der Kirche und den Frauen aufmerksam und zeigte massive Enttäuschungen bei vielen Katholikinnen an, die die fehlende Gleichberechtigung zwischen Männern und Frauen in der Kirche beklagten. Mehr als zehn Jahre nach dem Bischofswort von 1981 haben sich die Differenzen und Distanzierungen zwischen den Frauen und der Kirche weiter verschärft und vertieft.

Als Reaktion darauf richtete die Deutsche Bischofskonferenz 1996 eine Kommission „Frauen in Kirche und Gesellschaft" ein, die als Unterkommission der Pastoralkommission zugeordnet ist. Aufgabe der Frauenkommission ist es, im Gespräch mit den katholischen Frauenverbänden, den diözesanen Frauenseelsorgerinnen und mit Vertreterinnen aus der Theologie und den verschiedenen kirchlichen Leitungsebenen die Anliegen der Geschlechtergerechtigkeit und frauenspezifischer Fragestellungen wahrzunehmen, in der Kirche wach zu halten und Handlungsoptionen zu entwickeln.

Die Pastoralkommission hat mit der Frauenkommission drei Fachtagungen zu Fragen der Geschlechtergerechtigkeit (2002, 2005 und 2009) vorbereitet und durchgeführt, die jeweils prominent von den Vorsitzenden der Deutschen Bischofskonferenz eröffnet und gefördert wurden. Auf diesen Fachtagungen wurden die Situation von Frauen im kirchlichen Dienst und in kirchlichen Leitungspositionen der Diözesen und kirchlichen Verbände untersucht und Strategien entwickelt, um mehr Chancengleichheit von Frauen und Männern in der Kirche zu erreichen. Dabei wurde deutlich, dass in fast allen Bistümern verschiedene Maßnahmen aufgelegt wurden, um die Berufs- und Aufstiegsmöglichkeiten von Frauen in der Kirche zu verbessern, z. B. durch Führungskurse für Frauen, durch die Bestellung von Frauen- oder Gleichstellungsbeauftragten oder die Zertifizierung durch das „audit berufundfamilie". Aber es blieben auch die Bedenken, dass der Prozess viel zu langsam verlaufe und dass es tiefsitzende Hindernisse, wie etwa klerikal geprägte Kulturen und Mentalitäten in der Kirche (bei Männern und Frauen!) gäbe, die eine echte Geschlechtergerechtigkeit weiterhin blockierten. Das führte dazu, dass das Thema auf die Tagesordnung der

---

[4]   *Sekretariat der Deutschen Bischofskonferenz* (Hg.): Frauen und Kirche. Eine Repräsentativbefragung von Katholikinnen im Auftrage des Sekretariats der Deutschen Bischofskonferenz, durchgeführt vom Institut für Demoskopie Allensbach, Bonn 1993 (Arbeitshilfen Nr. 108).

Vollversammlung der Deutschen Bischofskonferenz gesetzt wurde mit dem Ziel, eine Selbstverpflichtung der deutschen Bischöfe zu formulieren, in der eine deutliche Erhöhung des Frauenanteils an Leitungspositionen in der Kirche in Aussicht gestellt wird. Diese Anliegen wurden schließlich innerhalb eines Studientages der Deutschen Bischofskonferenz im Februar 2013 aufgegriffen.

### 3. Erste Verbesserungen im Frauenanteil bei Führungspositionen

Die Pastoralkommission beauftragte als Vorbereitung dazu 2012 Frau Dr. Andrea Qualbrink, eine aktuelle Zahlenerhebung zu Frauen in kirchlichen Leitungspositionen durchzuführen.[5] Aufgrund der sehr unterschiedlichen Strukturen und der z. T. sehr ausgefächerten Organisationen und Einrichtungen in den verschiedenen Bistümern sollte sich diese Erhebung exemplarisch auf die – trotz ihrer unterschiedlichen Größe, Ausstattung und Organisationsstrukturen doch untereinander vergleichbaren – bischöflichen Verwaltungen (Generalvikariate bzw. Ordinariate) beschränken. Dabei war klar, dass damit angesichts von ca. 50.000 hauptberuflich Mitarbeitenden in der verfassten Kirche (und mehr als 600.000 Beschäftigten in der Caritas) nur ein kleiner Ausschnitt, nämlich die oberste Organisationsebene der Diözesen erfasst werden konnte. Gefragt wurde nach dem Anteil von Frauen und Männern, hier differenziert nach Klerikern und Laien, auf der mittleren und obersten Leitungsebene, also direkt unter dem Bischof bzw. seinem Stellvertreter, dem Generalvikar. Unter einer „Leitungsposition" wurde eine Stelle verstanden, die mit (umfangreichen) Entscheidungsbefugnissen und der entsprechenden Verantwortung für Inhalte und ihre Umsetzung in der Diözese ausgestattet ist. Konkret wurden nur jene Leitungspositionen erfragt, bei denen die Verantwortung für die Profilbildung im Arbeitsbereich mit Personal- und Finanzverantwortung verbunden ist.

Mit dem Stichtag 23. Januar 2013 lagen folgende Zahlen vor:
- Auf den insgesamt 220 Stellen auf der obersten Leitungsebene sind 108 Priester tätig. Nur noch ca. 49 Prozent der Stellen, die in der Vergangenheit ausschließlich von Klerikern, vielfach Domkapitulare,

---

5   Vgl. dazu: *Franz-Josef Bode* (Hg.): Als FRAU und Mann erschuf er sie. Über das Zusammenwirken von Frauen und Männern in der Kirche, Paderborn 2013, 115–118. Demnächst ausführlich dazu: *Andrea Qualbrink:* Frauen in kirchlichen Leitungspositionen. Möglichkeiten, Bedingungen und Folgen der Gestaltungsmacht von Frauen in der katholischen Kirche. Eine empirische Studie an deutschen Generalvikariaten und Ordinariaten, bislang unveröffentlichte Dissertation, Graz 2017.

wahrgenommen wurden, sind heute noch mit Priestern besetzt. 83 Stellen (ca. 38 Prozent) werden von Männern, die nicht zum Stand der Kleriker gehören, wahrgenommen und 28 Stellen, das sind ca. 13 Prozent der Leitungspositionen auf der obersten Leitungsebene, werden von einer Frau ausgeübt.

- Für die mittlere Leitungsebene ergeben sich folgende Verhältnisse: 52 der insgesamt 442 Stellen werden von Priestern (ca. 12 Prozent) besetzt, 299 Stellen (68 Prozent) von nicht ordinierten Männern und 85 Stellen (19 Prozent) von Frauen, ein Prozent der Stellen sind 2013 unbesetzt.

Auf den ersten Blick konnten diese Zahlen positiv stimmen. Denn im Vergleich zu einer ersten exemplarischen Erhebung aus dem Jahr 2005 konnte der Frauenanteil auf der oberen Leitungsebene von ca. 5 Prozent auf 13 Prozent und auf der mittleren Leitungsebene von 13 Prozent auf 19 Prozent gesteigert werden. Die Zahlen legten aber auch offen, dass Frauen, die mehr als 60 Prozent der Beschäftigten ausmachen, mit einem Anteil von 19 Prozent bzw. 13 Prozent an diözesanen Leitungspositionen deutlich unterrepräsentiert sind. Dabei musste vor allem der Frauenanteil auf der mittleren Leitungsebene Sorgen bereiten, da dieser auch den Pool für zukünftige Führungskräfte bildet.

Diese empirischen Befunde bildeten neben weiteren Erhebungen zu Frauen im kirchlichen Ehrenamt, zu Gleichstellungsmaßnahmen und Frauenförderprogrammen in den Diözesen eine solide Grundlage, auf der die Bischöfe ihre Beratungen unter einer hohen Beteiligung von Frauen aus verschiedenen Verantwortungsbereichen im Februar 2013 in Trier durchführen und Optionen für die zukünftige Entwicklung formulieren konnten.

In der sogenannten „Trierer Erklärung"[6] vom 21. Februar 2013 haben sich die Bischöfe zu konkreten Maßnahmen verpflichtet, um den Anteil von Frauen an den Leitungspositionen deutlich zu erhöhen und Frauen insgesamt in der Kirche sichtbarer zu machen. Sie bekennen, „dass der Rahmen der Möglichkeiten, verantwortliche Aufgaben der Kirche mit Frauen zu besetzen, für viele Frauen nicht genügend genutzt wird". Sie wollen sich u. a. einsetzen,

- für Geschlechtergerechtigkeit, damit in Kirche und Gesellschaft Rahmenbedingungen geschaffen werden, „die eine echte Wahlfreiheit für Frauen und Männer gewährleisten, die Rollen und Aufgaben in Ehe, Familie, Beruf und Ehrenamt gerecht aufzuteilen";

---

[6] Veröffentlicht in: *Bode* (Hg.), Als FRAU und Mann erschuf er sie, 91–94.

- gegen „jegliche Diffamierung von Frauen" und für die Wertschätzung ihrer unterschiedlichen Berufs- und Lebenswahl;
- für eine geschlechtersensible Pastoral und ein gelingendes Miteinander von Frauen und Männern in der Seelsorge, Verkündigung, Liturgie und Caritas;
- für eine Vielfalt von Diensten und Ämtern in der Kirche, indem der Leitungs- und Führungsbegriff in der Kirche theologisch weiter geklärt wird;
- für die Unterstützung der wissenschaftlichen Laufbahn von Theologinnen an den Universitäten und Fakultäten.

Um diesen Vorhaben Nachhaltigkeit zu verleihen, stellte die „Trierer Erklärung" der deutschen Bischöfe eine Überprüfung der Entwicklungen nach fünf Jahren, also für das Jahr 2018, in Aussicht.

## 4. „Gemeinsam Kirche sein" – Bischöfe wollen mehr Frauen in Leitungspositionen

Die Selbstverpflichtung der deutschen Bischöfe in der „Trierer Erklärung" von 2013 hat tatsächlich in den folgenden Jahren die Chancengleichheit und Geschlechtergerechtigkeit in der Kirche vorangebracht.

Die angekündigte erneute Zahlenerhebung für 2018 ist bereits in Auftrag gegeben. Es ist zu erwarten, dass sich zumindest in einigen der oberen Leitungspositionen der Frauenanteil deutlich erhöht hat. In 11 von 27 Bistümern, das heißt mit einem Anteil von gut 40 Prozent, wird beispielsweise heute die Hauptabteilung Pastoral oder das Seelsorgeamt in den Diözesen von einer Frau geleitet, die damit Verantwortung für die Entwicklung der gesamten Seelsorge in einem Bistum trägt und eine Richtlinienkompetenz für alle Seelsorgenden im Bistum, Kleriker wie Laien, hat. Diese Seelsorgeamtsleiterinnen werden mit ihrem beruflichen Werdegang, ihren Leitungsaufgaben und Arbeitsschwerpunkten auf der Internetseite der Arbeitsstelle für Frauenseelsorge der Deutschen Bischofskonferenz vorgestellt und somit auch sichtbar gemacht.[7]

Auf überdiözesaner Ebene haben verschiedene Weiterbildungsangebote dafür gesorgt, dass eine beachtliche Anzahl von Frauen in der Kirche motiviert und befähigt ist, Leitung wahrzunehmen. Dazu gehört der Kurs „Führen und Leiten. Weiterbildung für Frauen in verantwortlichen Positionen der katholischen Kirche" (2015/16 zum vierten Male durchgeführt),

---

[7] Siehe www.frauenseelsorge.de (aufgerufen am 10.08.2017).

der von der Frauenkommission in Auftrag gegeben und von der Arbeitsstelle für Frauenseelsorge der Deutschen Bischofskonferenz in Kooperation mit dem Katholisch-Sozialen Institut (KSI) des Erzbistums Köln durchgeführt wurde, sowie das Mentoring-Programm des Hildegardis-Vereins „Kirche im Mentoring – Frauen steigen auf" (seit 2015), das ebenfalls in Zusammenarbeit mit der Frauenkommission entwickelt wurde. Die katholische Journalistenschule (Institut zur Förderung publizistischen Nachwuchses, ifp) bietet erstmals von 2016–2018 eine Führungsakademie an, die allen Medienunternehmen offen steht und „einen besonderen Schwerpunkt auf die Förderung von Frauen als künftige Führungskräfte" legt. Damit sollen gezielt Frauen sowohl als Medienschaffende wie als Medienthema auch in der Kirche sichtbarer gemacht werden.

In ihrem wichtigen Wort „Gemeinsam Kirche sein"[8] zur Entwicklung der Pastoral in Deutschland vom 1. August 2015 stellen die Bischöfe für den Leitungsbegriff theologisch und pastoral klar: „Leitung in der Kirche hat viele Gesichter." Grundsätzlich gilt: „Gott selber leitet seine Kirche durch die Zeiten. Er leitet sie durch den Heiligen Geist, durch die Kraft seines Wortes und der Sakramente, durch die Charismen der Getauften, durch die ‚Zeichen der Zeit', die sich der Kirche als Orientierungspunkte zeigen" (S. 43). Leitung ist somit auch innerkirchlich ein offener und vieldeutiger Begriff, an der jede/r getaufte und gefirmte Gläubige Anteil bekommt und die sich je nach den eigenen Berufungen und Kompetenzen, Charismen und Beauftragungen ausgestaltet. Nicht nur Priester und Bischöfe werden mit einer Leitungsaufgabe in der Kirche betraut. „Es gibt in der Kirche Männer wie Frauen, die ausdrücklich als Laien einen kirchlichen Leitungsdienst ausüben. Dazu gehören professionell ausgebildete Christinnen und Christen, die im Auftrag des Bischofs als Pastoralreferentin und Pastoralreferent, als Gemeindereferentin und Gemeindereferent oder in einer der verschiedenen bischöflichen Organisationen leitend tätig sind. Es gibt aber auch kirchliche Lebensbereiche, in denen Frauen und Männer eine Leitung wahrnehmen, die nicht als Ableitung oder Delegation vom bischöflichen oder priesterlichen Dienst beschrieben werden kann. Dazu zählt etwa die Leitungsverantwortung in Gruppen, in Diözesan- oder Pfarreiräten, in bundesweit agierenden Verbänden und in kirchlichen Bewegungen, in Ordensgemeinschaften oder in Einrichtungen der Caritas. Auch prophetische Aufbrüche, gute Ideen und Initiativen bringen die Kirche weiter" (S. 46 f). „Gemeinsam Kirche sein" hat die Tür geöffnet, dass Frauen nicht nur in den obersten diözesanen Leitungspositionen tätig sind,

---

[8]  *Die deutschen Bischöfe:* Gemeinsam Kirche sein. Wort der deutschen Bischöfe zur Erneuerung der Pastoral. Bonn 2015 (Die deutschen Bischöfe Nr. 100).

sondern auch in den Gemeinden und damit in der Pastoral der Diözesen vor Ort Leitungsaufgaben wahrnehmen.

Weitere Projekte, die durch die „Trierer Erklärung" vom 21. Februar 2013 angestoßen wurden, sind z. B. eine von der Kommission für Ehe und Familie in Auftrag gegebene Studie, die vom Zentralinstitut für Familie in der Gesellschaft der Katholischen Universität Eichstätt (ZFG) durchgeführt wurde und die die Maßnahmen der deutschen (Erz-)Bistümer zur Vereinbarkeit von Beruf und Familie für Frauen und Männer analysiert hat. Die Ergebnisse wurden 2016 vorgestellt;[9] eine Folgestudie soll die Relevanz dieser Maßnahmen untersuchen und wird 2018 vorliegen. Auch die Gespräche, die 2015/16 im Auftrag der Kommission für Wissenschaft und Kultur zu den Berufsperspektiven von Theologinnen an Hochschulen geführt wurden, verdanken sich den Impulsen der „Trierer Erklärung".

## 5. Kein Schlusspunkt, sondern ein Anfang

Der Vorsitzende der Deutschen Bischofskonferenz, Reinhard Kardinal Marx, hat am 22. Juni 2017 anlässlich der Abschlussveranstaltung des ersten Mentoring-Programms zur Steigerung des Anteils von Frauen in kirchlichen Führungspositionen angekündigt: „Als Kirche und Gesellschaft haben wir nicht immer so gehandelt, wie es die Bibel sagt und Gott will: dass Frauen und Männer einander auf Augenhöhe begegnen. Hier brauchen wir einen neuen Aufbruch, auch in unserer Kirche." Und weiter: „Wir sind da auf dem Weg, aber längst noch nicht am Ziel. Eine Ober- oder Unterordnung der Geschlechter ist nicht begründbar."[10] Die „Trierer Erklärung" setzt also keinen Schlusspunkt; sie ist ein Anfang.

Der Aufbruch, den Kardinal Marx wünscht, geht immer noch mit spürbaren Widerständen und sogar Verweigerungen in einzelnen Bereichen der Kirche einher. Umso wichtiger ist es, Fragen der Geschlechtersensibilität und Geschlechtergerechtigkeit theologisch weiter zu vertiefen und konsequent pastoral einzuüben. Bei der Abschlussveranstaltung des Programms „Kirche im Mentoring – Frauen steigen auf" im Juni 2017 in München wurde auch deutlich, dass es an der Zeit ist – mehr als 50 Jahre nach den prophetischen Worten Johannes XXIII. in seiner Enzyklika *Pacem in terris* –, sich öffentlich von den Zurückweisungen und Verlet-

---

[9]  Siehe www.dbk.de/fileadmin/redaktion/diverse_downloads/presse_2016/2016-031-Anlage-2-Studie-FVV-Pressebericht.pdf (aufgerufen am 10.08.2017).

[10]  Siehe www.dbk.de/presse/details/?presseid=3419&cHash=804c4088dffcd59be1451a769e818a7d (aufgerufen am 10.08.2017).

zungen, die Frauen in ihrer berechtigten Suche nach Gleichberechtigung in der Kirche erfahren haben, zu distanzieren und auch in einer liturgischen Form um Vergebung zu bitten. Der Aufbruch wird nur gelingen können, wenn er einhergeht mit einem klaren Bekenntnis zu dem Gott, der den Menschen als Mann und Frau erschaffen hat und darum jeglicher Entwürdigung von Menschen auch aufgrund ihres Geschlechtes entgegentritt. Die Begegnung auf Augenhöhe will auch liturgisch und vor Gott zeichenhaft deutlich werden.

# Maria – der Topos für die Unmöglichkeit des Glaubens

## Hans-Joachim Sander[1]

Wer sich über Maria theologisch äußert, muss sich darauf gefasst machen, dass bei diesem Topos wenig zu dem passt, was üblicherweise als glaubhaft gilt. Auf den Marienglauben trifft die Bezeichnung ‚unmöglich‘ zu. Darum werden ihm in der kirchlichen Tradition auch die Ecken und Kanten des ‚unmöglich‘ abgeschliffen. Dadurch wird Maria so mit dem Christusglauben verbindbar, dass sie seinen Aussagen zu- und seiner Bedeutung untergeordnet ist. Diese Tradition hat einerseits eine ökumenisch bedeutsame Geschichte und andererseits spezifisch katholische Traditionslinien. Beides muss ich hier nicht nachzeichnen und schon gleich gar nicht leugnen. In der katholischen Linie ist das christologische Motiv noch einmal ekklesiologisch und anthropologisch verdichtet, was nicht zuletzt im Zweiten Vatikanum zur Lehre von Maria als Urbild führt, die als einziger einzelner Mensch Kirche darstellt (Lumen gentium 63). *„Maria ist die Kirche in Person.* Sie vollzieht, was Kirche ihrem tiefsten Wesen nach ist: Sie ist als ‚die Glaubende‘ die mit Gott ‚Vermählte‘, sie gebiert Christus und bringt ihn zur Welt.“[2]

---

[1]  Hans-Joachim Sander ist Professor für Dogmatik an der Katholisch-Theologischen Fakultät der Universität Salzburg. Seine Forschungsschwerpunkte sind das Zweite Vatikanische Konzil sowie die theologische Frage nach dem „Wo Gottes“: nach Orten, an denen die Berührung mit der befreienden Gottesmacht möglich werden kann.

[2]  *Gisbert Greshake:* Maria ist die Kirche. Aktuelle Herausforderung eines alten Themas, Kevelaer 2016, 81. Hier werden jene drei nachkonziliaren Muster verwoben, mit denen nach *Elzbieta Adamiak:* Wege der Mariologie; in: Concilium 44/4 (2008), 410–417, Maria christotypisch, ekklesiotypisch und anthropotypisch gedeutet wird. Die Muster folgen der gleichen Frage: „Wen oder was meinen wir eigentlich, wenn wir von Maria sprechen oder auf sie blicken? Wer ist Maria?“ (*Greshake,* Maria ist die Kirche, a. a. O., 12) Demgegenüber folge ich hier der Frage, wo Maria im theologischen Diskurs zu finden ist.

Diese Traditionen haben einen außerordentlichen Sinn und ein historisches Gewicht, das sie unzerstörbar macht. Der Marienglauben ist keine Alternative zum Christusglauben. Aber mariologische Topoi haben stets zu unverzichtbaren Klärungen für die Theologie über Christus geführt. Sie haben diese vor Irrungen und Wirrungen bewahrt; man denke nur an den Klassiker der Zwei-Naturen-Lehre.

Die theologische Diskursivierung Marias hat deshalb eine produktive Bedeutung in der Christusproblematik, was aber verlangt, bestimmte Ordnungselemente darin durch die andere Ordnung des Mariendiskurses zu relativieren. Diese andere Ordnung steht im Folgenden im Vordergrund. Das widerspricht nicht bewährten Traditionslinien, sondern Differenzen heraus, die unweigerlich jenseits der Normalisierung der Tradition in den Raum treten. Während mit Christus eine Art Normalglauben der christlichen Rede von Gott bezeichnet ist, steht der Marienglauben jenseits davon. Er ist im Extrembereich dieser Rede lokalisiert. Es handelt sich daher nicht um verschiedene Glauben und nicht um konkurrierende Glaubensweisen, sondern um den gleichen Glauben mit zwei sehr verschiedenen Modulierungen. Tritt eine Konkurrenz zwischen beiden auf, dann ist das ein Hinweis auf schwerwiegende Fehler in einer der beiden Diskursivierungen. Die beiden Topologien unterscheiden sich nicht in ihren Wahrheitsansprüchen, wohl aber in der Grammatik ihres jeweiligen Diskurses; der eine folgt dem Normalen, der andere dem Unmöglichen.

Darum muss am Anfang auch der Hinweis auf einen grammatischen Unterschied stehen. Die Unmöglichkeit des Marienglaubens ist nur dann eine bedeutsame Einsicht, wenn ‚unmöglich' adverbial bestimmt wird. Als Adjektiv wäre ‚unmöglich' irreführend. Das bedeutet, dass der Marienglauben nicht *unmöglich* ist, sondern *unmöglich* zu glauben ist. Im ersten Fall gäbe es ihn nicht, weil er einfach nicht möglich ist. Im zweiten Fall wird dagegen der Diskurs bestimmend, mit dem er auftritt und dessen Ordnung unmöglich einfach zu fassen ist. Im ersten Fall könnte man ihn nicht mit Realitäten verbinden, an denen seine Wahrheitsansprüche zu überprüfen sind. Im zweiten Fall ist das dagegen unbedingt nötig.

Die adverbiale Unmöglichkeit verlangt einen komplexen Zugang, weil seine Unmöglichkeit mit extremen Lebenslagen gekoppelt ist. Schon mit der Begründung für diese Behauptungen, die ich ja schuldig geblieben bin, gerät man bei Maria in ein großes strukturelles Problem. Einerseits sind Begründungen für die Rationalität des Glaubens in der Moderne wichtig. Sie verlangen, verständlich und universal nachvollziehbar zu sein, und müssen deshalb Komplexität reduzieren. Im *solus Christus* liegt eine solche Reduktion vor, auf die sich eine breite ökumenische Koalition progressiver Theologien auch verständigen kann. Jedoch wird es auf Maria hin schon falsch, wenn man lediglich die Komplexität vom Adverb zum Adjektiv *unmöglich* reduziert; bei Begründungen im Modus eines *solus Christus* wird das Problem noch größer. Der Glauben an Maria widerspricht dem nicht, aber der Topos Maria relativiert genau das am *solus Christus*, was sein Erfolgsmodell war: der Kontext autonomer Subjektivität, nicht zuletzt nach männlicher Art. Das schien als ein für die Moderne plausibler Souveränitätsmodus universalisierbar, weil er die Selbstbegründungssehnsucht moderner Existenz aktivieren kann. Allerdings tastet bereits der erste kühle Luftzug von Theodizee das an. Und sobald diese Sehnsucht mit nicht überwindbarer Ohnmacht überzogen wird, gerät die *Solus-Christus-*Begründung ins Schlingern.

Aber Ohnmacht ist die Spezialität des Marienglaubens. Man kann so gut wie nicht überzeugend sagen „Christus hat geholfen"; er tut es ja auch nicht, sondern stellt das Leiden als berechtigte Fundstelle Gottes vor. Das geht so lange gut, wie es sich um das Leiden der anderen handelt. Im Fall eines eigenen außerordentlichen Leidens bleibt es steril. Schon ein oberflächlicher Blick in eine kleine katholische Verehrungsstätte Marias zeigt dagegen, wie sehr dort „Maria hat geholfen" im Vordergrund steht. Sie wird pointiert auf Leiden bezogen, die nicht alltäglich sind. Für das Alltagsgeschäft des Lebens reichen christologisch formierte Rituale des Glaubens wie Liturgie, Hören auf das Wort Gottes, Sakramente aus. Sie bieten dem, was menschlich möglich ist, auch ohne Maria ausreichend Material. Maria ist dagegen eine Bestärkung in extremen Erfahrungen, die das Leben mit tiefen Ohnmachtserfahrungen überziehen. Anders gesagt: Der Glaube an sie ist nicht mit einer Gaußschen Normalverteilung zu fassen; für ihn benötigt man das Gesetz der kleinen Zahl. Maria ist gefragt, wenn passiert, was normalerweise nicht passiert, aber dann, wenn es geschieht, große und gefährliche Konsequenzen hat. Das reicht von Krieg bis zu lebensbedrohlicher Krankheit, vom Verlust der sozialen Sicherung bis zu unüberwindbaren Armutslagen, von Partnerschaftskonflikten zu unerhörten Lebensformen.

Darin lässt sich erkennen, wie Marien- und Christusglauben nicht zugeordnet werden und wie wenig sie einander ablösen können. Der Marienglauben ist nicht der Kern des Christusglaubens; es hat keinen Sinn, die Erlösung durch Christus mit Maria zu ersetzen. Das ist der Fehlschluss der fundamentalistischen Marienfrömmelei. Aber es ist ebenso wenig der Fall, dass der Christusglauben die Bedingung der Möglichkeit des Marienglaubens ist. Vielmehr kommt ihm über die Figur Maria etwas zu, was angesichts des metaphysischen Überhangs in den elementaren christologischen Formeln nicht selbstverständlich ist: Lokalisierbarkeit.

Durch Maria wird das, worum es im Glauben an Christus geht, buchstäblich eingeräumt und so lokalisierbar. Dabei spielt die Adverbialität des

‚unmöglich' eine entscheidende Rolle. Das hat allerdings eine Konsequenz, um deren prekäre Wahrheit keine Mariologie umhinkommt. Der Marienglauben lässt sich nicht begründen im Sinn von selbstverständlich machen. Er bleibt stets anstößig und ein Ausreißer in jedem Modernisierungsanspruch des Glaubens. Das heißt allerdings nicht, dass er vormodern stehen bleiben müsste, was den antimodernistischen Mariologien der pianischen Epoche noch selbstverständlich war.[3] Es heißt auch nicht, dass er unweigerlich zur Antimoderne gehört wie in der mariologischen Renitenz des katholischen Fundamentalismus.[4] Es kann vielmehr heißen, dass der Glaube an Maria über die Moderne hinausführt. Er stellt ständig die Notwendigkeit, aber auch die Chance, deren Komplexität zu steigern.

Das geschieht mit einer Lokalisierbarkeit, die bei Maria mit prekären und extremen Erfahrungen verbunden ist. Das findet sich in so gut wie allen biblischen Narrativen zu Maria: Verkündigung in Nazareth, die Begegnung mit Elisabeth mitsamt dem Magnificat, Geburt im Stall von Bethlehem, Huldigung der drei Weisen in tödlicher Gefahr, Flucht davor nach Ägypten, das Gespräch mit Simeon, die nach Wein dürstende Hochzeit zu Kana und schließlich das Kreuz. Es ist bezeichnend, dass das Auferstehungsnarrativ nicht mit Maria, der Mutter, sondern mit Maria von Magdala und anderen Frauen verbunden ist. Die Mutter Jesu passt dort auch nicht gut hin. Schließlich geht es im Osternarrativ darum, wo er nicht zu finden ist: am Ort des Todes, also im Grab. Der durchgehende Diskurs über Maria nutzt andere Heterotopien, an denen Glaube unmöglich, aber positiv zu fassen ist. Er verlangt, Grenzen zu überschreiten, die zur herrschenden Ordnung der Dinge gehören. Sein Bereich liegt jenseits dessen, was selbstverständlich ist. Dort findet er statt.

Man kann deshalb stets leicht auf eine unmöglich zu glaubende Maria verzichten. Das ist aller Ehren des alleinigen Christus wert und hat lange Jahrhunderte dazu geführt, dass der Protestantismus den Marienglauben dem Katholizismus überlassen hat. Aber dieser Habitus wird von dem, was bloß möglich ist, reduziert und verstrickt sich unlösbar in die Moderne. Es ist daher kein Zufall, dass der Mariendiskurs über Denominationsgrenzen hinweg mit den zu Ende gehenden Zuständen der Moderne an Fahrt ge-

---

[3] Vgl. *Marion Wagner:* Die himmlische Frau. Marienbild und Frauenbild in dogmatischen Handbüchern des 19. und 20. Jahrhunderts, Regensburg 1999.
[4] Vgl. *Norbert Blaichinger:* Ganz katholisch. Maria, Heilige Messe, Papst. Im Gespräch mit Dr. Gerhard Wagner, Ranshofen 2015.

winnt.[5] Bei Maria ist eben so gut wie alles unmöglich, worin sie zugleich ein alternativer Topos des autonomen Subjektes ist.[6]

Ich sollte daher zunächst Beispiele für solche unmöglichen Vorgänge aufzählen und danach einen im Einzelnen durchgehen. Da soll ein Engel einer jungen Frau groß verkündet haben, sie würde von Gott ein Kind empfangen. Aber einen Mann hat er ihr noch nicht einmal zur kleinen sozialen Absicherung für die Schwangerschaft an die Seite gestellt – ganz zu schweigen von der Kleinigkeit biologisch nötiger Abläufe. Das ist: einfach unmöglich. Da soll diese junge Frau nichts weniger als Gott geboren haben und doch deshalb nicht zur Göttin taugen. Das ist: einfach unmöglich. Da soll diese Jungfrau Mutter geworden sein und vor, während und nach der Geburt des Kindes auch noch das, also Jungfrau, geblieben sein. Das ist: einfach unmöglich. Da soll sie selbst ohne Erbschuld empfangen worden sein, und ausgerechnet in dieser Verbiegung des Zeugungsaktes ihrer Eltern sei ein Vorerlösungsakt der ganzen Menschheit zu erkennen. Das ist: einfach unmöglich. Da soll sie nach Vollendung ihres Lebens durch den Tod trotz fehlender biblischer Hinweise mit unversehrtem Leib und ganzer Seele in den Himmel aufgenommen worden sein, und darin sollten ausgerechnet die traumatisierten Zeitzeugen des Holocaust und des brutalsten Krieges, den die Menschheit je geführt hat, eine himmlische Herrlichkeit anerkennen. Das ist: einfach unmöglich. Ich habe die Liste auf Aussagen reduziert, die üblicherweise als Dogmen gelten. Die letzten beiden, der Immaculata- von 1854 und der Assumptio-Definition von 1950, können

---

[5] Dazu generell: *Christiane Eilrich:* Gott zur Welt bringen: Maria. Von den Möglichkeiten und Grenzen einer protestantischen Verehrung der Mutter Gottes, Regensburg 2011. Das Interesse beginnt wohl schon bei Karl Barth, bei dem sich noch „Aussagen über Maria eindeutig hauptsächlich auf die Stellung Marias in der Menschwerdung Gottes konzentrieren" (*Ivan Podgorelec:* Marienrede, nicht Mariologie. Die Gestalt Marias bei Karl Barth, Regensburg 2017, 370). Für den Gegendiskurs vgl. *Achim Dittrich:* Protestantische Mariologie-Kritik: historische Entwicklung bis 1997 und dogmatische Analyse, Regensburg 1998.

[6] Die moderne Subjektivität der Marienfigur kulminiert in Lourdes 1858, als sich die Erscheinung der eleganten Dame in Weiß der jugendlichen Bernadette Soubirous schlichtweg als das Dogma der Immaculata in Person vorstellt (*„Que soy era Immaculada Councepciou* – Ich bin die unbefleckte Empfängnis!"). Vier Jahre zuvor konnte Pius IX. das nur unter größten Abgrenzungsbemühungen definieren; hier findet es zu weiblicher „Insichselberständigkeit" (Karl Rahner). Mit Lourdes erhält der Katholizismus einen Modernisierungsschub, in dem die Koalition mit der überkommen Adelsherrschaft aufbricht. Von dieser Subjektivität kommt auch die besondere Beachtung Marias in der jesuitischen Theologie. Für Karl Rahner wird das neuerdings stark diskutiert; vgl. *Andreas Mayer:* Karl Rahners Mariologie im Kontext seiner transzendentalsymbolischen Theologie, Münster 2015 sowie *Dominik Matuschek:* Konkrete Dogmatik. Die Mariologie Karl Rahners, Innsbruck 2012.

nur im katholischen Spektrum Gültigkeit beanspruchen. Protestantischen und orthodoxen Christ(inn)en gelten sie nichts, weil sie schlichtweg sowohl unbiblisch wie zu wenig traditionell sind.

Hier ist es an der Zeit, auf ein semantisches Problem aufmerksam zu machen, das aber weiterführt. Ich habe diese Dogmen als „einfach unmöglich" qualifiziert; das ist unangemessen. Das Problem ist dabei nicht das ‚unmöglich', sondern das ‚einfach'. Es stimmt nicht, dass diese Dogmen ‚einfach unmöglich' wären, weil sie ‚komplex unmöglich' sind. Wer sie einfach macht, macht sie falsch, weil dann „unmöglich" auch adverbial genommen bloß bedeuten würde, nicht möglich zu sein. Dogmen, die einfach nicht möglich sind, können sich nicht auf Dauer halten; bloße Machtansprüche und Ideologien lassen ihre Halbwertszeit ziemlich kurz werden. Bis auf die Assumptio von 1950 sind die Mariendogmen ziemlich alt. Um die Immaculata von 1854 rankt sich sogar der längste theologische Streit der Christentumsgeschichte; fast 600 Jahre lang stritten Dominikaner und Franziskaner darum. Mit ‚einfach unmöglich' ist den Veridiktionen der Mariendogmen nicht beizukommen; die ‚langue durée' ihrer „fixation of belief" (Peirce) wäre so kaum zu erklären.

In ihren langen Wellen zeigt sich m. E. etwas anderes als bloß widerspenstige Fixierungen. Es ist die Gravitation des Extremen, der nicht auszuweichen ist. Im Marienglauben werden Höhen und Tiefen des Glaubens rückversichert, die aus seinen Normallagen herausführen und Extremwerte annehmen können. Aufgrund dieses Zusammenhangs gehört Maria zu den Subalternen, die eben nicht zum Sprechen kommen, wenn sie von interessierter Seite repräsentiert werden. Das führt lediglich zu Selbstdarstellungen jener, die diese Repräsentation vorbringen und das Unmögliche darin löschen.[7] Maria ist deshalb auch gerade für ihre scheinbar unverbrüchlichen Protagonisten in der katholischen Hierarchie ein schwer zu bewältigendes Problem. Als eigenständiger Weg zu Gott relativiert sie deren Christus-Repräsentation gehörig, an der ja nichts weniger als das Organisationsprinzip der katholischen Kirche hängt. In Maria gibt sich ein Glauben nicht mit dem zufrieden, was möglich ist.

Unmögliches ist eine ganz andere Kategorie als jene des Möglichen. Es ist nicht einfach das, was nicht möglich ist, sondern bringt so etwas wie

---

[7]    So die klassische Analyse von *Gayatri Chakravorty Spivak:* Can the Subaltern Speak? Postkolonialität und subalterne Artikulation, Wien 2008: „Subalterne Geschichtsschreibung wirft Fragen der Methode auf, die sie davon abhalten würden, sich einer solchen List zu bedienen. Für die ‚Figur' der Frau gilt, dass die Beziehung zwischen Frauen und Schweigen durch Frauen selbst dargestellt werden kann; ‚Rassen'- und Klassendifferenzen werden unter dieses Problem subsumiert. Subalterne Geschichtsschreibung muss sich der Unmöglichkeit solcher Gesten stellen" (56).

ein Ausrufezeichen mit sich, weil es auf eine adverbiale Weise dem Möglichen gegenübertritt. Maria ist dann im Glauben für Erfahrungen da, die
sich mit Ausrufezeichen „unmöglich!" erschließen, weil sie die bis dahin
möglichen Normallagen konterkarieren. Auf einige signifikante Größen ist
der christliche Diskurs über Maria bereits gestoßen: eine Schwangerschaft
ohne Mann, gegen die Gott nicht nur nicht ist, sondern die Ausdruck seines Willens ist; eine Frau, die Gott gebärt und nicht nur einen subordinier-
ten Gottessohn in die Welt setzt; eine fortdauernde jungfräuliche Eigen-
ständigkeit in der Mutterschaft, die weder asketisch eingedämmt noch
familiär ausgehöhlt werden kann; eine Pietà, die am Tod des Sohnes trotz
seiner erlösenden Bedeutung leidet; eine Frau, die ohne Erbschuld empfangen werden muss, weil ihre Identität eben doch wesentlich in ihr künftiges
Kind eingeht und nicht nur akzidentell, wie es der dominikanische Widerstand[8] jahrhundertelang gerne gesehen hätte; ein unversehrter lebendiger
Körper, mit dem diese Frau in einer Zeit in den Himmel hinauf definiert
wird, in der männliche Machtkämpfe Millionen von Körpern grausam zerstört und buchstäblich in Rauch aufgehen ließen.

Alle diese Konfrontationen sind alles andere als „einfach unmöglich".
Extreme Lebenslagen berühren komplexe intellektuelle und theologische,
existentielle und politische Fragen.[9] Man kommt ihnen nicht bei, ohne die
Komplexität weiter zu steigern. Das macht der theologische Diskurs über
Maria pointiert. Man kann es an der ersten sehr gut nachvollziehen, der
Schwangerschaft durch Gott ohne irgendein männliches Zutun.

---

[8]  Dazu *Ulrich Horst:* Dogma und Theologie. Dominikanertheologen in den Kontroversen
um die Immaculata Conceptio, Berlin 2009.

[9]  Notorisch dafür ist der dynastische Gebrauch Mariens, mit dem die Wittelsbacher die
Gottesmutter zur Erzrepräsentantin ihres katholischen Bayern machten, das seine histo-
rische Mission in der konfessionellen Bekämpfung der protestantischen Häresie mit allen
Mitteln findet: „Höhepunkt der dynastischen Marienfrömmigkeit wurde unter Wilhelms
Sohn und Nachfolger, Maximilian I. (1573–1651), erreicht. Bereits 1597 nach dem vor-
zeitigen Rücktritt seines Vaters an die Herrschaft gelangt, war seine Regierungszeit von
den konfessionellen Auseinandersetzungen geprägt, die von der Vollstreckung der
Reichsacht an der Reichsstadt Donauwörth (1607) über die Gründung und Führung der
katholischen Liga (1609) den gesamten Dreißigjährigen Krieg (1618–1648) umfassten."
(*Joachim Schmiedl:* Dynastische Marienfrömmigkeit. Die Wittelsbacher in der Frühen
Neuzeit; in: *Manfred Hauke* (Hg.): Maria als Patronin Europas. Geschichtliche Besinnung und Vorschläge für die Zukunft, Regensburg 2009, 119–138, 127). Vorläuferin dessen war die Schutzherrschaft, auf die Ottonen und Salier Maria setzten (vgl. die Analyse
von *Klaus Guth,* ebd., 97–118). – Ein bekanntes Beispiel aus dem 20. Jahrhundert für
die Verbindung politisch extremer Ereignisse mit Maria ist die Art, wie Johannes Paul II.
das Attentat auf ihn vom 13. Mai 1981 mit der Marienerscheinung von Fatima in Beziehung gesetzt hat. Diese Erscheinung ist ja ihrerseits indexikalisch mit dem 13. Mai verbunden: „Der Papst sieht eine geheimnisvolle Koinzidenz zwischen dem Fest des
13. Mai und dem wirklichen Geschehen am 13.5.1981. Vom Krankenbett aus bittet er

Werden Frauen schwanger, ohne dass Männer dabei eine Rolle spielen, tritt ein Ausrufezeichen im patriarchalen Gesellschaftssystem auf. In ihm betrachten sich Männer als die eigentlichen Erzeuger der Kinder; Frauen gelten ihnen als nützliches Beiwerk. Darum heißen Spermen ja landläufig immer noch Samen, so als reiften die Kinder aus ihnen heraus. Mit einer ohne Mann schwangeren Jungfrau geschieht deshalb eine Gegenmacht zu diesem Interesse in der Generationenfolge. In den Evangelien nach Matthäus und nach Lukas wird das an Maria gebunden. Das Mt-Evangelium bleibt dabei verhalten und versteckt das Unmögliche in der Genealogie des Erlösers: „Jakob war der Vater von Josef, dem Mann Marias; von ihr wurde Jesus geboren, der der Christus (der Messias) genannt wird" (Mt 1,16). Der Mann Marias ist aber nicht der Vater Jesu (Mt 1,18), womit klar wird, dass es keine männliche Genealogie auf Jesus hin gibt. Lukas wird expliziter und buchstabiert das Problem mit der Verkündigung aus (Lk 1,26–38). Man erahnt das widerspenstige Narrativ mit Maria, wenn man sich vor Augen führt, wie in den griechischen Mythen männerlose Schwangerschaften narrativ ausgeschmückt werden, wenn ein Gott im Spiel ist. Zeus ist ein gutes Beispiel. Seine Untreue ist legendär, nicht nur mit Göttinnen, sondern auch mit Frauen. Er tritt als Verführer auf und hat natürlich keinen Engelskörper, sondern kommt als Schlange, Schwan, Goldregen, Adler oder eben als ein sagenhaft potenter Stier. In den Jungfrauen, die Zeus zur Zeugung von Helden gebraucht, steht symbolisches Kapital zur Verfügung, um die männliche Vorherrschaft göttlich zu versichern. Zeus erweist sich als Super-Mann der griechischen Antike.

Mit der lukanischen Maria ist keine Rückversicherung von Super-Männlichkeit zu machen. Gott muss regelrecht anfragen, ob sie überhaupt für eine so gefährliche Veranstaltung wie eine männerlose Schwangerschaft zu gewinnen ist; schließlich trägt sie ja auch allein das irdische Risiko. Und das ist hoch. Während sich Matthäus darüber zur Umbesetzung der irdischen Hauptrolle zu Marias „Mann, der gerecht war und sie nicht bloßstellen wollte" (Mt 1,19) entscheidet, bleibt Lukas bei der prekären Frage: Wie kann es zu einer Schwangerschaft ohne männlichen Rückhalt für eine nicht weiter privilegierte junge Frau in der damaligen Welt kommen? Gott kann sich offenbar nicht wie Zeus, der Stier der Olympier, einfach nehmen, was ihm jungfräulich gefällt. „Gott legt nicht das Wort, sein Wort in Maria, damit es dort keime wie in einer fruchtbaren Erde, ohne ihr Wissen

seinen Sekretär, ihm die Unterlagen zu Fatima zu bringen, u. a. die Niederschrift des sog. Dritten Geheimnisses von Fatima, das er am 18.7.81 erhält." (*Ursula Bleyenberg:* Fatima im Leben und Denken des Papstes; in: *Anton Ziegenaus* (Hg.): Totus Tuus. Maria in Leben und Lehre Johannes Paul II., Regensburg 2004, 91–108, 95.)

quasi und unabhängig von ihrem Willen. Gott tauscht Worte mit Maria aus und fragt, ob sie akzeptiert, dass er mit ihr, in ihr lebe."[10] Das unterscheidet Maria von Eva, zu der sie dann erst Justin in Parallele zu setzen weiß, weil er erstmals den Nachdruck auf das Wortgeschehen bei Maria legt. Während das Wort der Schlange die Sünde bringt, bietet das Wort des Engels die Chance auf Erlösung.[11] Diese binäre Codierung übergeht das Unmögliche, das Maria mit Eva verbindet.

Bei Lukas ist es der Anker der Geschichte. Darum bringt der Erzengel zunächst auch ziemlich viel vor, was wenigstens symbolisch die männliche Vorherrschaft beruhigt: Maria sei besonders begnadet, also charmant. Als Maria darüber mehr erschreckt als zart errötend darauf eingeht, greift er tief in die Zauberkiste männlicher Herrschaft: ein Sohn sei ihr garantiert, also keine Tochter. Es ginge außerdem um nicht weniger als den Höchsten, den Thron des Vaters Davids, das Haus Jakob, eine ewige Herrschaft, die auch noch ohne Ende sei (Lk 1,28–33). Das sollte eigentlich ausreichen.

Ab hier dreht die Verkündigung über die Normalität hinaus; denn Maria gibt sich damit nicht weiter ab. Sie hat eine ganz einfache Frage: „Wie soll das geschehen, da ich keinen Mann erkenne?" (Lk 1,34) Sie bezweifelt die Möglichkeit im Angebot des Engels.[12] Es ist eigentlich schon fast dreist, dass eine junge Frau ohne weiteren sozialen oder politischen Belang nicht sofort in Jubel ausbricht ob der Gnade, die ihr hier angetan werden soll. Darum macht der Engel zunächst auch weiter mit der Litanei: Kraft des Höchsten, göttlicher Sohn, auch die alte Elisabeth ist noch schwanger, obwohl sie – und nicht der gute Zacharias –, schon längst als unfruchtbar abgetan war. Markant ist, was dann geschieht: nämlich nichts. Nichts von all dem, was der Erzengel auf dieser Linie der Steigerung des männlich Mögli-

---

[10]   *Luce Irigaray:* Das Mysterium Marias, Hamburg 2011, 15. Ähnlich wie bei Justin (s. nächste Fußnote) geht es auch Irigaray um das Wortgeschehen, allerdings nicht um die ‚langage' des Wortes, sondern um die ‚parole' eines Atems, aus dem Leben besteht. Dann geht das Wort mit der Materie eine alternative universale Verbindung ein und es überschreitet die patriarchale Notwendigkeit, das Wort des Vaters weiterzugeben. „Auf der weiblichen Seite handelt es sich vielmehr um die Erweckung Marias und die mögliche Bewahrung ihrer Identität, ihrer Virginität in der Liebe und in der Mutterschaft dank einer Kultivierung des Atems, des Hörens, des Sprechens." (*Luce Irigaray:* Die Erlösung der Frauen; in: *ders.:* Der Atem der Frauen. Weibliche Credos, Rüsselsheim 1997, 167–194, 191.)

[11]   *Markus Hofmann:* Maria, die neue Eva. Geschichtlicher Ursprung einer Typologie mit theologischem Potential, Regensburg 2011, vermutet für die Parallele noch ältere Ursprünge als Justin.

[12]   Die männliche Parallele bei Zacharias bezweifelt dagegen die Wahrheit (Lk 1,18). Zacharias muss deshalb schweigen, während Maria über das Unmögliche mit dem Magnificat sprachfähig wird.

chen vorbringt, lässt Maria reagieren. Sie bleibt stumm, es gibt kein den Engel erlösendes Ja. Mit ihrer Zustimmung kommt Maria erst aus der Deckung, als er sagt: „Denn für Gott ist nichts unmöglich" (Lk 1,37). ‚Unmöglich' ist das Schlüsselwort, um einen Glauben zu verstehen, zu dessen Sprungbrett der Marienglauben hier wird.

Die adjektivische Form davon in der Geschichte der Generierung des Volkes Gottes (Gen 18,14) reicht hier nicht mehr aus. Es geht um die Notwendigkeit, Gott nicht nur um der Menschen, sondern um Gottes willen mit dem Unmöglichen zu verbinden. Auch wenn es unmöglich wird, kann man Gott glauben. Nichts von dem, was mit Maria geschieht, so der Engel, ist unmöglich bei Gott. Unmögliches bei Menschen gilt Gott nichts. Er empört sich nicht mit den Ausrufezeichen, die zwischen Menschen aufgerichtet werden.

Wenn man stattdessen an dieser Stelle liest: „Denn für den übermächtigen Gott ist nichts von dem, was Menschen nicht möglich ist, unmöglich", dann verliert sich das Gesagte ins Obsessive der Macht. Dann ginge es nur mehr um Gott und nicht weiter um Maria. Wäre das der Fall, würde das Narrativ hier abbrechen. Die Jungfrau Maria wäre dann vom Engel darüber belehrt worden, dass das, was (damaligen) Menschen unmöglich war, nämlich schwanger zu werden ohne Geschlechtsverkehr mit einem Mann, für Gott einfach möglich ist.

Diese einfache Standardauslegung dieses Verses entwertet den nächsten Vers, in dem Maria der Schwangerschaft zustimmt, zu einer bloßen einfachen Unterwerfung unter Gottes Willen. Im Adjektiv-Modus des Unmöglichen bedeutet ihr berühmtes ‚fiat' lediglich eine vorbildliche Unterwerfung. Sie macht möglich, was Menschen unmöglich erscheint. Aber bereits der Wortlaut des Verses steht dem entgegen: „Da sagte Maria: Ich bin die Magd des Herrn; mir geschehe, wie du es gesagt hast" (Lk 1,38). Maria sagt nicht, dass ihr eben das geschehen soll, was der Engel gesagt hat. Sie sagt, ihr geschehe, wie es der Engel gesagt hat. Es geht um mehr als ein einfaches Ja. Im ‚wie' steckt einerseits das ‚was' des kommenden und zuvor erläuterten Geschehens: dass eben der Heilige Geist über Maria kommen und die Kraft des Höchsten sie überschatten werde. Aber es steckt zudem jenes Dritte darin, was der Engel unmittelbar davor äußert: der empörende Vorgang des Unmöglichen. Dadurch verändert sich die Zustimmung von der Unterwerfung unter Gott zur Akzeptanz einer komplexen Sachlage. Maria akzeptiert, wie das, was unmöglich ist, für Gott nichts ist. Ein Diskurswechsel findet statt.

Er verlangt, wie jeder Wechsel eines Diskurses, nach einer anderen Ordnung. Wenn nichts unmöglich ist, dann werden die Verhältnisse komplexer. Man darf nicht nur mit Möglichem rechnen, sondern muss Unmögliches einrechnen und mit beidem zu Recht kommen. Das *fiat* der Maria bezieht sich auf den Inhalt *und* die Modalität, also die Schwangerschaft und ihre komplexe Unmöglichkeit. Hier wird Maria zu einer eigenständigen Frau vor Gott, deren Unmöglichkeit, keinem Mann unterworfen zu sein, vor Gott nichts ist. Das führt daher zu einer anderen diskursiven Ordnung als der bekannten. Das nennt die christliche Tradition Erlösung und Rechtfertigung.

Deshalb wird nicht die Macht beschworen, eigentlich Unmögliches möglich zu machen. Es kommt auf diese junge Frau Maria als Figur einer anderen Ordnung der Dinge an. Das hat die Marienfrömmigkeit auch immer gespürt. Allerdings hat sie Maria dabei oft privilegiert, obwohl Maria hier jeglicher Privilegierung verlustig geht. Unmögliches privilegiert nicht, sondern bringt in eine komplexe Lage, die schwierig ist. Maria, die schwangere Jungfrau, hat keine Macht. Aber sie hat Ohnmacht. Sie ist der Kern des empörenden Unmöglichen.

Diese Ohnmacht ist im Fall von Maria eine Form der Macht, allerdings auf eine unmögliche Art und Weise. Sie ist ebenso wie Macht kreativ, aber ihre Kreativität läuft nicht über diejenigen, die sie aktivieren, sondern über das, woraufhin sie aktiviert wird. Es sind die extremen Lagen, in denen sie auftritt wie bei dieser männerlosen Schwangerschaft. Maria gerät durch die Ankündigung des Engels nicht in die Gewalt einer mächtigeren Gestalt wie die Frauen bei Zeus. Sie gerät in den Zugriff einer Lage, die so unmöglich ist, dass sie lebensgefährlich wird; aber darin kann sie auf Gott setzen. Er lässt sich ausgerechnet dort finden. Die Ordnung der Dinge dagegen, die das Unmögliche adjektiviert, verliert ihre Macht; sie ist nicht weiter von Bedeutung. Der Bruch mit dem, was zuvor allein möglich war, gehört zur Grammatik jener Erlösung, die mit diesem Kind einen Anfang nimmt. Er reißt die patriarchale Ordnung der Dinge auf. Darauf setzt Lukas Maria an.

Sie behauptet sich dann mit dem Magnificat selbst. Schließlich sagt sie nicht wie die Vorlage Dtn 10,21, dass Gott Großes tat, sondern dass er Großes *an ihr* getan habe (Lk 1,49). Da beansprucht jemand, die nichts zu sagen hat, dass sie sehr wohl etwas zu sagen hat, was aber die bestehende Ordnung überschreitet. Die Subalterne Maria spricht auf eine Weise, die sich nicht durch andere repräsentieren lässt – noch nicht einmal durch ihren Sohn, den Erlöser. Er kommt hier im Magnificat mit keinem Wort vor, weshalb auch seine elementaren Verkündigungselemente wie das Reich Gottes keine Rolle spielen.[13]

---

[13]   Es ist kein Zufall, dass das Reich Gottes und seine Differenz zur Kirche in der metaphorischen Identität von Maria und Kirche bei *Gisbert Greshake:* Maria-Ecclesia. Perspekti-

Dieses Motiv, dass Subalterne jenseits derer, die sie nur allzu gerne repräsentieren wollen, zum Sprechen kommen, wird sich in den neuzeitlichen Marienerscheinungen wieder zu Wort melden. In ihnen sind es stets Menschen, die nichts zu sagen haben wie Kinder oder Jugendliche oder Unterworfene am Rande der Gesellschaft, die mit einem Male wichtiger sind als die herrschaftlichen Gestalten in Kirche und Gesellschaft. Bei der Marienerscheinung von Guadalupe, die bis heute die umfänglichste Wallfahrt weltweit generiert hat, ist das mit Händen zu greifen; in der Hispanic-Theologie diskursiviert sie die Mestizaje schlechthin.[14] Das Motiv der Subalternität findet sich auch in Lourdes und Fatima, in Kevelaer und Banneux. In Medjugorje befindet sich das Element noch im Klärungsprozess wegen der bis heute fortlaufenden Ansprüche weiterer Erscheinungen nach der ursprünglichen von 1981; die damaligen Kinder sind heute kaum mehr als Subalterne qualifizierbar.

Unmögliches verlangt eine komplexere Ordnung als die Normalität, um mit den extremen Lagen darin zu Recht zu kommen. Es ist die Grammatik des Marienglaubens. Er löst daher selbst prekäre Abstoßungseffekte aus. Aber seine Unmöglichkeit spricht für seine Wahrheitsansprüche.

---

ven einer marianisch grundierten Theologie und Kirchenpraxis, Regensburg 2014, schlichtweg ausfallen.

[14] *Virgil Elizondo:* Unsere Liebe Frau von Guadalupe. Evangelium für eine neue Welt, Luzern 1999.

# Frauen in Führungspositionen auf der mittleren Ebene der evangelischen Kirche

## Eine Analyse und Reflexion statistischer Daten aus fünf evangelischen Landeskirchen

Jantine Nierop[1]

In allen evangelischen Landeskirchen in Deutschland, mit Ausnahme von Bremen, gibt es eine sogenannte „mittlere Ebene". Diese mittlere Ebene meint die Leitungsebene des Kirchenbezirks, in manchen Landeskirchen auch Kirchenkreis genannt. Sie wird gemeinhin als die erste Ebene *über* den Gemeinden und die letzte *vor* dem höchsten landeskirchlichen Leitungsgremium gesehen – obwohl schon diese Terminologie eine Sicht auf Kirche verrät, die man diskutieren könnte. Aber auch wenn man die evangelischen Kirchen klassisch reformatorisch bottom-up statt top-down versteht, liegt die Ebene des Kirchenbezirks in der Mitte zwischen Landeskirche und Gemeinde.

Auf dieser Ebene gibt es Handlungsbedarf. Der erste Gleichstellungsatlas, im Jahr 2015 vom Studienzentrum der Evangelischen Kirche in Deutschland (EKD) für Genderfragen in Kirche und Theologie herausgegeben (in Kooperation mit der Konferenz der Frauenreferate und Gleichstellungsstellen in den Landeskirchen), machte deutlich, wie gering in den meisten Landeskirchen der Frauenanteil auf der mittleren Leitungsebene noch immer ist.[2] Lediglich 21 Prozent betrug der Anteil an Dekaninnen/ Superintendentinnen/Pröpstinnen im Durchschnitt – gegenüber einem Frauenanteil von 33 Prozent auf der Ebene der Theolog*innen im aktiven Dienst.

---

[1]  PD Dr. Jantine Nierop ist Geschäftsführende Studienleiterin am EKD-Studienzentrum für Genderfragen in Kirche und Theologie und Privatdozentin für Praktische Theologie an der Universität Heidelberg.

[2]  Vgl. Atlas zur Gleichstellung von Frauen und Männern in der evangelischen Kirche in Deutschland. Eine Bestandsaufnahme, Hannover 2015, 28 und 48 (online abrufbar unter www.gender-ekd.de). Vgl. *Simone Mantei:* Mehr als ein Gleichstellungsatlas. Potenziale kirchlicher Statistik für Forschung und Lehre; in: Praktische Theologie 51 (2016), 42–49.

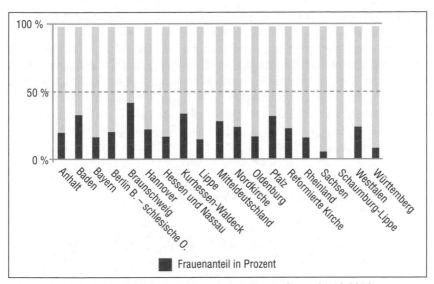

*Leitungsämter auf mittlerer kirchlicher Ebene (Stand: 31.12.2013)*
Quelle: Atlas zur Gleichstellung von Frauen und Männern in der evangelischen Kirche
in Deutschland. Eine Bestandsaufnahme, Hannover 2015.

## 1. EKD-Synodenbeschluss 2014

Bereits im November 2014 war der Gleichstellungsatlas der 11. Synode der EKD auf ihrer Tagung in Dresden präsentiert worden. Diese fasste daraufhin folgenden Beschluss zur Geschlechtergerechtigkeit in der evangelischen Kirche: Der Rat der EKD wurde gebeten, das Studienzentrum für Genderfragen zu beauftragen, die Anforderungsprofile auf der mittleren Leitungsebene der evangelischen Kirche zu analysieren.[3] Auf dieser Grundlage sollten Anregungen für eine Organisationskultur entwickelt werden, die es Männern und Frauen gleichermaßen ermöglicht, Führungsverantwortung zu übernehmen. Ebenso wurde bekanntgegeben, dass die Synode in der 12. Amtsperiode einen Bericht über den Stand der weiteren Entwicklung der Geschlechtergerechtigkeit in der evangelischen Kirche erwartet. In seiner Sitzung im Juli 2015 in Berlin hat der Rat der EKD das Studienzentrum für Genderfragen dann tatsächlich beauftragt, eine Studie

---

[3]  Vgl. www.ekd.de/archiv/synode2014/beschluesse/s14_xiv_14_geschlechtergerechtig-keit_in_evangelischer_kirche.html (aufgerufen am 05.07.2017).

514 durchzuführen, in der die oben genannten Forschungsdesiderate untersucht werden.

Das Studienzentrum für Genderfragen hat daraufhin in Kooperation mit dem Fraunhofer Center for Responsible Research and Innovation (CeRRI) in Berlin eine Studie durchgeführt unter dem Titel: „Kirche in Vielfalt führen. Eine Kulturanalyse der mittleren Leitungsebene in der evangelischen Kirche." An der Studie, die im Jahr 2015 anfing und im Herbst 2017 fertiggestellt wird, haben sich folgende Landeskirchen beteiligt: die Evangelisch-Lutherische Kirche in Bayern, die Evangelische Kirche Berlin-Brandenburg-schlesische Oberlausitz, die Evangelische Landeskirche in Württemberg, die Evangelisch-lutherische Landeskirche Hannovers sowie die Evangelische Kirche von Westfalen.

## 2. *Fraunhofer Center for Responsible Research and Innovation (CeRRI)*

Die Kooperation mit dem Fraunhofer CeRRI hat sich als Glücksfall erwiesen. Nachdem sein Kompetenzteam „Diversity and Change", gefördert durch das Bundesministerium für Familie, Senioren, Frauen und Jugend, schon neun Großunternehmen (darunter BASF, Deutsche Bahn, Bayer, Bosch und Microsoft) analysiert und wissenschaftlich fundiert beraten hat, berät es nun erstmals das „Großunternehmen Kirche". Auch wenn die Kirche theologisch vorrangig als Gemeinde Jesu Christi zu verstehen ist, stellt sie in ihrer verfassten Gestalt eine Organisation dar, die einem Großunternehmen gleicht. Die Kooperation mit dem Fraunhofer CeRRI steht für eine unabhängige Außensicht auf Kirche als *Organisation* – eine Sicht, die blinde Flecken aufdecken kann, die kirchenintern aus unterschiedlichsten Gründen unsichtbar bleiben. Sie kann mit Hilfe der hauseigenen, vielfach erprobten Expertise eine Betriebsblindheit aufdecken, die gerade im Bereich Diversity wesentliche Fortschritte verhindert, auch wenn alle guten Willens sind. So gesehen stellt die Zusammenarbeit mit den Expert*innen vom Fraunhofer CeRRI eine einmalige Chance für die Kirche dar, die Selbstwahrnehmung mit der Fremdwahrnehmung abzugleichen.

Die Ergebnisse der Studie „Kirche in Vielfalt führen" werden zur 4. Tagung der 12. EKD-Synode veröffentlicht. Sie findet in der Zeit vom 9. bis 15. November 2017 in Bonn statt. Unter www.gender-ekd.de/publikationen.html ist ab Mitte November eine PDF-Datei der Studie abrufbar.

Für die Studie „Kirche in Vielfalt führen" füllten alle fünf beteiligten Landeskirchen eine ausführliche Checkliste mit Fragen zur mittleren Leitungsebene aus. Die auf diese Weise erhobenen Daten sind in die Studie organisch eingeflossen. Sie bilden die Basis, auf der die qualitative Kulturanalyse aufbaut. In diesem Aufsatz findet erstmals eine gesonderte Auswertung und grafische Aufbereitung der (absoluten) Zahlen der Checklisten statt.

Um die Größenordnung der Sachverhalte, von denen hier die Rede ist, einschätzen zu können, gibt die erste Grafik eine Antwort auf die Frage, wie viele Menschen in den fünf beteiligten Landeskirchen in Leitungsämtern auf der mittleren Ebene tätig sind. Für das Jahr 2015 ergaben sich für die beteiligten Kirchen folgende Zahlen bezüglich Frauen und Männern auf der mittleren Leitungsebene:

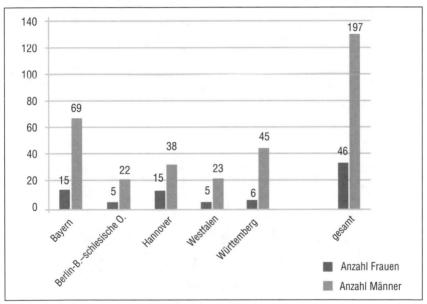

*Frauen und Männer auf der mittleren Leitungsebene*

## Vergleich prozentualer Anteile von Frauen und Männern

Um die Anteile von Frauen und Männern in verschiedenen kirchlichen Ämtern vergleichen zu können, braucht man bekanntlich relative Zahlen. Wenn man die absoluten Zahlen bezüglich Frauen und Männern in mittleren Leitungsämtern in prozentuale Anteile umwandelt, sieht die Grafik so aus:

516

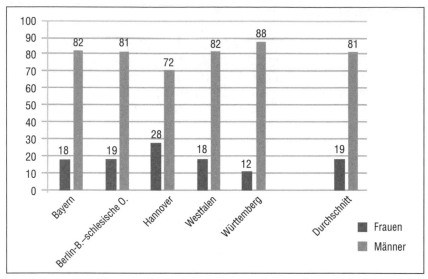

*Frauen und Männer auf der mittleren Leitungsebene in Prozent der Gesamtzahl der mittleren Leitungsämter*[4]

Alle fünf an der Studie beteiligten Landeskirchen kennen das Stellvertretungsamt auf der mittleren Ebene. Zum Vergleich zeigt die nächste Grafik die prozentualen Anteile von Frauen und Männern unter den Stellvertreter*innen.

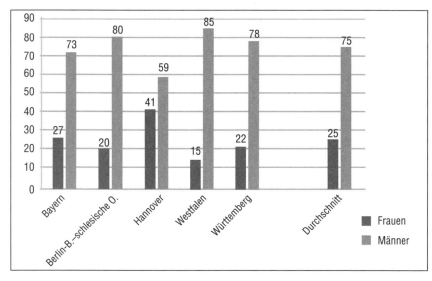

*Frauen und Männer als Stellvertreter*innen in Prozent der Gesamtzahl der stellvertretenden mittleren Leitungsämter*

Von den fünf an der Studie beteiligten Landeskirchen kennen nur die bayerische und die württembergische Landeskirche die Institution des geschäftsführenden Pfarramtes. Die untenstehende Grafik zeigt den Prozentsatz Pfarrerinnen und Pfarrer mit geschäftsführenden Aufgaben in Prozent der Gesamtzahl der Pfarrer*innen. Der berechnete Durchschnitt bezieht sich auf Bayern und Württemberg.

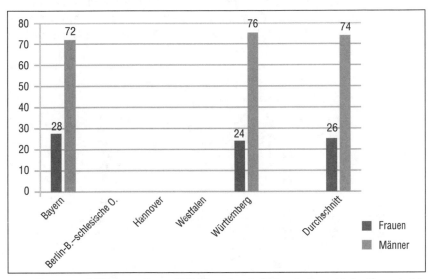

*Frauen und Männer mit geschäftsführenden Aufgaben in Prozent der Gesamtzahl der Pfarrer*innen im geschäftsführenden Pfarramt*

Wenn man nach den prozentualen Anteilen von Frauen und Männern unter den Pfarrer*innen in den fünf beteiligten Landeskirchen fragt, ergibt sich für Pfarrerinnen ein Durchschnittswert von 37 Prozent und für Pfarrer ein Durchschnittswert von 63 Prozent.

Das Fazit des Vergleichs der Anteile von Frauen und Männern in verschiedenen kirchlichen Ämtern lautet: Man kann deutlich beobachten, *dass der durchschnittliche prozentuale Anteil von Frauen zunimmt, wenn die Leitungsebene abnimmt* (19 Prozent auf der mittleren Leitungsebene – 25 Prozent bei den Stellvertreter*innen – 26 Prozent im geschäftsführenden Pfarramt – 37 Prozent bei den Pfarrer*innen).

4    In Württemberg gibt es als einziger Landeskirche auch Leitungsämter auf der mittleren Ebene, die als Funktionsdienst gestaltet sind (beispielsweise als Schuldekanat). Im Jahr 2015 waren sechs Frauen und 19 Männer in solchen Funktionsdekanaten tätig. Der Frauenanteil im Funktionsdekanat liegt damit bei 24 Prozent. Das ist doppelt so hoch wie der Frauenanteil von Dekan*innen in den württembergischen Flächendekanaten (12 Prozent).

*Teildienst*

In der Bayerischen sowie in der Hannoverschen Landeskirche arbeiten Frauen und Männer auf der mittleren Leitungsebene teilweise im Teildienst. Dies gilt in Bayern für 20 Prozent der Frauen und vier Prozent der Männer. In Hannover arbeiten sieben Prozent der Frauen sowie drei Prozent der Männer auf der mittleren Ebene im Teildienst.

Wie viele von den Pfarrer*innen im Teildienst arbeiten, zeigt die folgende Grafik in Prozent der Gesamtzahl der Pfarrerinnen beziehungsweise Pfarrer. Hieraus geht hervor, dass Teildienst im Pfarramt – im Gegensatz zu den Leitungsämtern auf der mittleren Ebene – etabliert ist.

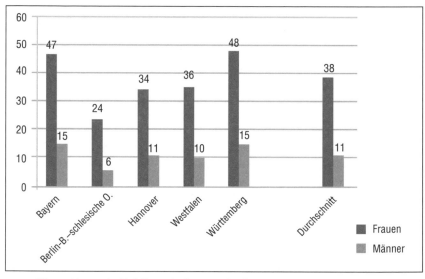

*Pfarrer*innen im Teildienst in Prozent der Gesamtzahl der Frauen bzw. Männer*

Als Fazit kann man sagen, dass der geringe Frauenanteil auf der mittleren Ebene auch mit dem Thema „Vereinbarkeit von Beruf und Familie" zu tun haben könnte.

*Alter*

Die an der Studie beteiligten Landeskirchen machten zum Durchschnittsalter der Leitungspersonen auf der mittleren Ebene im Jahr 2015 folgende Angaben:

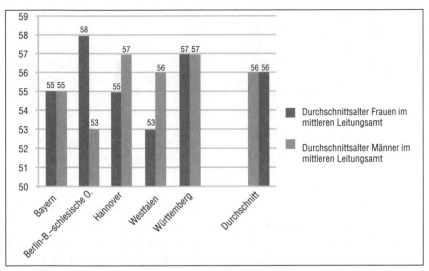

*Durchschnittsalter von Frauen und Männern auf der mittleren Leitungsebene
in Jahren (Stand: 01.01.2016)*

Das Durchschnittsalter ihrer Stellvertreter*innen zeigt die untenstehende
Grafik:

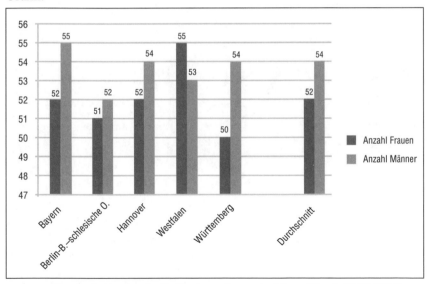

*Durchschnittsalter der Stellvertreter*innen in Jahren (Stand: 01.01.2016)*

In der Checkliste wurde auch das Durchschnittsalter der Leitungspersonen *zum Zeitpunkt ihrer Wahl* abgefragt (nur für die Stellenbesetzungen der letzten fünf Jahre, also im Zeitraum 01.01.2011 bis 01.01.2016). Interessant ist es, diese Daten zu vergleichen mit dem Durchschnittsalter der Stellvertreter*innen. Auffällig ist, dass in den fünf Landeskirchen das Durchschnittsalter der Stellvertreter*innen bei den Frauen im Durchschnitt gleich hoch ist (52 Jahre) wie bei den Leitungspersonen zum Zeitpunkt ihrer Wahl und bei den Männern im Durchschnitt sogar noch höher (54 Jahre gegenüber 51 Jahren).[5] Somit deuten die Daten darauf hin, dass das Stellvertretungsamt im Moment kein Qualifikationsamt darstellt.

*Freiwerdende Stellen*

Alle fünf Landeskirchen wurden um eine Einschätzung gebeten, wie viele Stellen auf der mittleren Ebene in den nächsten fünf Jahren wahrscheinlich nachzubesetzen sind. Ihre Einschätzung geht aus der folgenden Grafik hervor. Dargestellt wird die Zahl in Prozent des Gesamtstellenanteils auf der mittleren Leitungsebene. Es stellt sich heraus, dass in den befragten Landeskirchen zwischen einem Fünftel und knapp der Hälfte der Leitungsstellen auf mittlerer Ebene in den nächsten fünf Jahren nachzubesetzen sind.

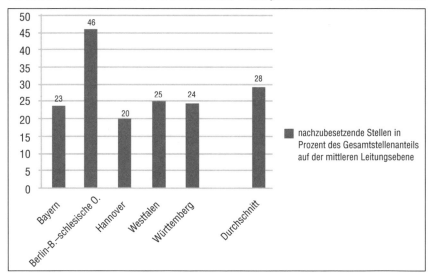

*Nachzubesetzende Stellen auf der mittleren Leitungsebene bis 2021 – schätzungsweise*

[5] Nota bene: Im Zeitraum 01.01.2011 bis 01.01.2016 wurden in der EKBO keine Frauen gewählt. Ebenso fehlen die Angaben für das Durchschnittsalter der Amtsinhaber*innen zum Zeitpunkt ihrer Wahl für die Westfälische Landeskirche. Sie fehlen daher auch beim berechneten Durchschnitt.

Die letzte Grafik zeigt, welcher Prozentsatz der Pfarrer*innen 45 Jahre alt oder älter ist. Diese haben, mit anderen Worten, das inoffizielle „ephorable Alter".

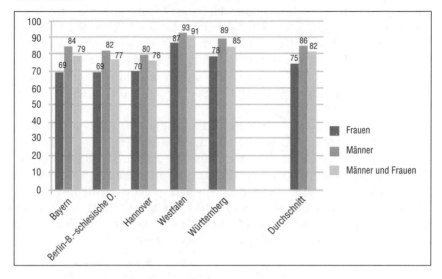

*Pfarrer*innen 45 Jahre alt oder älter in Prozent der Gesamtzahl der Frauen/Männer/Pfarrer*innen*

Fazit: Es gibt in allen fünf an der Studie beteiligten Landeskirchen genug Frauen im „ephorablen Alter", die auf die bis 2021 freiwerdenden Stellen gewählt werden können. Welche Weichen man stellen muss, um den Frauenanteil auf der mittleren Ebene zu erhöhen, darüber informiert die ab November 2017 vorliegende Studie „Kirche in Vielfalt führen". Dabei hat sich das ursprüngliche Ziel des Projektes, die Förderung von Frauen in Leitungspositionen auf mittlerer Ebene, unter dem Einfluss der Kooperation mit dem Kompetenzteam „Diversity and Change" vom Fraunhofer CeRRI im Laufe der Studie erweitert zur – der Titel der Studie sagt es schon – *Förderung von Menschen mit vielfältigen Lebensentwürfen.*

## 4. Qualitative Tiefenbohrung

Kann denn ein Fremder, sprich: ein säkulares Forschungsinstitut, die Kirche verstehen? Schnell ist man geneigt, die Frage zu verneinen. Zu eigen ist die Kirche, zu sehr historisch gewachsen sind ihre Strukturen, zu kompliziert und mehrdimensional ist ihr Leitungsverständnis. Methodisch liegt die große Chance der Studie in ihrem betont qualitativen Charakter.

522  Nur durch ausführliche, tiefgehende Interviews mit Personen in unterschiedlichen Funktionen und Positionen kann man der Kultur einer solchen Organisation wirklich auf die Spur kommen. Nur eine solche „Tiefenbohrung" sichert die Wahrnehmung der vielen Aspekte, die alle zusammen die Kultur der evangelischen Kirche ausmachen. Als qualitative Tiefenbohrung ist die Kulturanalyse der beteiligten Landeskirchen nicht repräsentativ im statistischen Sinn, dafür aber – über die Methode der sogenannten „theoretischen Sättigung" bei der Auswahl der Interviewpartner*innen – inhaltlich vielschichtig, formal multiperspektivisch und dadurch in vielen Bereichen aussagekräftig.

An der Kulturanalyse – das Herzstück der Studie – schließen sich differenzierte und kontextsensible Handlungsempfehlungen vom Fraunhofer CeRRI an. Fein abgestimmt auf die spezifische evangelisch-landeskirchliche Kultur wollen sie auf struktureller Ebene Stärken nutzen und Schwächen beheben, damit Kirche in Zukunft „in Vielfalt" geführt werden kann. Die Empfehlungen sind breitgefächert und regen zum Umdenken in verschiedenen Bereichen an. Die verfremdende Außenperspektive vom Fraunhofer CeRRI ist dabei Herausforderung und Chance zugleich.

## 5. Stärkung der mittleren Leitungsebene

Die Ursprungsgeschichte des Projektes „Kirche in Vielfalt führen", die Auswahl des Kooperationspartners sowie das spezifische Forschungsdesign machen zusammen den besonderen, ungewöhnlichen Charakter der Studie aus. Eine solche Studie gibt es noch nicht. Ihr potentieller Gewinn liegt neben der Förderung von Vielfalt in Bezug auf kirchliche Leitungspositionen auch darin, dass sie auf der theoretischen Ebene aktuelle kirchentheoretische und ekklesiologische Debatten um eine neue Dimension bereichert.

Eine solche aktuelle Debatte betrifft beispielsweise die Diskussion um eine Stärkung der mittleren Leitungsebene in den evangelischen Kirchen und damit verbunden die Frage, wie Führung in der Kirche unter den neuen strukturellen Bedingungen aussehen soll. Allgemein wird das EKD-Impulspapier „Kirche der Freiheit" von 2006 als Startpunkt der Debatte gesehen, obwohl in einzelnen Landeskirchen schon vorher vergleichbare Papiere eingebracht worden waren. „Kirche der Freiheit" plädierte für einen Paradigmen- und Mentalitätswechsel, der eine Offenheit für neue kirchliche Formen sowie für weitreichende Strukturveränderungen umfasst. Ein wichtiger Fokus liegt dabei auf der Region statt auf den Ortsgemeinden: „Aus Parochialgemeinden entwickeln sich in Situationen der Regionalisierung oder der Fusion *Regionalkirchen*, die Kräfte einer Region zusammenfassen und zugleich die geistliche Versorgung in der Region sicherstellen. Regionalkirchen bündeln die Ressourcen dort, wo Gemeinden in Stadt oder Land aus demografischen Gründen kleiner werden."[6] In den vergangenen zehn Jahren sind in vielen Landeskirchen (beispielsweise in der Hannoverschen wie auch in der Bayerischen Landeskirche) tatsächlich weitreichende strukturelle Veränderungsprozesse auf den Weg gebracht worden, die den Schwerpunkt kirchlichen Lebens aus den Ortsgemeinden heraus in die übergeordnete Ebene der Region verlagern wollen.

Mit dem Stichwort der Regionalisierung verbindet sich auf der Personalebene die Diskussion um eine neue, kirchliche Leitungskultur. Der Prozess der Regionalisierung bedeutet ja faktisch eine Stärkung der mittleren Ebene, da Zuständigkeiten und Entscheidungsbefugnisse, die ehemals den Gemeinden vor Ort zugeordnet waren, nun auf Bezirksebene geregelt werden. Mit dem Prozess einer Regionalisierung geht darum eine Professionalisierung des kirchlichen Führungsverständnisses auf der mittleren Ebene einher. Aus dem ehemals „Pfarrer unter Pfarrern" wird ein Vorgesetzter, aus der ehemals kirchlichen Repräsentationsfigur auf Bezirksebene wird eine Entscheidungsträgerin, aus ehemals Seelsorger*innen für Kolleg*innen werden Chef*innen.

## 6. Dritte Stimme

Die Debatte um eine Stärkung der mittleren Leitungsebene kennt sowohl vehemente Kritiker*innen als auch begeisterte Fürsprecher*innen.[7] Argumentationen pro oder kontra einer solchen Stärkung berühren fast immer auch die Diskussion über das Leitungsverständnis auf der mittleren Ebene sowie die faktische Ausgestaltung ihrer Leitungspositionen. In diesen Diskussionen meldet sich nun eine dritte Stimme zur Wort. Die dritte Stimme plädiert freilich nicht für oder gegen Stärkung der mittleren Ebene bzw. für oder gegen Professionalisierung der hier verorteten Führungsrolle.

---

[6]   Siehe www.ekd.de/ekd_de/ds_doc/kirche-der-freiheit.pdf (S. 5), (aufgerufen am 05.07. 2017).

[7]   Für Kritik vgl. beispielsweise *Andreas Dreyer:* „Stärkung der mittleren Ebene". Wie sich die Hannoversche Landeskirche von ihren Kirchengemeinden distanzierte; in: *Gisela Kittel/Eberhard Mechels* (Hg.): Kirche der Reformation? Erfahrungen mit dem Reformationsprozess und Notwendigkeit der Umkehr, Göttingen 2016, 128–139. Eine positive Darstellung kirchlicher Regionalisierungsprozesse findet sich beispielsweise bei *Uta Pohl-Patalong/Eberhard Hauschildt:* Kirche verstehen, Gütersloh 2016 (vor allem 6.2).

Diese Stimme plädiert für Förderung von Vielfalt. Nicht zu vermeiden ist freilich, dass die Empfehlungen vom Fraunhofer CeRRI die Argumentationen pro oder kontra Professionalisierung an der einen oder anderen Stelle streifen.

Die dritte Stimme, die das Fraunhofer CeRRI mit seiner Kulturanalyse und mit seinen anschließenden Empfehlungen einbringt, macht die Debatten um die mittlere Leitungsebene nicht leichter, wohl aber aspektreicher. Die dritte Stimme steht für eine Dimension, die bisher kaum Aufmerksamkeit in den Debatten bekommen hat und doch eine enorme Tragweite besitzt. Denn die Dimension der Vielfalt steht für Anteilhabe und Einflussnahme von Gruppierungen, die nicht dem traditionell gewachsenen, durch Stereotype geprägten Verständnis von Leitung entsprechen. Ohne die Anteilhabe und Einflussnahme von Menschen mit vielfältigen Lebensentwürfen (Frauen, Mütter, Transgender, Homosexuelle, ...) wird Kirche in Zukunft nicht schlagfertig sein – weder auf der lokalen noch auf der regionalen Ebene. Die Dimension der Vielfalt als kirchliche Ressource zu entdecken und sie zu fördern bis in die Leitungsfunktionen hinein – dabei hilft die Studie „Kirche in Vielfalt führen" vom Fraunhofer CeRRI.

# Frauen in der Mission – ihre Rolle und Bedeutung

## Uta Andrée[1]

Mission war und ist bis heute ein männlich dominiertes Phänomen. In diesem Beitrag soll es um die Rolle und Bedeutung von Frauen in der protestantischen Mission vom Beginn ihrer Blütezeit im 19. Jahrhundert bis zum Ende ihrer klassischen Ausprägung in der Mitte des 20. Jahrhunderts gehen. Danach fand eine Transformation von Mission hin zu ökumenischer Partnerschaft und entwicklungspolitischer Zusammenarbeit statt.

Die Geschichte der Frauen in der Mission ist ein weites Thema, das in diesem Beitrag in dreierlei Hinsicht eingegrenzt werden soll. Es wird erstens vor allem um Frauen aus Deutschland gehen. Mit diesem Fokus spielen indigene Frauen, die wesentlich an der Missionsgeschichte Anteil hatten, nur am Rande eine Rolle. Auch Frauen anderer Nationalitäten wie z.B. Engländerinnen von der London Missionary Society, Französinnen von der Pariser Société des Missions Evangéliques und auch Frauen aus der Schweiz von der Basler Mission werden wenig in den Blick kommen. Zweitens beschränkt sich die Darstellung auf die evangelische Mission und lässt die Tätigkeit beispielsweise der Steyler Missionsschwestern und vieler anderer im 19. Jahrhundert gegründeter katholischer Frauenorden außer Acht. Drittens bezieht sich dieser Beitrag auf die Frauen in der Mission in Afrika mit einem Schwerpunkt auf das Tätigkeitsgebiet der Norddeutschen Mission im heutigen Togo und Ghana. In der Missionsgeschichte spielen daneben die Wirkungsfelder in Indien, Indonesien und vor allem in China eine große Rolle, die hier nicht untersucht werden. Der Titel dieses Aufsatzes müsste also präzise heißen: Die Rolle und Bedeutung aus Deutschland

---

[1]  Dr. Uta Andrée ist geschäftsführende Studienleiterin der Missionsakademie an der Universität Hamburg.

entsandter Frauen in der protestantischen Missionsgeschichte vom frühen 19. bis zur Mitte des 20. Jahrhunderts – unter besonderer Berücksichtigung Westafrikas.

Lange bevor seit 1884 die deutsche Fahne in den deutschen Kolonien gehisst wurde, hatte sich in vielen Gebieten eine rege Missionstätigkeit entwickelt. Entdecker, Händler und Kaufleute waren lange vor den ausländischen Regierungsvertretern und Soldaten in die überseeischen Gebiete gekommen und mit ihnen auch die Missionare, die letzteren das Feld in kultureller und religiöser Hinsicht bereiteten, in dem sie ihre Macht etablieren sollten. Mit der Errichtung einer deutschen Kolonialverwaltung änderten sich die Bedingungen der Mission. Von vielen Missionaren und Missionarinnen wurde die Übernahme begrüßt. Zur Rolle der Missionarinnen in dieser Zeit hält Andreas Eckl fest: „Wie ihre männlichen Kollegen dienten auch die Missionarinnen der Etablierung und Sicherung kolonialer Vorherrschaft über die indigene Bevölkerung, ja hatten daran vielleicht sogar einen noch stärkeren Anteil als die Missionare. (…) (Sie) hatten mit ihrer sozialen Arbeit und ihrer Frauenmissionierungstätigkeit Zugriff auf die gesamte afrikanische Bevölkerung, sie waren wichtige Betreiberinnen der ‚inneren Kolonisation' – und damit der kolonialen Eroberung und Herrschaftssicherung."[2] Zu Beginn des Erstens Weltkrieges wurden deutsche Missionare in den ehemals deutschen Kolonien interniert. Allein in der Kolonie Deutsch-Togoland wurden 52 Missionare durch die britischen und französischen Kräfte in Haft genommen. Dasselbe Schicksal ereilte deutsche Missionare 1939.[3] Viele Frauen verließen ebenfalls die Missionsstationen, andere konnten ihre Arbeit dort unter erschwerten Bedingungen fortsetzen.[4] Die Wiederaufnahme missionarischer Aktivitäten seitens der

---

[2]  *Andreas Eckl:* Grundzüge einer feministischen Missionsgeschichtsschreibung. Missionarsgattinnen, Diakonissen und Missionsschwestern in der deutschen kolonialen Frauenmission; in: *Marianne Bechhaus-Gerst/Hauke Neddermann* (Hg.): Frauen in den deutschen Kolonien, Berlin 2009, 132–145, hier: 144. Vgl. auch *Julia Besten:* Des Meisters Ruf. Lina Stahlhut: Missionarsehefrau und Missionsschwester der Rheinischen Mission; in: ebd., 146–155. „Beim Abschluss der ersten ‚Schutzverträge' der deutschen Regierungsvertreter mit einheimischen Führern, die das Eindringen der Deutschen legitimieren sollten, dienten die Missionare als Helfer. Ihre Sprach- und Landeskenntnisse bedeuteten für die deutschen Einwanderer einen glücklichen Zufall", 147.

[3]  Vgl. *Gudrun Zimmermann:* Missionar Paul Wiegräbe (1900–1996); in: *Rainer Alsheimer/Günther Rohdenburg:* LebensProzesse. Biografisches aus der Geschichte der Bremer Westafrika-Mission, Bremen 2001, 172–183, hier: 180–181.

[4]  Ein Beispiel für die Fortsetzung der Tätigkeit während des Ersten Weltkrieges ist der Weg der Missionarswitwe Lina Stahlhut, die für die Rheinische Missionsgesellschaft in Südwestafrika arbeitete. Sie war 1895 als Missionarsbraut aus Deutschland ausgereist. Ihr Mann starb 1905, sie selber blieb bis 1929 in dem inzwischen englischen Mandatsgebiet. – Vgl. *Besten,* Des Meisters Ruf; in: *Bechhaus-Gerst/Neddermann* (Hg.),

deutschen Gesellschaften nach dem Ersten Weltkrieg war beschwerlich, da deren finanzielle Situation äußerst desolat war. Auch die Wirtschafts- und Finanzkrise lähmte die Aktivitäten der deutschen Missionsgesellschaften Anfang der zwanziger Jahre.[5] Die in den ehemaligen Kolonien verbliebenen Frauen erwirtschafteten sich ihre Lebensgrundlage durch ihre Arbeit. Die Missionsgesellschaften versuchten mitunter die Unterhaltsfrage für die Missionare an die Besatzungsmächte abzuwälzen.[6] Von den Frauen in der Mission in den zwanziger Jahren, die oft ohne Ehemann oder männlichen Vorgesetzten auf sich allein gestellt die Arbeit in der Missionsstation verrichteten, heißt es: „Auf der einen Seite wurde (…) das mütterliche Ideal der deutschen Frau hochgehalten. Gleichzeitig (…) lebten deutsche Frauen in der Zwischenkriegszeit ein Leben, das in der europäischen Heimat als ‚maskulin' verpönt war. Sie unternahmen schon lange ‚männliche' Aktivitäten wie Schießen und Autofahren."[7]

Die Zeit des Nationalsozialismus bleibt in der Literatur seltsam unerwähnt. Die Missionsgesellschaften waren sich uneins und uneindeutig darin, ob sie die Machtergreifung in der Hoffnung auf die Rückgewinnung der deutschen Kolonien feiern sollten, oder ob sie gegen eine rassistische Ideologie Opposition beziehen sollten. Daneben gab es in den Missionsgebieten selber oft auch ein Informationsdefizit. „Niemand wusste genau, was in Europa vor sich ging. Manches, das die Mitarbeiter (..) über die Verhältnisse in Deutschland berichtet bekamen, schien so unglaublich zu sein, dass die deutschen Missionare es nicht glauben wollten."[8]

Frauen in den deutschen Kolonien, 146–155, hier: 155. Eine andere Erfahrung machte die Diakonisse Conradine Schmidt, die 1916 von der britischen Besatzungsmacht aus ihrem Dienst in Ho (heutiges Ghana) entfernt wurde. Vgl. *Anne Bartels:* Diakonisse Conradine Schmidt; in: *Alsheimer/Rohdenburg,* LebensProzesse, 203–210.

5   Vgl. *Tobias Eiselen:* Mission macht Politik. Der Missionswissenschaftler Walter Freytag im Zentrum deutschen protestantischen Missionsmanagements zur Zeit des Nationalsozialismus; in: *Ulrich van der Heyden/Holger Stoecker* (Hg.): Mission und Macht im Wandel politischer Orientierungen. Europäische Missionsgesellschaften in politischen Spannungsfeldern in Afrika und Asien zwischen 1800 und 1945, Stuttgart 2005, 663–674, hier: 667.

6   *Rea Brändle:* Zwischen den Welten; in: *Bechhaus-Gerst/Neddermann* (Hg.), Frauen in den deutschen Kolonien, 156–164, hier: 158.

7   *Britta Schilling:* Zwischen „Primitivismus" und „Modernität". „Neue Frauen" in Afrika 1919–1933; in: ebd., 220–230, hier: 220.

8   *Waltraud Ch. Haas:* Erlitten und erstritten. Der Befreiungsweg von Frauen in der Basler Mission 1816–1966, Basel 1994, 111. *Besten* (Des Meisters Ruf, 152) zitiert *Martha Mamozai* (Schwarze Frau, weiße Herrin. Frauenleben in den deutschen Kolonien, Reinbek 1989, 89) in Bezug auf die politische Haltung der Frauen: „Die Akten der Schwestern und Missionarsehefrauen haben eines gemein: Beide erscheinen oder werden als gänzlich unpolitisch beschrieben."

Auch wenn man für das 19. Jahrhundert nicht davon ausgehen wird, dass Vermählungen in der Regel Liebeshochzeiten waren, so stellen doch die Bedingungen, unter denen Missionare und ihre zukünftigen Gattinnen zueinander fanden, eine besondere Härte dar. In der Baseler Mission beispielsweise durfte ein Missionar nach zwei Jahren Eingewöhnung in der Fremde die Zuweisung einer Ehefrau beantragen. In der Norddeutschen Mission mussten „seine geistige Befähigung zum Missionsdienst und seine körperliche Widerstandsfähigkeit" erwiesen sein, was mehrere Jahre dauern konnte.[9] Die Not der alleinstehenden Missionare war eine doppelte: Sie haben zum einen alle Mühe, „Ehre und Moral" zu wahren und ein enthaltsames Leben zu führen, und zum anderen verbringen sie viel Zeit, den eigenen Haushalt zu organisieren.[10] Für die Heirat standen sogenannte Missionsbräute zur Verfügung, die beispielsweise in Mädchenbibelkreisen von der Möglichkeit erfuhren, in pietistischer Tradition ihr Leben der Mission zur Verfügung zu stellen, in dem sie bereit waren, eine Ehe mit einem ihnen unbekannten Mann zu führen. Nur wenige von ihnen hatten zuvor flüchtigen Kontakt zu dem Mann, der sie in der Ferne erwartete. Ein zeitgenössischer Rückblick auf ein Seminar für Missionarsbräute hält Folgendes fest: „Aus hohen und niedrigen Ständen, aus gelehrten und ungelehrten Kreisen kamen die Bräute, alle von dem einen Wunsch beseelt, Seelen für den Herrn zu gewinnen. Getrost ohne Murren zogen diese tapferen Frauen zu ihren Männern in die Wildnis."[11] Diese auf gut Glück vermittelten Ehen waren in mancherlei Hinsicht gefährdet. Die Berichte der nach Westafrika ausgereisten Frauen zeugen von viel Krankheit und körperlicher Schwäche. Doch nicht nur der Köper litt unter tropischen Bedingungen, auch die Seele war besonders gefordert, den harten Bedingungen in der Ferne standzuhalten.

Tatsächlich wird von Missionaren selber auch „der Umstand, dass ihre Frauen nicht zu ihnen passen"[12] als besondere Bürde erwähnt. Man wird auch die umgekehrte Empfindung unterstellen dürfen, auch wenn in den

---

[9] *Ilse Theil:* Reise in das Land des Todesschattens. Lebensläufe von Frauen der Missionare der Norddeutschen Mission in Togo/Westafrika (von 1849 bis 1899) – eine Analyse als Beitrag zur pädagogischen Erinnerungsarbeit, Berlin 2008, 52.

[10] Ebd., 54.

[11] Hermannsburger Missionsblatt 1938, 134f. – Zitiert nach: *Jobst Reller/Rainer Allmann:* Frauen und Zeiten. Frauen in der Hermannsburger Mission und ihren Partnerkirchen im 20. Jahrhundert, Berlin 2013, 237.

[12] *Gudrun Zimmermann:* Missionar Paul Wiegräbe (1900–1996); in: *Alsheimer/Rohdenburg,* LebensProzesse, 171–183, hier: 173.

mir zugänglichen Berichten der Frauen an die Missionsgesellschaften, in ihren Aufzeichnungen und Tagebüchern eine solche Erwähnung fehlt und eher das Bild der bedingungslosen Hingabe und ehrfurchtsvollen Liebe zum angetrauten Ehemann gepflegt wird.

Hinzu kam die Trennung von den Kindern. Von den Anfängen der Entsendung bis in die Mitte des zwanzigsten Jahrhunderts war es üblich, die Kinder mit Eintritt in die Schule im Heimatland zurückzulassen bzw. sie zurückzuschicken und sie bei Verwandten, in fremden Familien, im Internat oder im Missionswerk-eigenen Kinderheim wie dem Kinderhaus der Basler Mission unterzubringen. Damit ist ein Trauma verbunden, das Mütter wie Kinder in gleicher Weise traf – wenn nicht auch die Väter, über deren Umgang mit der Trennung von den Kindern nur wenig überliefert ist. Schlimmer noch als die Trennung von den Kindern war die hohe Kindersterblichkeit auch unter den Missionarskindern. „Krankheit und Tod sind uns näher als sonst", heißt es in einem Brief von 1893 an den Vorgesetzten der Bremer Mission.[13]

Neben den Missionarsbräuten waren die Missionarinnen, die als Schwestern eigenständig in die Mission zogen, die zweite wichtige Gruppe von europäischen Frauen in der Mission ab Ende des 19. Jahrhunderts.[14] Als Missionarinnen wurden Diakonissen entsendet, so zum Beispiel Schwester Hedwig Rohns (1852–1935), die das Diakonissenhaus in Keta (Eweland, heute Ghana) aufbaute. Missionsschwestern wie Hedwig Rohns brachten eine Ausbildung als Krankenschwester, Erzieherin, Lehrerin, Handarbeitslehrerin oder Hauswirtschafterin mit. In diesen Dingen unterwiesen sie die afrikanischen Mädchen und jungen Frauen. Frauen, die als Diakonissen entsandt worden waren, war in den ersten drei Jahren ihres Aufenthalts ein Austritt aus der Gemeinschaft aufgrund einer Verlobung nicht erlaubt.

Viele Missionarsbräute haben ihre Männer im Missionsgebiet überlebt und dort als Witwen eigenständig die Arbeit fortgeführt.[15] Erst um die Jahrhundertwende erlangte eine selbstständige Berufstätigkeit lediger Frauen

---

[13]  *Juliane Raack:* Diakonisse Hedwig Rohns; in: *Alsheimer/Rohdenburg,* LebensProzesse; 186–202, hier 196. Die Rheinische Missionarsbraut Lina Stahlhut (1873–1933) gebar drei Kinder, die alle innerhalb kurzer Zeit verstarben. So blieb sie eine verwaiste kinderlose Mutter. – *Besten, Des Meisters Ruf;* in: *Bechhaus-Gerst/Neddermann* (Hg.), Frauen in den deutschen Kolonien, 146–155, hier: 151.

[14]  Im römisch-katholischen Bereich kommen natürlich die ordensgebundenen Missionsschwestern hinzu.

[15]  So zum Beispiel die schon erwähnte Lina Stahlhut in Deutsch-Südwestafrika. – Vgl. *Besten,* Des Meisters Ruf; in: ebd., 146–155.

mehr und mehr gesellschaftliche Akzeptanz. Diese ermöglichte in der Folge Frauen als Krankenschwestern, Hebammen und Lehrerinnen in der Mission tätig zu werden, ohne in den Diakonissenstand oder in die Ehe mit einem Missionar einzutreten.[16]

Auch zukünftige Missionarsfrauen und Missionarinnen wurden wie Missionare zur Vorbereitung auf ihren Einsatz im Missionsgebiet in eine mehrmonatige Ausbildung geschickt. Sie lernten die Sprache und die Kultur der Entsenderegion kennen und wurden auf ihren Einsatz vorbereitet.[17] Viele wurden auch nach England zur Vorbereitung geschickt, damit sie dort zugleich die englische Sprache erlernen konnten.[18]

Besonders in Bezug auf China und Indien wird häufig erwähnt, dass die Gesellschaften so strukturiert waren, dass nur Frauen Zugang zu Frauen gewinnen konnten, so dass hier Missionarinnen eine Schlüsselrolle bei der Verbreitung des Christentums zukam. Aber auch im afrikanischen Kontext waren die Ehefrauen der Missionare und die Missionarinnen in besonderer Weise mit Kindern und Frauen auf den Missionsstationen und den Missionsschulen verbunden. Darüber hinaus wird sogar erwähnt, dass auch der Zugang zu Männern mitunter einfacher über die weiblichen Vertreterinnen der Missionsstationen zu initiieren war.[19] Frauen waren nahbarer, es war unverbindlicher den Kontakt zu ihnen zu suchen. Bei ihnen konnte eine gewisse Neugier gestillt werden, ohne dass man damit offiziell Interesse am Christentum oder an der Arbeit der Mission bekundete.

Die Tätigkeit von Missionarinnen und Missionarsfrauen stand immer auf zwei Beinen. Sie stand zum einen im Dienst der Verkündigung des

---

[16] Vgl. *Haas,* Erlitten und erstritten, 61.

[17] Die oft hervorgehobene sprachfördernde bzw. -bewahrende Aktivität von Missionaren, mit der sie Wörterbücher, Grammatiken und Bibelübersetzungen schufen, wurde auch von Frauen durchaus wahrgenommen, die die Sprache der indigenen Bevölkerung mindestens ebenso gut beherrschten wie ihre männlichen Mitstreiter. Hingewiesen sei auf Hedwig Rohns, die Kinderlieder in der Ewe-Sprache dichtete und biblische Geschichten in Liedform umsetzte. Ihr kreativer Umgang mit der indigenen Sprache schuf Beziehung und Vertrauen. – Vgl. *Raack,* Diakonisse Hedwig Rohns; in: *Alsheimer/Rohdenburg,* LebensProzesse, 185–202, hier: 193.

[18] Vgl. *Haas,* Erlitten und erstritten, 85. (Hinweis auf das Missionszentrum in London.) Vgl. auch *Anne Bartels:* Diakonisse Conradine Schmidt; in: *Alsheimer/Rohdenburg,* LebensProzesse, 203–210, hier: 204. Von Lina Stahlhut geb. Rohde wird berichtet, sie habe eine zweijährige Vorbereitungszeit in einem Diakonissenhaus in Holland durchlaufen, bevor die Rheinische Mission sie zu ihrem künftigen Gatten nach Deutsch-Südwestafrika ausreisen ließ. – Vgl. *Besten,* Des Meisters Ruf; in: *Bechhaus-Gerst/Neddermann* (Hg.), Frauen in den deutschen Kolonien, 146–155, hier: 150.

[19] Vgl. *Andreas Eckl:* Grundzüge einer feministischen Missionsgeschichtsschreibung; in: ebd., 132–145, hier: 134.

neuen Glaubens. Und zum anderen hatte sie einen erzieherischen Anspruch, der westlich europäische Lebensweise vermitteln und durchsetzen
wollte.[20] Ersteres vollzog sich in Bibelstunden, in der Sonntagsschule, im
Schulunterricht, bei dem das Lesen und Schreiben lernen ganz im Dienste
dessen stand, dass man irgendwann die Heilige Schrift selber lesen können
sollte.[21] Auch die Pflege und die ärztlichen Dienste, die von Frauen ver-
richtet wurden, waren Taten der Nächstenliebe und veranschaulichten die
Rettung, die von diesem Glauben, dieser Lebenshaltung und dieser Art der
Zivilisation ausging. Im Übergang zur erzieherischen Leistung im Sinne der
Kulturvermittlung stand die Erziehung zu Hygiene, der Nähunterricht,
durch den eine neue Art sich zu kleiden angeeignet wurde. Eine besondere
Aufgabe der Missionarsfrau erwuchs aus ihrem Stand. Sie repräsentierte
das christliche Frauen- und Eheideal. Dazu heißt es im 16. Jahresbericht
der Norddeutschen Mission von 1844/45: „Was gründlich bekehrte, im
kleinen treue, demütige Missionarinnen, welche ein für ihren Heiland und
sein Reich brennendes Herz haben, unter den Heiden wirken können, das
haben Gottlob! sehr viele teure Frauen von Missionaren bewiesen. (…) Sie
haben sehr viel gesehen und ihren Männern gezeigt, was diese nicht sa-
hen. Sie haben sehr bedeutende Missionstätigkeit unter dem weiblichen
Geschlechte der Heiden übernommen, und haben sich dazu als Frauen der
Missionare ganz besonders geeignet erwiesen, wozu wahrscheinlich unver-
heiratete Missionarinnen nicht so geeignet gewesen wären, besonders in
Bezug auf die Eheweiber der Heiden, denen nur eine echt christliche Ehefrau und eine fromme Mutter das rechte Lehr- und Musterbild sein
kann."[22]
 Das Frauenbild der Lenker und Strategen der Mission unterschätzte
den prägenden Einfluss der Frauen maßlos. Von Wilhelm Löhe (1803–
1872) ist der Ausspruch überliefert „Des Weibes größte Ehre ist einfältige

---

[20]  Von Seiten der Missionsgesellschaften wurde kritisch darauf geschaut, dass diese beiden
    Aspekte in einer guten Balance gehalten wurden. So traf die Schwestern Annie, Regina
    und Lisa Bruce der Vorwurf, es fehle ihnen der missionarische Antrieb und sie möchten
    mehr europäisieren als evangelisieren. Auch wenn es sich in diesem speziellen Fall um
    drei Afrikanerinnen handelt, die in Deutschland aufgewachsen und dann in ihre ver-
    meintliche Heimat zurückgekehrt sind, kann diese Beurteilung als Kriterium für alle
    Frauen bzw. Mitarbeitende in der Mission gelten. – Vgl. *Brändle,* Zwischen den Welten;
    in: ebd., 156–164, hier 162.
[21]  „Nicht alle erreichten das ihnen gesteckte Ziel, nachher ihre Bibel lesen zu können aber
    doch viele, und so dient auch dieser Lese-Unterricht dazu, Licht in die Dunkelheit zu
    bringen." – Zitiert nach: *Raack,* Diakonisse Hedwig Rohns; in: *Alsheimer/Rohdenburg,*
    LebensProzesse, 185–202, hier 195.
[22]  Zitiert nach: *Theil,* Reise in das Land des Todesschattens, 53.
[23]  *Haas,* Erlitten und erstritten, 76.

Weiblichkeit"[23] und außerdem seine Überzeugung „Ich diene weder um Lohn, noch um Dank, sondern aus Dank und Liebe. Mein Lohn ist, dass ich darf", die in besonderer Weise die Rolle der Frau beschrieb. Karl Hartenstein (1894–1952) charakterisiert noch drei bis vier Generationen später die Rolle der Missionarinnen mit folgendem Satz: „Im Verzichtenkönnen liegt die tiefste Erfüllung des Frauenlebens."[24] Im Verhältnis zum Mann solle die Frau seiner Meinung nach „keine Rolle spielen, zurücktreten wollen".[25] Aus einer solchen Haltung wäre wohl kaum das kräftige Wirken der Frauen in der Mission zu erklären, das bis heute im Gedächtnis der Partnerkirchen verankert ist. Mercy Amba Oduyoye, Theologin der Methodistischen Kirche Ghanas, hält dazu fest: Die „Option des totalen Eintauchens in das Leben anderer, besonders von Frauen, die ‚Frauenarbeit' machten, hat viel zu den positiven Resultaten des Missionseinflusses beigetragen. Sie haben es verstanden, Frauen zu ermächtigen, Führungsrollen zu übernehmen und haben starke Frauenbewegungen aufgebaut, indem sie Prinzipien traditioneller, afrikanischer Frauenorganisationen benützten."

Der Vollständigkeit halber müssen auch die Unterstützerinnenkreise und Frauenvereine genannt werden, die von Deutschland aus die Mission von Frauen und unter Frauen in besonderer Weise von deren Anfängen an unterstützt haben und bis heute deren ökumenische Arbeit fördern. Zu nennen sind beispielsweise der Frauenverein für die christliche Bildung des weiblichen Geschlechts im Morgenland (gegr. 1842; heute: Morgenländische Frauenmission, Berlin), Arbeitsgemeinschaft deutscher Evangelischer Frauen (gegr. 1925; heute: Kommission Frauen in Mission des Evangelischen Missionswerks in Deutschland e.V.), Frauenverein zum Besten der Gustav-Adolf-Stiftung (gegr. 1851; heute: Arbeitsgemeinschaft der Frauenarbeit im GAW), Frauen-Missions-Komitee der Basler Mission (1841–1895).[26] Diese Gruppen warben unter jungen Frauen für den

---

[24]  Ebd., 104. An anderer Stelle schreibt Wilhelm Löhe: „Der Mann ist vor dem Weibe zur Selbständigkeit geschaffen: Das Weib ist ihm beigegeben um seinetwillen. Er ist Herr – sie ist Gehilfin des Herrn, ihres Mannes. Der Mann kann ohne das Weib gedacht werden, wie er auch eine kleine Zeit des Weibes gemangelt hat: Das Weib aber ohne den Mann nie gewesen, und was wäre es ohne den Mann? Was ist die Gehilfin ohne den, dem sie helfen kann und soll, sie sei ehelich oder Jungfrau, dessen Arbeit und Lebensberuf hienieden so groß und reich ist, daß er die zweite das Weib mit hineinnehmen kann? Des Weibes Ausartung ist Selbständigkeit und männliches Wesen; ihre größte Ehre ist einfältige Weiblichkeit, sich fröhlich, unbeschwerten Herzens unterordnen, sich bescheiden, nicht anderes, noch mehr sein zu wollen, als sie soll." Ebd., 77.

[25]  Ebd., 112.

[26]  Vgl. Art. Frauenmission; in: *Horst Rzepkowski: Lexikon der Mission. Geschichte, Theologie, Ethnologie*, Graz 1992.

Dienst in Übersee. Sie informierten in Gemeinden und Zirkeln über die Missionstätigkeit, sie verkauften die Erzeugnisse ihrer Missionsnähkreise und brachten dadurch Spenden auf, die der Arbeit in den Missionsgebieten zugutekam. Diese sogenannte Heimat-Frauenarbeit wurde beispielsweise in der Hermannsburger Mission in den 30er Jahren des letzten Jahrhunderts durch den Einsatz von Reisesekretärinnen professionalisiert.[27]

Der Zungenschlag, der in kolonialen Frauenverbänden vorherrschte, die in den 1920er und 1930er Jahren in Deutschland eine Blütezeit erlebten, wird auch in den Missionsgesellschaften nicht ganz zu vermeiden gewesen sein. Der Verlust der Kolonien war eine deutsche Kränkung und der koloniale Revisionismus verwies sowohl auf die ökonomische Bedeutung der Wiedergewinnung der Kolonien als auch auf das bekannte demografische Argument, Deutschland brauche Raum für sein Volk.[28]

Diese nie überwundene Verbindung der Mission mit kolonialem Denken und Wirken und die verschiedensten gegenseitigen Bedingtheiten von Mission und Kolonialismus, die sich auch in der speziellen Beschäftigung mit Frauen in der Mission zeigen, lassen es ratsam erscheinen, dieses Kapitel der Kirchengeschichte würdigend, aber auch kritisch zu schließen und die Einladung zum Glauben heute unter einen anderen Begriff zu stellen. Mission im Sinne der „Heidenmission" findet heute in den ökumenisch-orientierten Kirchen nicht mehr statt. An ihre Stelle sind der Dialog und die entwicklungspolitische und zivilgesellschaftliche Zusammenarbeit getreten. Alles, was heute in Deutschland noch bzw. wieder Mission genannt wird, hat mit der Mission des 19. Jahrhunderts, die Emil Strümpfel 1911 als die „Sendung von Boten des Evangeliums zu den nicht-christlichen Völkern, welche den Zweck hat, sie durch Wort und Sakrament zu Jesu Christo zu bekehren"[29] charakterisiert, wenig zu tun. Warum sollte man einen Begriff rehabilitieren, dessen Assoziationsfeld derart mit Haltungen, Erinnerungen und einer Komplizenschaft besetzt ist, an die man gerade nicht anknüpfen will?

---

[27]  Vgl. *Gunther Schendel:* Reisesekretärinnen – Zwei Pionierinnen der Hermannsburger Frauenarbeit 1936–1946; in: *Reller/Allmann,* Frauen und Zeiten, 193–212.

[28]  Vgl. *Britta Schilling:* „Deutsche Frauen! Euch und Eure Kinder geht es an!" Deutsche Frauen als Aktivistinnen für die koloniale Idee; in: *Bechhaus-Gerst/Neddermann* (Hg.), Frauen in den deutschen Kolonien, 70–78.

[29]  *Emil Strümpfel:* Was jedermann heute von der Mission wissen muss, Berlin 1911, 1.

# Die Rolle der Frauen in der Kirche, die Ordination von Frauen und die Diakoninnenschaft: ein orthodox-theologischer Ansatz

Petros Vassiliadis[1]

Die Rolle von Frauen in der Kirche, ihr Zugang zum „sakramentalen" Priestertum und der Stand der Diakoninnen sind drei verschiedene – aber miteinander in Beziehung stehende – Fragestellungen, die unseren heutigen theologischen Diskurs beschäftigen. In der orthodoxen Welt wurde die Ordination von Frauen weitgehend abgelehnt als ein Thema ohne eigentliche innerpastorale Bedeutung, als ein fremdes westliches Phänomen, das hauptsächlich auf den Einfluss von Vorstellungen der Moderne zurückgeht.

Da ich in meiner Tätigkeit als akademischer Theologe mit anderen Themen der orthodoxen Theologie befasst war,[2] zögerte ich – wie so viele andere Theologen heutzutage – mich auf eine gründliche wissenschaftliche Erforschung eines solchen „Nicht-Themas" meiner Kirche einzulassen. Aber dann war ich jüngst über zwei Jahre aktiv an einem Seminar und einer internationalen Konferenz zum Thema „Diakoninnen, die Ordination von Frauen und die orthodoxe Theologie" beteiligt und insbesondere mit

---

[1] Petros Vassiliadis ist Bibelwissenschaftler und Professor emeritus der Theologischen Fakultät der Aristoteles-Universität Thessaloniki, Präsident des Center of Ecumenical, Missiological and Environmental Studies "Metropolitan Panteleimon Papageorgiou" (CEMES) und der World Conference of Associations and Theological Institutions and Educators (WOCATI).

[2] In einer Reihe von gleichfalls mit ökumenischen Themen befassten Aufsätzen untersuchte ich, „ob die eucharistische Theologie, die allgemein als das grundlegende theologische Prinzip des offiziellen theologischen Dialogs angesehen wird, mit der Theologie der Taufe versöhnt werden kann" ("The Biblical [N. T.] Foundation of Baptism [Baptismal Theology as a Prerequisite of Eucharistic Theology"], academia.edu/14657246, veröffentlicht auch in *GOTR*). Im Blick auf die *Interkommunion* schrieb ich, ohne die theologische Schwierigkeit ihrer Akzeptanz zu leugnen, auf der Basis dessen, dass die Eucharistie *Ausdruck* und kein *Mittel* der kirchlichen Einheit ist: „Das inklusive *Kerygma* Jesu von Nazareth und die grundlegende Lehre und Praxis einer ‚eucharistischen Inklusivität'

der Publikation des Tagungsberichts betraut.[3] Ich fühle mich deshalb ge-
drängt – um nicht zu sagen in der Verantwortung –, einen orthodoxen
theologischen Ansatz zu versuchen. Ich habe die Absicht, auf die oben genannten delikaten Fragestellungen verantwortungsvoll auf Basis der jüngsten Beschlüsse des im Juni 2016 in Kreta abgehaltenen Heiligen und Großen Konzils der Orthodoxen Kirche[4] und der jüngsten wissenschaftlichen
Erkenntnisse der heutigen orthodoxen Theologie[5] einzugehen.

\*

Das Heilige und Große Konzil hat in seinem Missionsdokument „Der
Auftrag der Orthodoxen Kirche in der heutigen Welt" (The Mission of the
Orthodox Church in Today's World) erklärt, dass die Kirche ihre Erwartung

> „bereits jetzt im Voraus insbesondere dann [lebt], wenn sie die heilige Eucharistie fei-
> ert und ‚an einem Ort' (1 Kor 11,20) ‚die versprengten Kinder Gottes wieder sam-
> melt' (Joh 11,52) und zu einem Leib zusammenführt – ohne Unterscheidung nach
> Herkunft, Geschlecht, Alter, sozialem oder anderem Status, wo ‚es nicht mehr Juden
> und Griechen, nicht Sklaven und Freie, nicht Mann und Frau gibt' (Gal 3,28; vgl. Kol
> 3,11) …" (Präambel).

des Hl. Paulus erinnern uns daran, dass der ursprünglich ‚offene', ‚inklusive' und vor allem ‚einigende' Charakter der Eucharistie in gewisser Weise unsere gegenwärtigen
Sichtweisen in Frage stellt und ein radikales Überdenken unserer eucharistischen Theologie erfordert" ("The Missionary Implications of St. Paul's Eucharistic Inclusiveness"; in:
*Nicolae Moşoiu* [ed.]: The Relevance of Reverend Professor Ion Bria's work for contem-
porary society and for the life of the Church. New Directions in the Research of Church
Doctrine, Mission, and Unity, Sibiu 2010, 123–128, hier: 128; siehe auch meine Auf-
sätze: "Beyond Intercommunion: The Inclusive Character of the Eucharist in the New
Testament", in einer noch erscheinenden weiteren Gedenkschrift für den verstorbenen
Fr. Ion Bria; "Eucharist as a Unifying and Inclusive Element in N.T. Ecclesiology"; in:
*Anatoly A. Alexeev/Christos Karakolis/Ulrich Luz* (Hg.): Einheit der Kirche im Neuen
Testament, Tübingen 2008, 121–145; und "St. Paul: Apostle of Freedom in Christ". In
the Footsteps of Saint Paul. An Academic Symposium, Boston 2011, 153–167). All diese
und andere Aufsätze zu ökumenischen Themen können unter auth.academia.edu/Pet-
rosVassiliadis (aufgerufen am 22.08.2017) heruntergeladen werden.

3    Die Konferenz wurde vom Center of Ecumenical, Missiological and Environmental Studies "Metropolitan Panteleimon Papageorgiou" (CEMES) organisiert; sie begann symbolisch am 22. Juli, dem Festtag der Hl. Maria Magdalena, „den Aposteln gleichgestellt" in
der liturgischen Tradition der Orthodoxen Kirche – die „Apostelin der Apostel" nach einigen Kirchenvätern.

4    Alle Dokumente/Beschlüsse des Heiligen und Großen Konzils der Orthodoxen Kirche
stehen auf der offiziellen Website des Konzils (www.holycouncil.org) in mehreren Sprachen zur Verfügung.

5    Das Folgende stützt sich meist auf jüngere Beiträge zu den relevanten Themen von meiner Seite.

Und im Abschnitt V. „Die Orthodoxe Kirche wendet sich gegen Diskriminierungen" heißt es weiter:

> „Die Kirche glaubt, dass Gott ‚aus einem einzigen Menschen das ganze Menschengeschlecht erschaffen hat, damit es die ganze Erde bewohne' (Apg 17,26) und dass es in Christus ‚nicht mehr Juden und Griechen, nicht Sklaven und Freie, nicht Mann und Frau gibt; denn alle sind eins in Christus Jesus' (Gal 3,28)" (par. 2).[6]

Natürlich stand die Frage der Diakoninnen (und indirekt der Ordination von Frauen) nicht auf der Tagesordnung dieses schwerwiegenden Panorthodoxen Konzils.[7] Allerdings hatte auf der im März 2014 stattgefundenen *Synaxis* der Vorsteher der Orthodoxen Kirchen, die dieses lang erwartete Konzil beschlossen, der Erzbischof von Zypern, Mgr. Chrysostomos, erklärt:

> „Wir sollten uns selbst die Frage nach dem Status von Frauen in der Kirche stellen. Große christliche Konfessionen wie die Anglikaner haben die Frauenordination eingeführt. Wir sollten unsere Position mit biblischen und patristischen Argumenten festigen, ernsthafte Untersuchungen durchführen und die Wiederherstellung der Diakoninnenschaft in der Kirche weiterführen und dabei natürlich alle thematischen Aspekte berücksichtigen."[8]

---

[6]  Beide Zitate nach www.orthodox-bruehl.de/images/downloads/Konzil_2016/Auftrag.pdf (aufgerufen am 22.08.2017).

[7]  Nichtsdestotrotz haben 15 orthodoxe Missiologen im vorkonziliaren Prozess einige Empfehlungen an die Synode in einem Dokument mit dem Titel: Some Comments by Orthodox Missiologists on "The Mission of the Orthodox Church in Today's World" (Einige Bemerkungen von Orthodoxen Missiologen zu „Der Auftrag der Orthodoxen Kirche in der heutigen Welt") ausgesprochen. In Punkt 7 heißt es: „Im Kapitel über die menschliche Würde wird in keiner Weise auf Frauen und ihren Dienst Bezug genommen und auch nicht auf die traditionelle und kanonische Institution der Diakoninnen. Es wird eine völlig wirkungslose aktuelle Erklärung über die Mission von der Orthodoxen Kirche sein, wenn sie nicht die Würde der Frauen bekräftigt, angesichts der einzigartigen Tradition der Kirche, die ihnen den Zugang selbst zum sakramentalen diakonalen Priestertum gewährt in der immer noch kanonisch gültigen Institution der Diakoninnen. Es ist deshalb ratsam, den Satz ‚Die Lehre der Kirche ist die Quelle alles christlichen Strebens zum Schutz der Würde und der Erhabenheit der menschlichen Person' folgen zu lassen ‚insbesondere von Frauen, die in der patristischen und liturgischen Tradition so hoch gewürdigt werden, dass sie willkommen geheißen werden zum sakramentalen diakonischen Dienst als Diakoninnen, kanonisch bezeugt und niemals aufgehoben in Zeiten, als eine klare Trennung der Pflichten und Tätigkeiten der unterschiedlichen Geschlechter die gesamte gesellschaftliche Realität durchdrang'." (Siehe: www.academia.edu/26833426 [aufgerufen am 22.08.2017].)

[8]  Siehe: www.amen.gr/article/kuprou-xrusostomos-prwton-exoume (aufgerufen am 22.08.2017).

Vor mehr als 60 Jahren eröffnete Professor emeritus Evangelos Theodorou, ein geachteter orthodoxer Gelehrter, der heute 96 Jahre alt ist, die Diskussion in orthodoxen theologischen Kreisen über das heikle Thema der Ordination von Frauen zum sakramentalen Priestertum mit seiner Dissertation über die Diakoninnen.[9] Die halboffizielle Position der Orthodoxen Kirche bis heute jedoch wurde 1988 in einer interorthodoxen Konferenz auf Rhodos *ad hoc* formuliert. Diese auf Initiative des Ökumenischen Patriarchats einberufene Konferenz kam zu einigen vorläufigen Ergebnissen,[10] von denen folgende die für unser Thema relevanten sind.

Hinsichtlich der Stellung der Frauen wurde zum ersten Mal in einem offiziellen Dokument eine kritische Selbsteinschätzung der Situation geäußert:

„Während die Tatsachen anzuerkennen sind, die zeigen, dass die Kirche für die Gleichheit der Würde von Mann und Frau eintritt, ist es doch auch notwendig, in Ernsthaftigkeit und Demut zu bekennen, dass wegen der menschlichen Schwäche und Sündhaftigkeit die christlichen Gemeinschaften nicht immer und überall fähig waren, wirksam Vorstellungen, Gebräuche und Sitten, geschichtliche Entwicklungen und soziale Bedingungen zu unterdrücken, die in der praktischen Diskriminierung von Frauen resultierten. Menschliche Sündhaftigkeit hat somit zu Praktiken geführt, die nicht die wahre Natur der Kirche in Jesus Christus widerspiegeln" (24).

Von gleicher Bedeutung war die Stellungnahme hinsichtlich der Diakoninnenschaft:

„Die apostolische Diakoninnenschaft sollte wiederbelebt werden. Sie ist in der Orthodoxen Kirche niemals ganz aufgegeben worden, obwohl die Tendenz bestand, sie nicht mehr auszuüben. Es gibt zahlreiche Belege, dass dieser Stand in apostolischen Zeiten, in der patristischen, kanonischen und liturgischen Tradition, bis in die byzantinische Zeit hinein (und selbst heutzutage) in hohen Ehren gehalten worden ist" (32).

---

9   *Evangelos D. Theodorou:* Ἡ «χειροτονία» ἤ «χειροθεσία» τῶν διακονισσῶν, (Die „Ordination" oder „Handauflegung" der Diakoninnen), Athen 1954.

10  Die Vorträge und Ergebnisse der Konferenz finden sich in *Gennadios* (jetzt Metropolit von Sassima) *Limouris* (ed.): The Place of Woman in the Orthodox Church and the Question of the Ordination of Women, Katerini 1992. Die Ergebnisse alleine wurden ebenfalls auf Englisch veröffentlicht: "Conclusions of the InterOrthodox Consultation on the Place of the Woman in the Orthodox Church, and the Question of the Ordination of Women" (Rhodos, Greece, 30 Oct.–7 Nov.1988), Minnesota 1990. Für eine aktuellere Einschätzung siehe: *Ioannis Lotsios:* The Question of Women's Ordination: Feminist Challenge or an Ecclesiological Desideratum? (Comments on the Rhodes' Document); in: *Petros Vassiliadis/Evangelia Amoiridou/Moschos Goutzioudis* (eds.): Deaconesses, Ordination of Women and Orthodox Theology, Thessaloniki 2016, 339–348.

Und schließlich im Blick auf die umfassende Frage der Frauenordination:

„Die Unmöglichkeit der Ordination von Frauen zum besonderen Priestertum in der Tradition der Kirche gründet sich kirchlicherseits: a) auf das Beispiel unseres Herrn Jesus Christus, der keine Frau zum Apostel berufen hat, b) auf das Beispiel der Theotokos, die die sakramentale priesterliche Funktion in der Kirche nicht ausgeübt hat, obwohl sie würdig gemacht wurde, die Mutter des inkarnierten Sohnes und Wortes Gottes zu werden, c) auf die apostolische Tradition, wonach die Apostel, darin dem Beispiel des Herrn folgend, niemals irgendeine Frau zu diesem besonderen Priestertum in der Kirche ordiniert haben, d) auf einige paulinische Lehren bezüglich der Stellung der Frauen in der Kirche und e) auf das Kriterium der Analogie, wonach, wenn die Ausübung des sakramentalen Priestertums durch Frauen erlaubt wäre, es von der Theotokos ausgeübt worden wäre" (14).

In jüngerer Zeit haben jedoch die Überprüfung dieser Ansichten durch Seine Eminenz Metropolit Kallistos (Ware), des ersten modernen orthodoxen Theologen, der systematisch-theologische Ansichten zu diesem Thema formuliert hat,[11] die Arbeiten von Elisabeth Behr-Sigel[12] und von Nikolaos Matsoukas, orthodoxer Dogmatiker an der Aristoteles-Universität Thessaloniki[13], sowie einige jüngere Dissertationen[14] und Habitilationsschriften[15]

---

[11] *Metropolit Kallistos* schrieb erstmals über dieses Thema in seinem Aufsatz "Man, Woman, and Priesthood of Christ"; in: *Peter Moore* (ed.): Man, Woman, and Priesthood, London 1978, 90–90, fast unverändert wieder abgedruckt in dem klassischen Sammelwerk zur orthodoxen Theologie: *Thomas Hopko* (ed.): Women and the Priesthood, Crestwood, NY, 1983, 9–37. Fast 20 Jahre später (und zehn Jahre nach der Rhodos-Konferenz) stellte Bischof Kallistos in einer überarbeiteten Ausgabe von "Women and the Priesthood" (St. Vladimir's Seminary Press, 1999), aber auch in einem gemeinsam mit Elisabeth Behr-Sigel unter dem Titel "The Ordination of Women in the Orthodox Church" (Genf 2000) herausgegebenen kleinen Buch fest: „Zum Thema Frauen und Priestertum existiert bis jetzt noch keine pan-orthodoxe Erklärung, die definitive ökumenische Autorität besitzt", und fügte im Blick auf die Rhodos-Konferenz hinzu: „Ihre Ergebnisse besitzen keine formale und abschließende Autorität, die die Orthodoxe Kirche als Ganzes bindet, vielmehr sind sie ein Beitrag zu einer andauernden Diskussion" (51).

[12] Zu ihren Arbeiten siehe: *Eleni Kasselouri-Hatzivassiliadi:* The personality of Elisabeth Behr-Sigel and the Order of Deaconesses; in: *Vassiliadis/Amoiridou/Goutzioudis* (eds.), Deaconesses, Ordination of Women and Orthodox Theology, 349–355.

[13] *Maria Hatziapostolou:* Deaconesses and Ordination of Women in the Theology of Nikos Matsoukas, a.a.O., 357–370.

[14] *Constantinos Yokarinis:* Ἡ ἱερωσύνη τῶν γυναικῶν στό πλαίσιο τῆς Οἰκουμενικῆς Κίνησης (Das Priestertum der Frauen im Rahmen der ökumenischen Bewegung), Katerini 1995. *Maria Gwyn McDowell:* The Joy of Embodied Virtue: Toward the Ordination of Women to the Eastern Orthodox Priesthood, PhD Diss., Boston College, 2010.

[15] *Constantinos Yokarinis:* Τό ἔμφυλο ἤ ἄφυλο τοῦ σαρκωθέντος Χριστού, (Das Geschlecht oder die Geschlechtlichkeit des inkarnierten Christus), Athen 2013.

von Orthodoxen und insbesondere die enormen Entwicklungen in den Bibelwissenschaften, der Geschichtswissenschaft, Patristik und selbst Soziologie,[16] es dringend nötig gemacht, diese offizielle theologische Position der Orthodoxen Kirche besser zu dokumentieren.

Vor einigen Jahren hat Seine Eminenz, Metropolit von Pergamon, Ioannis (Zizioulas) als Vertreter des Ökumenischen Patriarchats auf einer der regelmäßigen Lambethkonferenzen der Anglikanischen Gemeinschaft alle darauf hingewiesen, dass diese dornige, die christliche Welt quälende Problematik, die die verschiedenen christlichen Konfessionen vertikal und horizontal getrennt hat, weder durch *soziologische* Argumente noch ausschließlich durch solche aus der *Tradition* zu lösen ist. Was die christliche Gemeinschaft dringend braucht, sind hauptsächlich *theologische* Argumente.

*

Die Konferenz behandelte alle Gebiete der biblischen, patristischen, liturgischen und systematischen Theologie und darüber hinaus andere zum Thema der Konferenz gehörende Bereiche. Im Zentrum stand als grundlegendes Konzept der orthodoxe Ansatz einer Wiederbelebung des traditionellen Standes der „Diakoninnen". Die Konferenz behandelte jedoch auch das schwierige Thema der „Frauenordination", insbesondere in der theologischen Perspektive der Zulassung oder Nichtzulassung von Frauen zum sakramentalen Priestertum, wobei der Schwerpunkt der patriarchalen Einladung zu der Konferenz von Rhodos in den späten 1980er Jahren von der „Exklusion" auf die „Zulassung" verlagert wurde.

Diese kleine, aber wesentliche Veränderung wurde veranlasst durch die Überlegungen auf einem internationalen Symposion, das ein Jahr zuvor abgehalten worden war, und stützte sich vor allem auf die Gedanken und Vorschläge von Professor emeritus Evangelos Theodorou, dem die Konferenz gewidmet war. Dieser hatte erklärt:

„In der Diskussion über die allgemeine Ordination von Frauen sollte die orthodoxe Theologie nicht Zuflucht suchen in einer unangemessenen Verwendung menschlicher, biologischer Konzepte über das mutmaßliche männliche oder weibliche Geschlecht der Personen der Heiligen Trinität, womit sie den apophatischen, dem menschlichen Intellekt unzugänglichen Charakter der trinitarischen Doktrin zerstören würde. Vielmehr müssen ekklesiologische Kriterien angewendet werden, die

---

[16] Einen Überblick über diese Entwicklung gibt: *Vassiliadis/Amoiridou/Goutzioudis* (eds.), Deaconesses, Ordination of Women and Orthodox Theology, Thessaloniki 2016.

darauf abzielen, die Kirche Christi aufzubauen. Wir müssen auch von der christologischen Theologie Gebrauch machen, die vom Mensch gewordenen Gott spricht, der in seinem Erlösungswerk die ganze menschliche Natur, männlich und weiblich, verkörpert und aufgenommen hat. Und so müssen wir die Verteilung der Verantwortlichkeiten der kirchlichen Ämter und Dienste gemäß der Vielfalt ihrer Charismen suchen. Insbesondere die Vielfalt der Charismen hat die Alte Kirche vorangebracht."[17]

Professor Theodorou machte eine weitere wichtige Bemerkung, nämlich dass die Interpretation in unseren kanonischen Quellen, wonach die Diakonin als Symbol des Heiligen Geistes eine höhere Stellung hat als die Presbyter, die als Symbole der Apostel angesehen wurden, zumindest den Status von Frauen im Blick auf die theologische Legitimität der Teilnahme am sakramentalen Priestertum aufwerten sollte. Natürlich bestreitet keiner der orthodoxen Theologen, die sich theologisch mit dieser Frage auseinandersetzen oder -setzten (Metropolit von Diokleia Kallistos Ware, Metropolit Anthony von Sourozh, seligen Angedenkens, und Professor Theodorou), dass auf Basis der „Tradition" und der gegenwärtigen kanonischen Ordnung der Orthodoxen Kirche („τόγε νυν έχον", wie Professor Theodorou brilliant unterstrich) Frauen vom sakramentalen „hierurgischen" Priestertum ausgeschlossen sind, aber nicht vom „diakonischen".

Das Argument „aufgrund der Tradition" (ein so wichtiges Konzept in der Geschichte der östlichen Orthodoxen Kirche – für viele unglücklicherweise, auch heute, über die Lehren Jesu Christi hinaus) bleibt darum weiterhin, trotz der von mir oben angeführten Warnung des Metropoliten von Pergamon ein mächtiges und meist nicht verhandelbares Kriterium für die Wiederaufnahme der theologischen Diskussion des Problems; in vielen Fällen sogar ohne die notwendige Unterscheidung zwischen der Apostolischen „Tradition" und den verschiedenen nachgeordneten „Traditionen".

Aber zusätzlich zu dieser notwendigen Unterscheidung, die die Orthodoxe Kirche offiziell übernommen hat – nämlich den Vorrang der Apostolischen Tradition betreffend – als deren authentischen Träger und Hüter sie sich sieht, haben heutige Theologen eine ebenso wichtige Unterscheidung herausgestellt: zwischen einer authentischen aber *latenten* Tradition und einer sich *geschichtlich* herausgebildeten. Ein klassisches Beispiel dafür ist die Institution der Diakoninnenschaft.

Wenn wir nun auch diese „geschichtlich gebildete" orthodoxe Tradition betrachten, wie können wir die allmähliche Degradierung der Frauen in der Geschichte der westlichen Christenheit im Blick auf drei Sachver-

---

[17]  Siehe: www.amen.gr/article17226 (aufgerufen am 22.08.2017).

halte übersehen: die Stellung von Maria Magdalena, von St. Junia der Apostelin und des Standes der Diakoninnen, während die lange Tradition des Ostens diese Frauen und diese Institution in Ehren hielt? Die nicht in Frage zu stellende wissenschaftliche Erkenntnis der Existenz von Frauen im Neuen Testament und in den ersten christlichen Jahrhunderten, denen das ehrwürdige Attribut „Apostelin" zugesprochen wurde (z. B. Junia): wie kann sie von den Orthodoxen ignoriert werden, insbesondere in Bezug auf die theologischen Argumente bezüglich der Frage der Wiederherstellung des Standes der Diakoninnen (d. h. der Zulassung von Frauen zum sakramentalen „diakonalen" Priestertum)? Und besonders heute, wenn sie mehr denn je gebraucht wird, wie die Rhodos-Konsultation festgestellt[18] und der Ökumenische Patriarch öffentlich auf einem internationalen Treffen in Konstantinopel erklärt hat?[19]

Schließlich ist es erwähnenswert und aufschlussreich, was Patriarch Gregor von Antiochien im 6. Jahrhundert in einer Rede über die Myrrheträger schrieb. Er brachte darin Frauen nicht nur sehr klar mit der „Ordination", sondern auch mit dem „apostolischen" Amt in Verbindung. (Μαθέτω Πέτρος ὁ ἀρνη ὑάμενόςμε, ὅτι δύναμαι καὶ γυναῖκας ἀπωτόλους χειροτονεῖν, „Lasst Petrus, der mich verleugnet hat, lernen, dass ich auch Frauen als Apostel einsetzen kann.").[20]

Diese textliche Evidenz, ein indirekter Bezug zu der *latenten authentischen Tradition*, weist darauf hin, dass die Annahme nicht ganz grundlos ist, dass es in der ostchristlichen Tradition eine andere Haltung der Orthodoxen hinsichtlich des liturgischen Status der Frauen gibt, zumindest eine andere als die konventionelle. Interessanterweise – und ironischerweise –

---

[18]  Eine Wiedereinsetzung des Standes „wäre eine positive Antwort auf viele der Nöte und Bedürfnisse in der heutigen Welt. Dies umso mehr, wenn der allgemeine Diakonat (Männer und Frauen) allerorts wiederhergestellt würde mit seinen ursprünglichen, vielfältigen Diensten (diakoniai) mit einer Ausdehnung in den sozialen Raum, im Geist der alten Tradition und in Antwort auf die wachsenden besonderen Bedürfnisse unserer Zeit"; in: *Gennadios* (jetzt Metropolit von Sassima) *Limouris* (ed.): Place of Woman in the Orthodox Church and the Question of the Ordination of Women, Katerini 1992, 31 ff; auch in: *Kyriaki Karidoyanes FitzGerald*: Women Deacons in the Orthodox Church: Called to Holiness and Ministry, Brookline 1999, 160–167.

[19]  In seiner Rede auf der Inter-Orthodoxen Konferenz für Frauen (Konstantinopel, 12. Mai 1997) sagte Seine Allheiligkeit der Ökumenische Patriarch Bartholomaios: „Die Ordnung der ordinierten Diakoninnen ist ein unleugbarer Teil der Tradition, die aus der frühen Kirche kommt. Heute gibt es in vielen unserer Kirchen ein wachsendes Bedürfnis, diese Ordnung wiederherzustellen, damit den spirituellen Bedürfnissen des Gottesvolkes besser gedient werde. Es gibt bereits eine Reihe von Frauen, die zu diesem Amt berufen scheinen."

[20]  PG 88 f. 1864b.

war in derselben Epoche im Westen ein anderer Gregor, der berühmte Papst Gregor der Große, unbewusst dafür verantwortlich, dass die Hl. Maria Magdalena im Gedenken von einer außerordentlichen weiblichen Führerin der Kirche zu einer bußfertigen Sünderin herabgewürdigt wurde.[21]

Neben dem, was ich bis hierher kurz dargestellt habe, gibt es weitere Probleme und Schwierigkeiten in der Wiederherstellung des sakramentalen Priestertums der Diakoninnen. In letzter Zeit ist vor allem in der orthodoxen Diaspora von Konvertiten aus extrem konservativen evangelikalen Kreisen folgendes Argument vorgebracht worden: Obwohl das Amt der Diakoninnen in der langen orthodoxen Tradition des Ostens bezeugt ist und trotz seiner ökumenischen, synodalen und kanonischen Wertigkeit ist seine Wiederbelebung nicht wünschenswert, denn – so die weitere Begründung – es könnte dadurch auch ein Fenster weit geöffnet werden zur Einführung der Frauenordination. Diese neuen Sichtweisen, die in vielen Themenbereichen in die orthodoxe Tradition, insbesondere unter konservativen Kreisen, importiert worden sind, zeigen, wie wichtig und notwendig ein theologischer Ansatz auch zu der allgemeinen Frage der Frauenordination ist.[22]

Um zur Frage der Diakoninnen zurückzukehren: solche Argumente – die glücklicherweise nicht die offiziellen der Orthodoxen Kirche sind – erzeugen ein Gefühl einer nicht akzeptablen theologischen Inkonsistenz und könnten der orthodoxen Theologie im Blick auf ihre Vertrauenswürdigkeit einen nicht wieder gut zu machenden Schaden zufügen. Wie können einige Theologen weiterhin in der allgemeinen Frage der Frauenordination sich grundsätzlich auf die Tradition berufen, wenn sie zugleich dieselbe im Falle der Ordination von Diakoninnen ignorieren oder zurückweisen?

Mit Ausnahme der Empfehlung, das kommende Panorthodoxe Konzil möge die Wiederherstellung der Diakoninnenschaft bedenken,[23] kam die oben genannte Rhodos-Konferenz zu keinen anderen Beschlüssen und überließ alle endgültigen Entscheidungen den zuständigen kirchlichen Autoritäten in der Hoffnung, diese würden auch andere relevante Parameter berücksichtigen. Die Mehrheit der Redner wies einfach nur auf die Inkon-

---

[21]  Mehr darüber in meinem Aufsatz "Mary Magdalene: From a Prominent Apostle to a Symbol of Love and Sexuality"; in: www.academia.edu/2024999 (aufgerufen am 22.08.2017).

[22]  Mehr darüber in: *Valerie Karras:* Theological Presuppositions and Logical Fallacies in much of the Contemporary Discussion of the Ordination of Women; in: *Vassiliadis/ Amoiridou/Goutzioudis* (eds.), Deaconesses, Ordination of Women and Orthodox Theology, 93–103.

[23]  Siehe das Abschlusskommuniqué in: *Vassiliadis/Amoiridou/Goutzioudis* (eds.), Deaconesses, Ordination of Women and Orthodox Theology, 497–502.

sistenz in der konventionellen orthodoxen Sicht hin. In diesem Sinne wurden im Abschlusskommuniqué folgende theologische Bedenken formuliert:

1. Wie wichtig ist für den theologischen Bestand der Orthodoxen Kirche die Tatsache, dass die Institution der Diakoninnen eine konziliare ökumenische und kanonische Grundlage hat, die in der Tat niemals durch nachfolgende Synodalbeschlüsse aufgehoben worden ist?

2. Da die Diakoninnen in ihr Amt durch Ordination (gr. *hierotonia*) eingesetzt wurden, die dieselbe war wie die der höheren Weihen des Klerus, und nicht durch bloßes Handauflegen (gr. *hierothesia*), und ihre Ordination in Form und Inhalt den Ordinationen der Hauptränge des Klerus absolut glich, beeinträchtigt die Abneigung vieler Orthodoxer Kirchen, den Stand der Diakoninnen wiederzubeleben, nicht das Zeugnis der heutigen Kirche?

3. Kann die klare Beteuerung in den alten Gebeten, dass Christus Frauen nicht verbannte, auch liturgische Aufgaben in den Kirchen wahrzunehmen (siehe, „keine Frau zurückweisen … in unseren heiligen Häusern zu dienen" [ὁ μηδὲ γυναίκας.. λειτουργεῖν τοῖς ἁγίοις οἴκοις σου ἀποβαλλόμενος]), der Orthodoxen Kirche helfen, sofort den Stand der Diakoninnen wiederzubeleben?

4. Kann die vorgeschlagene Unterscheidung des sakramentalen Priestertums in „diakonisch" und „hierurgisch", d. h. eine eher quantitative als qualitative Unterscheidung, der Orthodoxen Kirche helfen, ihre traditionelle alte Praxis wiederherzustellen und Diakoninnen zu ordinieren?

5. Wie kann die Interpretation in den kanonischen Quellen, dass die Diakonin, als ein Symbol des Heiligen Geistes, eine höhere Stellung innehatte als selbst die Presbyter, die als Symbol der Apostel angesehen wurden, die Möglichkeit der Aufwertung des Status von Frauen hinsichtlich der theologischen Legitimität ihrer Beteiligung am diakonischen sakramentalen Priestertum beeinflussen?

6. Können orthodoxe Bischöfe jederzeit ohne jegliche relevante konziliare Entscheidungen Diakoninnen ordinieren und sie in die Hauptränge des Klerus aufnehmen?

7. Wenn die Orthodoxe Kirche durch ihre liturgische (und eucharistische) Theologie gekennzeichnet ist, wie entscheidend ist es dann heute, den Stand der ordinierten Diakoninnen wiederzubeleben im Blick auf ihr notwendiges missionarisches Zeugnis, insbesondere im Bereich des (Priester)Amtes?

8. Wenn die menschliche Person bestimmt ist durch ihre Beziehung mit anderen, und wenn die eucharistische Gemeinschaft für die

Orthodoxie der primäre Rahmen für konstruktive und tugendhafte Beziehungen ist, die für Männer wie Frauen in ihrer Fülle möglich sind, welche theologischen Gründe gibt es heute dann noch, Frauen sogar vom diakonischen sakramentalen Priestertum auszuschließen?

9. Beeinträchtigt das Vorhandensein dämonischer Elemente (z. B. Vorstellungen, dass Frauen verflucht sind wegen ihrer Schuld im Sündenfall und dass ihre ewige Bestrafung in der Unterordnung unter den Mann wie auch in ihrer Unreinheit besteht, mit der daraus folgenden Marginalisierung im kirchlichen Leben des Gottesdienstes und der Verwaltung etc.) das Zeugnis der Kirche in der Welt und wirft zusätzlich ein enormes ethisches Problem auf?

10. In der Geschichte des westlichen Christentums hat es eine graduelle, vielleicht unbewusste Degradierung von Frauen in drei Fällen gegeben: betreffend des Status und der Stellung von Maria Magdalena, von St. Junia und der Institution der Diakoninnen. Die langwährende Tradition des Ostens hingegen würdigt und ehrt diese Personen und Institutionen. Wie kann dies die Position der Orthodoxen Kirche beeinflussen?

11. Wie kann die unwiderlegbare wissenschaftliche Evidenz im Neuen Testament und in den ersten christlichen Jahrhunderten von bedeutenden weiblichen „Apostelinnen" (z. B. Junia) die orthodoxe theologische Argumentation beeinflussen hinsichtlich der Notwendigkeit der Erneuerung des Standes der Diakoninnen und sogar auch im Hinblick auf die Diskussion über die Frauenordination?

12. Wenn große orthodoxe Theologen wie St. Gregor von Nazianz und St. Johannes Chrysostomos über das Priestertum mit Metaphern sprechen, die nicht auf männlichen paternalen Modellen beruhen, sondern vielmehr auf Beispielen gemeinschaftsbezogener Tugend, und wenn beide Hierarchen sowohl männliche als auch weibliche Metaphern benutzen, um die Methode und den Dienst des Priestertums zu beschreiben, welches theologische Argument kann dann die heutige Ausschließung von Frauen sogar vom diakonalen Priestertum rechtfertigen?

13. Zeigt die Bezugnahme des Patriarchen Gregor von Antiochien, in der Frauen bis zum 6. Jahrhundert mit dem apostolischen Amt und der Ordination in Verbindung gebracht werden („*Μαθέτω Πέτρος ὁ ἀρνησάμενός με, ὅτι δύναμαι καὶ γυναῖκας ἀποστόλους χειροτονεῖν*", PG 88, 1864b) nicht, dass es eine gewisse Evidenz gibt, dass die Kirche der christlichen Tradition des Ostens gegenüber der liturgischen Rolle von Frauen eine andere Haltung einnahm?

14. Bildet das ausschließlich „männliche Priestertum" – abgeleitet vom geschichtlich nicht in Frage zu stellenden männlichen Geschlecht des inkarnierten Gottes – ein bindendes Element der göttlichen Gnade? Wie stark ist dieses theologische Argument und wie konsistent ist es im Blick auf das Dogma von Chalcedon?

15. Ist die Ausschließung von Frauen vom sakramentalen Priestertum, insbesondere vom „diakonalen", im Laufe der Geschichte auf menschliches Recht (*de jure humano*) oder göttliches Recht (*de jure divino*) gegründet?

16. Welchen Einfluss kann die enge terminologische Verbindung, die St. Basilius der Große wiederholt in seiner Anaphora zwischen „diakonisch" und „sakramental" herstellt, auf die liturgische Rolle von Frauen haben?

17. Sollte hinsichtlich der heiklen Frage der Frauenordination die Orthodoxe Kirche und ihre Theologie liturgische, kanonische, trinitarische, christologische, ekklesiologische, eschatologische oder soziologische Kriterien anwenden?

18. Sollte in der Bestimmung theologischer Kriterien der langwährenden „primären" liturgischen Tradition der Kirche – und wenn ja, in welchem Maße – der Vorrang gegeben werden über die unterschiedlichen nachfolgenden doktrinalen Formulierungen?

19. Ist es theologisch legitim, menschliche, biologische Konzepte vom Geschlecht auf jeder der Personen der Heiligen Trinität zu benutzen?

20. Wie und in welchem Maße beeinflusst die grundsätzliche orthodoxe theologische Position, dass es beim Eschaton keine Unterscheidung aufgrund des biologischen Geschlechts geben wird, die Diskussion über die liturgische und sakramentale Rolle von Frauen?

21. Negiert die Beschwörung von Elementen einer ontologischen Reduktion und der Teilung des menschlichen Wesens in zwei hierarchisch übereinandergelagerten Geschlechtern die Lehre von der Göttlichen Inkarnation und hebt ihre Ziele auf?

22. Wenn, nach der orthodoxen christlichen Anthropologie, das Urbild des Menschen Christus ist, kann dann die Beschwörung des menschlichen Geschlechts des Wortes Gottes theologische, kanonische, historisch-kritische und liturgische Gründe liefern für die Ausschließung von Frauen selbst vom diakonischen sakramentalen Priestertum?

23. Wenn jede menschliche Person einzigartig, vollständig und frei geschaffen ist, bestimmt dazu, die Vergöttlichung (*theosis*) durch ein

tugendhaftes Leben zu erlangen, wie ist es dann theologisch möglich, das Wesen des Menschen, oder sogar sein Tugendleben, aufgrund des Geschlechts zu definieren? Führt dies nicht zu einer Leugnung der Vollständigkeit des menschlichen Wesens als Krone der Schöpfung wie auch seiner Berufung zur „Ebenbildlichkeit"?

24. Was nun das Priesteramt angeht, unterminiert nicht die Praxis und selektive Weitergabe der Praxis auf Basis des Geschlechts – was theologisch und anthropologisch eine Einschränkung der menschlichen Person erlaubt – substantiell die Möglichkeit, das (orthodoxe) Ideal der *theosis* zu erreichen, statt es zu erleichtern?

\*

Während Papst Franziskus im Blick auf die Frage der Frauenordination nicht länger auf dem Argument, der Priester handele in *persona Christi*, zu bestehen scheint, sondern ein Verständnis des Priestertums in missiologischen und sicher nicht klerikalen Begriffen vertritt, und dadurch die Forderung der Zulassung von Frauen zum sakramentalen Priestertum zurückweist, betonen die Orthodoxen (wenigstens einige unter ihnen, wie z. B. John Meyendorff und natürlich einige der Teilnehmer der Rhodoskonferenz) die vorrangige Bedeutung einer *liturgischen Erneuerung* mit einer aktiveren Teilhabe von Laien und insbesondere von Frauen. Und in diesen Zusammenhang gehört die Wiedereinsetzung des Standes der Diakoninnen.

In jüngerer Zeit jedoch ist auch die große Notwendigkeit für unsere Theologie betont worden, die Anthropologie in den Mittelpunkt zu stellen. Metropolit von Diokleia Kallistos (Ware) hat klar gesagt, dass „der Mittelpunkt in den theologischen Überlegungen im 21. Jahrhundert sich von der Ekklesiologie auf die Anthropologie verlagern wird … Die Hauptfrage wird nicht nur sein ‚was ist die Kirche', sondern auch und grundsätzlicher ‚was ist der Mensch'".[24] Und ein wichtiger Teil der christlichen Anthropologie ist sicherlich die Frage des allgemeinen *Status der Frauen*, insbesondere ihrer öffentlichen Rolle im liturgischen Leben. Das gleiche trifft auf ein anderes spezifisches Kennzeichen der gegenwärtigen orthodoxen Theologie zu: das Thema der *Ökologie*, die Sorge für die Umwelt, für Gottes Schöpfung, aus rein theologischen Gründen. Der Ökumenische Patriarch Bartholomaios mit seinen globalen ökologischen Initiativen und seinem Umweltbewusstsein, sowohl auf der liturgischen Ebene (Einführung des Festes des

---

[24]  Zitiert aus seinem Buch „Η Ορθόδοξη θεολογία στον 21ο αιώνα" (Die Orthodoxe Theologie im 21. Jahrhundert), Athen 2005, 25.

Schutzes von Gottes Schöpfung am 1. September) wie auch auf der wissenschaftlichen und theologischen Ebene (eine Reihe von internationalen ökologischen Konferenzen) hat mit Recht deshalb den Beinamen „der grüne Patriarch" erhalten. Die Konsequenzen der *Ökologie* – als einer Projektion der *Anthropologie* – sind hinsichtlich des Status und der Rolle der Frauen nicht ohne Bedeutung.

Außer in extremen Fällen werden Frauen niemals mit leitenden Funktionen im gottesdienstlichen Leben betraut, obwohl in der Alten Kirche – insbesondere im Osten – extensiv *Diakoninnen* tätig waren. Die Geschlechterambivalenz des Rituals offenbart sich in der Dichotomie von Theologie und Praxis. Während die orthodoxe Liturgie die Verehrung weiblicher Heiligen einschließt und die *Theotokos* als „verehrungswürdiger als die Cherubim und unvergleichlich glorreicher als die Seraphim" – ansieht, d. h. als über der Welt der himmlischen Wesen stehend – werden die Frauen hier unten auf der Erde an der Teilhabe am oberen Klerus ausgeschlossen, selbst vom Rang der *Diakoninnen*.

Im Grunde ist also das Thema, um das es hier geht, nicht das der Ordination der Frauen als eine soziologische Frage und ein Erfordernis der Modernität, sondern die missiologische, liturgische, anthropologische und ökologische Dimension unseres Verständnisses des christlichen Priestertums.

Deshalb besteht ein „orthodoxer theologischer Ansatz" zu diesem brennenden und umstrittenen Thema darin, die *missiologischen, liturgischen* (d. h. *eucharistischen*), *anthropologischen* und *ökologischen* Parameter zu bedenken. Und mit Überlegungen dazu werde ich meinen kurzen und keineswegs erschöpfenden Beitrag beschließen.

*

a) In einem kürzlich erschienenen Aufsatz spreche ich mich für die Notwendigkeit aus, das eucharistische Geschehen zu kontextualisieren, damit die Orthodoxe Kirche auf sinnvolle Weise Zeugnis vom Evangelium in unserer heutigen Gesellschaft ablegen kann.[25] Die *missiologischen* Konsequenzen der eucharistischen Theologie ergeben sich auf einem richtigen Verständnis des christlichen Gottesdienstes, dessen grundlegende Kennzeichen voller „prophetischer" Elemente sind. Der Kern der Lehren Jesu beruht auf den grundlegenden Prinzipien des Alten Testaments, das verges-

---

[25] "Eucharistic Theology Contextualized?"; in: www.academia.edu/32859534/ (aufgerufen am 22.08.2017).

sen wir Orthodoxen gewöhnlich und benutzen das Erste Testament ausschließlich als eine Präfiguration zum Christusereignis. Jesus Christus jedoch hatte eine andere und prophetischere Sicht (siehe z. B. seine Predigt in der Synagoge in Nazareth, Lk 14,16 ff), und die erste christliche Gemeinschaft entwickelte ihr liturgisches und insbesondere ihr eucharistisches Handeln im Einklang mit der Idee des Bundes (oder Bünde), insbesondere durch die Verpflichtung der Menschen zu einer Danksagung im Gottesdienst und einer gegenseitigen Verbundenheit in Erinnerung an die befreiende Gnade Gottes in Exodus.

Während im AT der Gottesdienst vor allem eine Liturgie der *Danksagung* für ihre Befreiung aus der Unterdrückung durch die Ägypter war, war er zugleich jedoch auch eine beständige Erinnerung an die Hingabe zu einem moralischen und ethischen Leben und an die Verpflichtung zum Widerstand gegen jegliche Unterdrückung und Ausbeutung ihrer Mitmenschen, Frauen und Männer. In diesem Sinne war die *Gott verehrende* (und eucharistische in einem weiteren Sinne, danksagende) Gemeinschaft auch eine *Zeugnis ablegende* Gemeinschaft. Dasselbe gilt für die Eucharistie der frühen Christen, die ohne ihre soziale Dimension unverständlich ist.[26]

Als jedoch die gesellschaftlichen und politischen Umstände in Israel sich veränderten und dem Volk Gottes ein monarchisches System auferlegt wurde, erfolgte auch eine tragische Veränderung in ihrem Konzept der Gemeinschaft und folglich auch in ihrer Liturgie. Letzere verlor ihren gemeinschaftlichen Charakter und wurde nach und nach institutionalisiert. Mit dem Bau des salomonischen Tempels verwandelte sich das religiöse Leben der Gemeinschaft in einen Kult, der einem notwendigerweise professionellen Priestertum oblag und notwendige finanzielle Transaktionen erforderte. Jesu Vorgehen gegen die Geldwechsler ist für die neue Situation bezeichnend. Sein wiederholter Aufruf zu „Barmherzigkeit, Nächstenliebe, *eleon*" statt zum Opfer ist ein weiterer Hinweis auf den eigentlichen Zweck wahrer Gottesverehrung.[27]

All diese Entwicklungen, das ist wohlbekannt, führten zu der heftigen Reaktion und dem entschiedenen Protest der Propheten des AT. Während vormals das leitende Prinzip des gemeinschaftlichen Lebens das göttliche

---

[26]  Vgl. Apg 2,42 ff, 1 Kor 11,1 ff, Heb 13,10–16; Justin, 1 Apologie 67; Irenäus, Adver. Her. 18,1, etc.

[27]  Mehr darüber in *Walter Brueggemann:* The Prophetic Imagination, Philadelphia 1978. In Kapitel 8 des Ersten Buchs der Könige ist das Gespräch von Jahwe mit Samuel sehr instruktiv und unterstreicht die Implikationen dieses radikalen Wechsels in der Beziehung zwischen Gott und seinem Volk.

Eigentumsrecht an allen materiellen Gütern gewesen war, so wie es der Psalmist bekräftigt: „Die Erde ist des Herrn und was darinnen ist" (Psalm 24,1), verlagerte sich nun der Fokus von der Gerechtigkeit Gottes zu der persönlichen Anhäufung von Reichtum. Amos und Hosea im Nördlichen Königreich vor seiner Auflösung im Jahr 722 v. Chr. und Jesaja, Micha, Jeremia, Habakuk und Ezechiel in Judäa begannen von den Hauptbestandteilen der Liturgie zu sprechen: d. h. Recht und Gerechtigkeit, Werte, die verloren gegangen waren aufgrund von Privateigentum, das das traditionelle Konzept der Gesellschaft und des Gottesdienstes verändert hatte. Für die Propheten des Alten Testaments bedeuteten die Abschaffung der Gerechtigkeit und die Aufhebung der Rechte der Armen vor allem die Ablehnung von Gott selbst. Der Prophet Jeremia bestand darauf, dass Gott recht erkennen bedeute, den Armen zum Recht zu verhelfen (Jer 22,16). Der Prophet Jesaja geht in seiner Kritik noch weiter, wenn er die Gier und Habsucht anklagt, die sich in der Anhäufung des Eigentums an Land äußert: „Weh denen, die ein Haus zum andern bringen und einen Acker an den andern rücken, bis kein Raum mehr da ist und ihr allein das Land besitzt!" (Jes 5,8). Er zögert nicht, die gierigen Herrscher als „Diebe" (Jes 1,23) zu bezeichnen, die das Land der verschuldeten Bauern konfiszieren und so den Armen rauben.[28]

Diese in einem hohen Maße gesellschaftliche und prophetische Dimension eines authentischen christlichen Gottesdienstes, wie sie sich klar in den Lehren und dem Leben und Wirken Jesu Christi zeigt, und natürlich in den eucharistischen Zusammenkünften der Alten Kirche, ist das Vorbild für die Ethik, der jede Überlegung zu der Ordination von Frauen folgen sollte. Wie die offiziellen Dokumente des Heiligen und Großen Konzils der Orthodoxen Kirche unterstreichen,[29] existiert die Kirche nicht für sich selbst, sondern für die Welt.

b) Um nun die Überlegungen zur Ordination von Frauen auf der Basis einer *liturgischen* Theologie zu erweitern, ist ein Verständnis des sakramentalen und/oder Opfercharakters der Eucharistie von größter Bedeutung.

1) Der Begriff „μυστήριον" (Mysterion – Mysterium, Geheimnis), der im Lateinischen mit *Sacramentum* übersetzt wurde, ist ein eindeutig reli-

---

[28] Jes 3,14–15. Siehe die detaillierte Analyse des Problems bei *Ulrich Duchrow* und *Franz Hinkelammert* in ihrem Buch: Property for People, Not for Profit: Alternatives to the Global Tyranny of Capital, London 2004 (dt. Erstausgabe: Leben ist mehr als Kapital: Alternativen zur globalen Diktatur des Eigentums, Oberursel 2002) und auch in ihrer späteren Publikation: Transcending Greedy Money. Interreligious Solidarity for Just Relations, New Approaches to Religion and Power, New York 2012.

[29] Siehe: www.holycouncil.org/home (aufgerufen am 22.08.2017).

giöser *terminus technicus,* der etymologisch vom Verb „μύειν" (mit der Bedeutung „Augen und Mund schließen") abgeleitet ist, und nicht vom Verb „μυεῖν" (mit der Bedeutung „widmen, zueignen").[30] In der Antike ist der Begriff (vor allem im Plural) im Zusammenhang mit Ritualen mit einer Vielzahl von exotischen Handlungen und Gebräuchen bezeugt, zu denen geheime Lehren, sowohl religiöser als auch politischer Natur, gehören. Diese Mysterien mögen ihren Ursprung in rituellen Handlungen primitiver Gruppen gehabt haben, und nahmen dann Gestalt an in der Welt der griechischen Religion (dionysische, eleusinische, orphische Mysterien etc.) und erhielten später, kreativ vermischt mit verschiedenen östlichen Kulten, ihre endgültige Form während der römischen Zeit. Weil das Christentum sich ausbreitete, als die Mysterienkulte ihren Höhepunkt erreicht hatten, und weil es einige äußerliche Ähnlichkeiten mit ihnen hatte, entwickelte die Religionsgeschichtliche Schule die Theorie einer gegenseitigen Abhängigkeit – und insbesondere einer Abhängigkeit des Christentums von den Mysterienkulten. Heutzutage ist diese Theorie unter Historikern nicht mehr so verbreitet, wie noch vor wenigen Generationen; schließlich ist eine „Analogie" nicht unbedingt dasselbe wie eine „Genealogie".

In der biblischen wie auch in der frühen postbiblischen Literatur war der Begriff „Mysterium" immer verbunden mit dem kultischen Ritual oder mit den liturgischen Ausdrucksformen des Volkes Gottes. In der Septuaginta erscheint er zuerst in der hellenistischen Literatur (Tobit, Judith, Weisheit, Sirach, Daniel, Makkabäer), in denen er oft eine herabsetzende Bedeutung hat, um die ethnischen Mysterienreligionen zu kennzeichnen (vgl. Die Weisheit Salomos 14,23: „geheime Mysterien ...[*verbunden mit*] Kinderopfern") oder um auf Götzendienst hinzuweisen.[31] Im Buch Daniel nimmt der Begriff „Mysterium" zum ersten Mal eine sehr signifikante Konnotation an, nämlich den der Eschatologie, und in dieser Bedeutung wurde er dann später weiterentwickelt.[32]

In den Evangelien kommt der Begriff nur in den synoptischen Evangelien vor, in der berühmten Stelle vom Sinn der Gleichnisse – „das Geheimnis des Reiches Gottes" (Mk 4,11 par). Hier wie auch im *Corpus Paulinum*[33] ist der Begriff mit dem *Kerygma* verbunden, nicht mit dem Ritual

---

[30]  „Sie wurden Mysterien genannt, weil sie ihre Münder schließen und nichts niemandem erklärt wird. Und μύειν ist das Schließen des Mundes" (Scholien zu Aristophanes, 456).

[31]  *Günther Bornkamm:* μυστήριον, μυέω, ThWNT 4, 809–834.

[32]  Ebd., 814.

[33]  Mehr dazu in *Walter Bauer:* Griechisch-deutsches Wörterbuch zu den Schriften des Neuen Testaments und der übrigen urchristlichen Literatur, Berlin ⁶1988.

(wie in den verschiedenen Mysterienkulten), und er steht sehr oft in Verbindung mit Begriffen der *Offenbarung*.[34] Im Allgemeinen wird *Geheimnis, Mysterium* im NT nie mit geheimen Lehren in Verbindung gebracht, noch finden wir irgendwelche Warnungen davor, das Geheimnis zu entweihen, wie in den Mysterienkulten.

Es gibt zahlreiche Hinweise in den paulinischen Briefen, dass in gewissen Kreisen der Alten Kirche die Bedeutung des Herrenmahls und daher die tiefe Bedeutung der Eucharistie im Lichte der Rituale der hellenistischen Mysterienkulte interpretiert wurde und dass daher geglaubt wurde, das Mysterium würde eine unwiderrufliche Erlösung bewirken. Paulus versuchte, diese Sichtweise auf der Grundlage ekklesiologischer Kriterien – seine Lehre über die geistlichen Gaben und die Kirche als „Leib Christi" – zu korrigieren.

Nach der sakramentalistischen Sicht der Mysterienkulte erwirbt eine Person durch die Mysterien eine Lebenskraft, die niemals verlorengeht. In den Mysteriengruppen und der synkretistischen Umwelt des frühen Christentums wurde weithin geglaubt, dass der Mensch durch eine Initiation mit der Gottheit verbunden wird; er könne Erlösung nur erlangen durch Teilhabe am Tod und der Wiederauferstehung der Gottheit.[35] Die Gnostiker, die durch die Mysterienkulte beeinflusst waren und ihre „sakramentalistische" Sichtweise übernahmen, führten sogar Taufen für die Verstorbenen durch, um zu versuchen, diese unzerstörbare Kraft über den Tod zu aktivieren. Paulus wies diese magisch-sakramentalistische Sicht der Taufe in seinem Brief an die Römer zurück (Röm 6,3–11). Es ist zwar richtig, dass er die Taufe in theologischen Begriffen als Teilhabe an Christi Tod am Kreuz interpretiert, aber zugleich besteht er darauf, dass dies Konsequenzen für das moralische Leben des Gläubigen haben müsse. Aus diesem Grund ermahnt er die Getauften, *„in einem neuen Leben"* (6,4) zu wandeln, auf dass *„wir nicht Sklaven der Sünde bleiben"* (6,6).[36]

Epheser 3,3–12 ist charakteristisch für das paulinische (und allgemein neutestamentliche) Verständnis von μυστήριον. Dort wird über die Mission Paulus' unter den Heiden gesagt, es gehe darum zu „enthüllen, wie jenes Geheimnis Wirklichkeit geworden ist, das von Ewigkeit her in Gott,

---

[34]  Mehr dazu in *Bornkamm*, „μυστήριον, μυέω", 821 ff.
[35]  Vgl. *S. Agouridis'* Kommentar zu 1. Korinther, Kapitel 10 (Der erste Brief des Paulus an die Korinther, Hermeneutik des Neuen Testaments 7, Thessaloniki 1982, 161 ff in griechischer Sprache), dem er die treffende Überschrift gibt: „Die Mysterien sind kein Garant für die Zukunft", und „Christentum ist unvereinbar mit Götzendienst".
[36]  *Eduard Lohse:* Grundriss der neutestamentlichen Theologie (griech. Übersetzung), Athen 1980, 155 ff.

dem Schöpfer des Alls, verborgen war. So sollen jetzt die Fürsten und Gewalten des himmlischen Bereichs durch die Kirche Kenntnis erhalten von der vielfältigen Weisheit Gottes" (3,9–10). Das Geheimnis ist daher *der verborgene Plan Gottes zur Erlösung der ganzen Welt.* Die Kirche wird infolgedessen als ein „Geheimnis" angesehen, weil in ihr das Geheimnis der Erlösung vollbracht wird. Und weil die Kirche die kollektive Kundgebung des Reiches Gottes ist, wird die *Göttliche Eucharistie* ebenfalls als ein „Geheimnis" bezeichnet, genauer als das *Geheimnis par excellence.* Bis zum 4. Jahrhundert waren der Begriff „Geheimnis, Mysterium" und seine Ableitungen in keiner Weise mit dem verbunden, was später als Sakramente bezeichnet wurde.[37]

Darum ist es ein Mythos, dass „Sakramentalität" im konventionellen Sinne das *sine-qua-non*-Kennzeichen wenigstens der Orthodoxen Kirche ist.

2) Was den Opfer- (oder nicht) Charakter der Eucharistie betrifft, so ist die in der Orthodoxen Kirche vorherrschende liturgische Sprache sehr aufschlussreich (*Αγία τράπεζα,* Tisch statt Altar, *Ιερόν Βήμα,* nicht *sanctuarium,* die *Kommunion* erhalten, nicht die *Sakramente,* die eschatologische Perspektive der Eucharistie und nicht die Eucharistie als eine Darstellung des Opfers Christi am Kreuz etc.). Bereits seit der Zeit der neutestamentlichen Literatur waren verschiedene Ideen wirksam, in denen ein *priesterliches* und ein *sakrifizielles* Vokabular gleichzeitig benutzt wurden. Der Gehorsam der Menschen dem Evangelium gegenüber, ihre Taten der Nächstenliebe, ihre Gebete und Danksagungen wurden alle als „Gaben" oder „Opfer" bezeichnet, weil in ihnen Gott Ehre erwiesen wurde in der Freiheit und Macht des Heiligen Geistes; und ihr Gottesdienst wurde ein *Lobopfer* (θυσία αινέσεως) genannt. Und nicht nur das: Die Menschen selbst, als eine eschatologische Gemeinschaft wurden als ein „lebendes Opfer" angesehen, ein „königliches Priestertum", ein „Gott heiliger Tempel" (1 Petr 2,4–10). Vor allem wurden den Dienern der Kirche keine priesterlichen Namen gegeben: Sie erhielten vielmehr weltliche Bezeichnungen wie *presbyteros* (Älterer) oder *episkopos* (Bischof) oder *diakonos* (Diakon) oder *proestos* (Vorsteher), die alle ihren Dienst an der Gemeinschaft unterstreichen sollten.[38]

---

[37] Vgl. *Günther Bornkamm:* μυστήριον, μυέω, 823 ff. Ausführlicheres über den nicht-sakramentalen Charakter der sog. Mysterien unserer Kirche in meinem, meinem Kollegen Fr. Paul Tarazi gewidmeten Aufsatz mit dem Titel "Mysteriology: The Biblical Foundation of Sacramental Theology (Christian Mystery, Mystery Cults and Contemporary Christian Witness)"; in: *Bradley Nassif* (ed.): Festschrift in Honor of Professor Paul Nadim Tarazi. Vol. 2: Studies in the New Testament, New York 2015, 89–98.

[38] *David Power:* The Eucharistic Mystery: Revitalizing the Tradition, New York 1995, 115.

Das stärkste Argument, das manche Katholiken – aber auch manchmal Theologen aus anderen traditionellen Kirchen einschließlich der Orthodoxen – gegen die Zulassung von Frauen zum sakramentalen Priestertum vorbringen, betrifft das kulturelle Tabu der Unreinheit der Frauen während und nach der Geburt eines Kindes und die daraus folgende Unfähigkeit, das *Opfer*[39] durchzuführen. Aus anthropologischer Perspektive ist das Opfer ein unnatürlicher Akt, der versucht, Kultur an die Stelle von Natur zu setzen.[40] Er ist seiner Natur nach exklusiv und konservativ. Seine Funktion ist es, klare Grenzen zwischen dem Heiligen und dem Profanen zu ziehen, zwischen denjenigen, die rein sind, und denjenigen, die unrein sind, zwischen denen, die die Macht haben, und denen, die außerhalb derselben bleiben. Die Funktion des Opfers ist es, eine angeblich gottgebene gesellschaftliche Ordnung zu stützen und zu bewahren. Aber das Problem besteht nicht einfach darin, dass die Gewährung des Zugangs zu den höheren Rängen den Frauen ebenfalls Autorität und Macht verleihen würde. Obwohl dies ein erstrebenswertes Ziel wäre, erklärt es doch noch nicht den starken Widerstand der traditionellen Kirchen, Frauen in den kirchlichen sakramentalen Ämtern zu akzeptieren.

Die neutestamentliche Literatur und auch die frühe Architektur und die Fresken, insbesondere in den Katakomben, bezeugen, dass *Frauen im christlichen Gottesdienst Führungsrollen innehatten.* Daran besteht kein Zweifel.[41] Frauen hatten bedeutende Führungspositionen in der Gemeinschaft inne, aber nur solange, wie das Christentum primär eine Religion in der privaten Sphäre blieb.

---

[39] Soziologen und Ethnologen argumentieren, dass in allen bekannten Kulturen die Frauen während der Schwangerschaft blutige Opfer durchführen dürfen und dass das Opfer tatsächlich ein Heilmittel dafür ist, von einer Frau geboren worden zu sein. Und dass nur die Geburt eines männlichen Kindes soziale Genealogien begründet im Gegensatz zu den natürlichen, die auch weibliche Kinder mit einschließt. Im katholisch-anglikanischen Dialog taucht regelmäßig die Frage an die Anglikaner auf, wie sie zugleich das Opfer und die Ordination von Frauen akzeptieren können. Das kann kein Opfer sein, so wie es die Katholiken (und man könnte fälschlicherweise hinzufügen, die Orthodoxen) verstehen. Mehr dazu in: *Nancy Jay:* Throughout Your Generations Forever: Sacrifice, Religion, and Paternity, Chicago 1992.

[40] Mehr dazu in: *Damien Casey:* The 'Fractio Panis' and the Eucharist as Eschatological Banquet; in www.womenpriests.org/gallery/mast_cat.asp (aufgerufen am 22.08.2017), zuerst erschienen im McAuley University Electronic Journal, 18. August 2002).

[41] *Ben Witherington:* Women in the Ministry of Jesus, Cambridge 1984; *ders.:* Women in the Earliest Churches, Cambridge 1988. Siehe auch meinen Vortrag „Η Πανορθόδοξη Σύνοδος και η παρακαταθήκη του Αποστόλου Παύλου για τον ρόλο των γυναικών" (Das pan-orthodoxe Konzil und das Erbe St. Paulus' hinsichtlich der Rolle der Frauen), unter www.academia.edu/26833053 (in Griechisch, aufgerufen am 22.08.2017).

Die Frage sollte jedoch nicht sein, ob Frauen ordiniert *worden sind* oder *werden können*. Die Frage sollte vielmehr sein, ob die vorstehende Person – welchen Geschlechts auch immer – nicht so sehr in *persona Christi* als vielmehr in *persona ecclesia* handelte. Belege dafür, dass Frauen der Eucharistie vorstanden, sind nicht notwendigerweise ein Beleg dafür, dass Frauen *Priesterinnen* waren. Noch wichtiger ist die Frage, ob ihre Rolle in Bezug steht zu einem gewissen nicht-sakrifiziellen Verständnis der Eucharistie (wie es im Neuen Testament und in der Alten Kirche der Fall ist) und ob die vorherrschenden Methaphern eschatologischer Natur sind.[42]

Wenn die Eucharistie vornehmlich als Opfer verstanden wurde, gibt es alle möglichen anthropologischen Gründe, warum Frauen am Tisch des Herrn nicht vorstehen können. Aber die Eucharistie wurde ursprünglich nicht als Opfer an sich verstanden, sondern, wie David Power es ausdrückt, als eine „Subversion des Opfers"[43]; sie ist, wie Robert Daly überzeugend argumentiert, „eine *inkarnatorische Spiritualisierung des Opfers,* die im Neuen Testament und in der Alten Kirche wirksam ist"[44].

c) In der Ära der ungeteilten Kirche (die Ära der ökumenischen Konzile) lag der Fokus auf der Christologie, die natürlich in Beziehung zur Soteriologie stand. Im 20. Jahrhundert verlagerte sich als ein Resultat der Zersplitterung des Christentums und der sich daraus ergebenden Ineffizienz der christlichen Mission der Fokus unweigerlich auf die Ekklesiologie. Die drängendsten Fragen hinsichtlich des heutigen Zeugnisses für das Evangelium Christi sind zweifellos *anthropologischer* Natur. Um jedoch eine orthodoxe Anthropologie formulieren zu können, müssen wir über die weithin akzeptierten Ansichten in der christlichen Literatur hinausgehen. Metropolit Kallistos (Ware) argumentiert, dass „viele Kirchenväter (Gregor

---

[42] Nach *Casey* („The 'Fractio Panis' and the Eucharist as Eschatological Banquet") gibt es einen Zusammenhang zwischen der eschatologischen Erwartung der Ausgießung des Heiligen Geistes in den letzten Tagen und der prophetischen Führungsrolle der Frauen. In der kirchlichen Typologie des Ostens hieß es, der Bischof sei nach dem Bilde Gottes des Vaters, der Diakon nach dem Bilde Christi, die Diakonin nach dem Bilde des Heiligen Geistes; und die Priester nach dem Bilde der Apostel. Der Priester, weit entfernt davon in *persona Christi* zu sein, ist nur ein Bild der Apostel, heilige Menschen, sicherlich, aber nur Menschen, während die Diakoninnen, wie gesagt, nach dem Bild des Heiligen Geistes sind.

[43] *Power,* The Eucharistic Mystery, 140 ff.

[44] *Robert, J. Daly:* The Origins of the Christian Doctrine of Sacrifice, 138. Obwohl sich nach *Casey* („The 'Fractio Panis' and the Eucharist as Eschatological Banquet") die Frage stellt, „ob das Opfer einer ‚inkarnatorischen Spiritualisierung' unterzogen werden kann und dann immer noch Opfer ist" (n. 8).

der Theologe, Gregor von Nyssa, Isaak der Syrer etc.) der Überzeugung sind, dass ‚das göttliche Bild im Menschen mit der Seele assoziiert werden sollte und nicht mit dem Körper, und selbst in der Seele stünde es in Beziehung mit der Kraft der Selbsterkenntnis und der Sprache'. Aber es gibt andere – die eine Minderheit, aber eine bedeutende, sein mögen –, die einen ganzheitlicheren Ansatz haben und versichern, dass das göttliche Bild nicht nur die Seele, sondern das ganze Sein, Körper, Seele und Geist zusammen, einschließe. Damit sind sie in Übereinstimmung mit der Sichtweise des 5. Ökumenischen Konzils und des Christlichen Glaubensbekenntnisses. St. Irenäus von Lyon z. B. schreibt: *Die Seele und der Geist können Teil, aber nicht das Ganze, des Menschen sein; ein vollständiger Mensch ist ein Zusammentreffen und eine Vereinigung einer Seele, die den Geist des Vaters hat, und, gehalten im Bilde Gottes, eines barmherzigen Fleisches.'*[45] Nach Metropolit Kallistos „ist die Realität der (menschlichen) Person jenseits und über jeder Erklärung für sie, die wir beibringen mögen. Das innerliche Element der Person ist die Selbstüberwindung, seine/ihre Fähigkeit stets offen zu sein, seine/ihre Fähigkeit, stets auf den anderen zu zeigen. Die menschliche Person ist es, die, anders als ein Computer, jeden Neustart auslöst. Ein Mensch zu sein, bedeutet, unvorhersehbar, frei und kreativ zu sein".[46]

Das Konzept der menschlichen Identität, so wie es in den letzten Jahren entwickelt worden ist, ist recht zwiespältig. Vormals wurde die Identität als etwas „Gegebenes" angesehen. Heute, nach gründlichen wissenschaftlichen Forschungen – obwohl deren Ergebnisse von einigen in Frage gestellt werden – heißt es, sie sei eine „Konstruktion". Deshalb spricht man in den säkularen Wissenschaften davon, die Identität einer Person oder Gruppe zu „formen", im Sinne eines „dynamischen Prozesses", durch den das Individuum (oder die Gruppe) beständig durch die Umwelt beeinflusst wird und so ein „neues Ethos" entwickelt.

---

[45] Adv. Haereses 5, 6,1 (Η δε ψυχή και το πνεύμα μέρος του ανθρώπου δύναται είναι, άνθρωπος δε ουδαμώς· ο δε τέλειος άνθρωπος σύγκρασις και ένωσις εστι ψυχής της επιδεξαμένης το πνεύμα του Πατρός και συγκραθείσης τη κατ' εικόνα Θεού πεπλασμένη σαρκί). Dieselbe Sichtweise findet sich in einer berühmten Passage von Michael Choniatis, die fälschlich St. Gregor Palamas zugeschrieben wurde, „... μή άν ψυχήν μόνην, μήτε σώμα μόνον λέγεσθαι άνθρωπον, αλλά το συναμφότερον, όν δη και κατ' εικόνα πεποιηκέναι Θεός λέγεται" – Man kann den Menschen nicht als Seele allein oder Körper allein bezeichnen, sondern nur als eine Einheit aus beidem, die Gott nach seinem Ebenbild geschaffen hat (*Προσωποποιίαι*, PG 150, col. 1361C).

[46] Aus dem ersten Abschnitt seiner Festrede als ein assoziiertes Mitglied der Akademie von Athen, „Ο άνθρωπος ως μυστήριον. Η έννοια του προσώπου στους Έλληνες Πατέρες" (Das menschliche Wesen als ein Geheimnis. Das Konzept der Person bei den griechischen Vätern), Academy of Athens publications 2006.

Moderne und postmoderne Ethiker versuchen, auf alle möglichen Weisen eine „inklusive Ethik" einzuführen, während traditionelle Gesellschaften, und insbesondere Religionen, eine „exklusive Ethik" vertreten. Die ersteren versuchen, eine Gruppe in ihren sozialen Kontext zu integrieren, den sie oftmals zu gestalten versuchen, während die letzteren die notwendige Distanz durch das Verharren in traditionellen Werten suchen. Es gibt natürlich Fälle, selbst in den Texten des Neuen Testaments, wo das Ethos aller Gruppen vermischt ist, sodass ihre „exklusive" Seite feste Grenzen bezeichnet, außerhalb derer alles als häretisch ausgeschlossen ist, während ihre „inklusive" Seite die vielfältige und sich beständig entwickelnde Gemeinschaft ausdrückt.[47]

Christliche Anthropologie ist mit menschlicher Sexualität befasst. Säkularerseits wird direkt oder indirekt eine neue Ethik bekräftigt:

> „Man kann unmöglich vorhersagen, was in Zukunft, in zweihundert oder dreihundert Jahren, mit den Varianten der Sexualität geschehen wird. Eines sollte man nicht vergessen: Männer und Frauen sind in ein Netz von Jahrhunderten kultureller Determinierungen eingebunden, die in ihrer Komplexität zu analysieren fast unmöglich ist. Es ist heutzutage unmöglich, von ‚Frauen' und ‚Männern' zu sprechen, ohne in einem ideologischen Theater gefangen zu sein, wo die Vervielfältigung der Darstellungen, Reflexionen, Erkenntnisse, Transformationen, Verzerrungen, der beständige Wechsel der Bilder und Fantasien von vornherein jegliche Beurteilung zunichte macht."[48]

Auf christlicher Seite gibt es ähnliche Bedenken. In einem „Brief aus Sheffield", der Stadt, in der eine ÖRK-Konsultation zu Beginn der Ökumenischen Dekade „Kirchen in Solidarität mit den Frauen" zusammenkam, heißt es:

> „Wir begrüßen die Erkenntnis, dass die menschliche Sexualität nicht der (christlichen) Spiritualität widerspricht, die eine vereinigte ist und sich auf den Körper, die Seele und den Geist in ihrer Gesamtheit bezieht ... Unglücklicherweise war Sexualität jahrhundertelang und ist es auch heute noch ein Problem für Christen."[49]

In der Bibel wird die menschliche Person natürlich nie durch ihre Natur definiert, sei es das körperliche Selbst oder die materielle Welt, die sie umgibt, sondern durch ihre Beziehung zu Gott und ihren Mitmenschen.

---

[47]  *Eberhard Bons/Karin Finsterbusch* (Hg.): Konstruktionen individueller und kollektiver Identität, Neukirchen-Vluyn 2016.

[48]  *Helene Cixous/Catherine Clement:* La Jeune Née, 1975, auch auf Englisch (The Newly Born Woman, 1986).

[49]  *Connie Parvey* (ed.): The Community of Women and Men in the Church: The Sheffield Report, Genf 1981, 83.

Darum wird die Erlösung nicht durch irgendeine Verleugnung des Körpers, einschließlich der Sexualität, erlangt, oder durch die Flucht in eine angeblich „spirituelle" Welt. Die körperlichen und spirituellen Funktionen werden als eine untrennbare Einheit angesehen, die beide sowohl von Gott entfernen, als auch ihm zu Diensten sein können, d.h. zur Gemeinschaft mit Gott führen. Das menschliche „Fleisch" führt weder zum Bösen noch ist es extrem gefährlich. Es wird es nur, wenn der Mensch seine ganze Existenz nicht Gott unterwirft, der ihn geschaffen hat, sondern ihm selbst.

Aber auch in der christlichen Tradition des Ostens wird die menschliche Natur, worauf J. Meyendorff schon vor langem hinwies, nicht als eine statische, abgeschlossene, autonome Einheit angesehen, sondern als eine dynamische Realität. Der Mensch wird durch seine Beziehung zu Gott bestimmt.[50] Die Natur des Menschen verlor daher nicht ihre Dynamik nach dem Sündenfall, weil sie durch die Gnade Gottes verwandelt werden kann. Tatsächlich ist es die Gnade Gottes, die dem Menschen wesentlich seine wirkliche und authentische Natur gibt.[51]

Metropolit Kallistos hat schon lange auf die Bedeutung der Anthropologie für die Zukunft der orthodoxen Theologie hingewiesen: „Zweifellos wird uns im 21. Jahrhundert die Ekklesiologie weiter beschäftigen … aber der Schwerpunkt der theologischen Forschung wird sich von der Ekklesiologie auf die Anthropologie verlagern … Die zentrale Frage wird nicht nur sein: Was ist die Kirche? Sondern grundsätzlicher noch: Was ist der Mensch?"[52]

d) Ergänzend zu der anthropologischen Dimension in Bezug auf die Rolle der Frauen in Kirche und Gesellschaft, darf ein *ökologischer* Ansatz nicht vernachlässigt werden. Die gegenseitige (und nicht einseitige) Zusammengehörigkeit von Mann und Frau steht in einem Zusammenhang eines christlichen Verständnisses einer integralen Ökologie.[53] Interessanterweise wird in der römisch-katholischen Kirche und ihrer Sozialdoktrin[54] anerkannt, dass eine adäquate theologische Anthropologie im Hinblick auf soziale und ökologische Gerechtigkeit erforderlich ist. Bislang weist die ka-

---

[50]   Byzantine Theology, 1972, 2.
[51]   A.a.O., 143 und 138.
[52]   Orthodox Theology in the 21st Century, Athen 2005, 25.
[53]   Über integrale Ökologie siehe meinen Aufsatz: "The Witness of the Church in Today's World, Three Missiological Statements on Integral Ecology"; in: www.academia.edu/28268455 (aufgerufen am 22.08.2017).
[54]   Vgl. Compendium of the Social Doctrine of the Church; in: www.vatican.va/roman_curia/pontifical_councils/justpeace/documents/rc_pc_justpeace_doc_20060526_compendio-dott-soc_en.html (aufgerufen am 22.08.2017).

tholische Kirche (und ich möchte hinzufügen: alle traditionellen alten Kirchen) eine ambivalente Mixtur von Naturrecht und patriarchaler Ideologie auf. Wenn Mann und Frau sich einander sowohl in Kirche und Gesellschaft ergänzen, warum ist dann die patriarchalische, männliche oberste Leitung immer noch in der Kirchenhierarchie festgeschrieben, wo doch Mann und Frau in ihrem „ganzen Sein" völlig homogen sind?[55]

Natürlich ist dies etwas, das die säkulare „öko-feministische" Bewegung schon lange im Blick hat. Es gibt da eine lange Abstammungslinie einer patriarchalischen Ideologie der männlichen Vorherrschaft und der weiblichen Unterordnung, die für viele Gelehrte die Folge der augustinischen Lehre von der Erbsünde ist.[56] Es handelt sich jedenfalls auch um ein christliches (und sogar kirchliches) anthropologisches Anliegen. Es geht dabei nicht darum, was Frauen (oder Männer) wollen. Es geht darum zu erkennen, was Jesus Christus für die Kirche im 21. Jahrhundert will, zur Ehre Gottes, für die integrale menschliche Entwicklung, für einen integralen Humanismus und für eine integrale Ökologie im Lichte einer ädaquaten theologischen Anthropologie, die auf der authentischen, wenn auch latenten, Tradition der Kirche basiert, und nicht einfach auf der historisch etablierten.

> „Solange wie die patriarchalische Zweiteilung herrscht, bleibt die subjektive menschliche Entwicklung unvollkommen, mit tiefgreifenden Auswirkungen auf die menschlichen Beziehungen und ebenso auf die Beziehungen zwischen Mensch und Natur. … Es kann keine vollständig integrale Ökologie geben, solange die Menschheit sich als dominanter Mann gebärdet, der die Natur als unterwürfige Frau behandelt. Es kann keine andauernde soziale Gerechtigkeit und keine andauernde ökologische Gerechtigkeit geben, solange das menschliche Verhalten von einer patriarchalischen Geisteshaltung angetrieben wird."[57]

Das Alte Testament kennt viele Beispiele für das patriarchalische Vorurteil, insbesondere das Bild von der Frau, die aus dem Mann entnommen wird (Gen 2,22). Es war unausweichlich, dass dies im Neuen Testament

---

[55] Aus einem jüngeren Arbeitsentwurf (22. December 2015) – neben so vielen ermutigt durch die Bereitwilligkeit von Papst Franziskus, die Geschlechtergleichheit in seiner Kirche voranzubringen – von *Luis T. Gutiérrez* mit dem Titel: Gender Balance for Integral Humanism & Integral Ecology.

[56] Die hauptsächlich auf Genesis 3,16 basiert. Siehe auch meinen Aufsatz „Ο ιερός Αυγουστίνος ως ερμηνευτής του Αποστόλου Παύλου και το πρόβλημα της ανθρώπινης σεξουαλικότητας" (St. Augustin als Interpret von St. Paulus und das Problem der menschlichen Sexualität), unter www.academia.edu/1992336/ (aufgerufen am 22.08.2017).

[57] *Luis T. Gutiérrez:* Gender Balance for Integral Humanism & Integral Ecology; siehe: http://pelicanweb.org/CCC.TOB.html (aufgerufen am 22.08.2017).

richtiggestellt wurde, insbesondere durch die ausdrückliche Erklärung von Paulus: „Als aber die Zeit erfüllt war, sandte Gott seinen Sohn, geboren von einer Frau" (Gal 4,4). Dass Gott „von einer Frau" inkarniert wird, ist die Umkehrung dessen, dass die Frau „dem Mann entnommen" ist. Es ist nicht ohne Bedeutung, dass diese scheinbar unverfängliche Klarstellung der Zusammenfassung der kulturellen Entwicklung folgt, die nun erreichbar ist, aber in der menschlichen Geschichte noch in ihrer Fülle erreicht werden muss: „Hier ist nicht Jude noch Grieche, hier ist nicht Sklave noch Freier, hier ist nicht Mann noch Frau; denn ihr seid allesamt einer in Christus Jesus" (Gal 3,28).

Was ich hier ausgeführt habe, ist nichts anderes als ein „Beitrag" zu einer theologisch, historisch und wissenschaftlich dauerhaften Lösung eines anstehenden Problems, das ein authentisches Zeugnis der Kirche im 21. Jahrhundert behindert. Die jahrhundertealten Vorurteile, pseudo-theologischen Argumente und kulturellen Gewohnheiten können nicht länger eine sich rasch wandelnde Gesellschaft überzeugen, die nach der Wahrheit hungert und dürstet.

*Übersetzung aus dem Englischen: Dr. Wolfgang Neumann*

# „Sind wir schon so weit?"

## Erfahrungen im bischöflichen Dienst der Evangelisch-methodistischen Kirche

### Rosemarie Wenner[1]

Im Mai 2017 endete meine zwölfjährige Amtszeit als Bischöfin in der Evangelisch-methodistischen Kirche. Der Dank, den viele Menschen mir für meinen Dienst aussprachen, klingt noch in meinen Ohren. Vieles, was mir wichtig war, konnte ich weitergeben und im Rückblick sehe ich manche Weiterentwicklungen. Zum Beispiel hat sich unsere Kirche stärker für Menschen aus anderen Kulturkreisen geöffnet, wir haben uns die Verbindung von Frömmigkeit und Weltverantwortung als identitätsstiftendes Merkmal bewusst gemacht und wir haben die Beziehungen zu den ökumenischen Partnern vertieft. In diesem Artikel ziehe ich ein persönliches Fazit meiner beruflichen Tätigkeit unter der Fragestellung, wie es mir als Frau in dieser besonderen Leitungsaufgabe erging und ob meine Arbeit zu einer gerechteren Beteiligung von Frauen in der Kirche führte.

### Vorbilder

In allen Verlautbarungen nach meiner Wahl wurde darauf hingewiesen, dass ich die erste Bischöfin der Evangelisch-methodistischen Kirche außerhalb der USA bin. Doch ich war nicht die allererste Bischöfin, sondern ich stehe in einer Kette von Frauen, auf deren Erfahrungen ich aufbauen konnte. 1956 beschloss die Generalkonferenz der Methodistenkirche, Frauen vollen Zugang zum ordinierten Amt zu gewähren. Bei der Debatte, die der Entscheidung, Frauen zu ordinieren, vorausging, warf je-

---

[1]  Rosemarie Wenner war von 2005 bis Mai 2017 Bischöfin der Evangelisch-methodistischen Kirche (EmK) und von 2012 bis 2014 Präsidentin des Bischofsrates der EmK.

mand ein: „Dann werden bald auch Bischöfinnen gewählt werden." Es vergingen allerdings 24 Jahre, bis 1980 die erste Bischöfin der Evangelisch-methodistischen Kirche (im englischen Sprachraum lautet der Kirchenname: The United Methodist Church) gewählt wurde: Marjorie Swank Matthews (1916–1986). Sie war kurz vor dem Ruhestandsalter, klein von Gestalt, als Spätberufene erst 1965 ordiniert worden und geschieden, also nicht gerade der Inbegriff der Karrierepastorin, die man sich als geeignete Kandidatin für das Bischofsamt vorstellt. Marjorie Matthews sagte nach ihrer Wahl: „Es gibt keine Vorbilder für mich. Ich werde es auf meine Weise zu machen haben." Manche sagen, die Kirche habe testen wollen, ob das mit einer Bischöfin geht. Marjorie Matthews hat den Test wohl bestanden. Vier Jahre später wurde in Kalifornien mit Leontine Kelly die erste afroamerikanische Frau zur Bischöfin der Evangelisch-methodistischen Kirche gewählt. Ebenfalls 1984 wurde Judith Craig Bischöfin in Michigan. Diese beiden Frauen lernte ich zusammen mit den 19 inzwischen gewählten Kolleginnen kennen, als ich 2005 zum ersten Mal den internationalen Bischofsrat der Evangelisch-methodistischen Kirche besuchte. Etliche meiner Kolleginnen sind inzwischen nicht nur Vorbilder für mich, sondern Freundinnen und Beraterinnen.

Auch in Deutschland war ich nicht die erste Frau, die ins Bischofsamt gewählt wurde. Im Oktober 1997 war ich zusammen mit Bischöfin Maria Jepsen und der damals gerade als Geschäftsführerin der Arbeitsgemeinschaft Christlicher Kirchen in Deutschland beginnenden Pfarrerin Bärbel Wartenberg-Potter an einer Podiumsdiskussion beim Ökumenischen Frauenkongress in Ludwigsburg beteiligt. Ich ahnte zu jenem Zeitpunkt nicht, dass ich eines Tages die Kollegin im Bischofsamt dieser beiden Theologinnen sein würde. Zum Zeitpunkt meiner Wahl am 16. Februar 2005 gab es mit Maria Jepsen, Margot Käßmann und Bärbel Wartenberg-Potter drei Bischöfinnen in lutherischen Landeskirchen. Dass auch in Deutschland Frauen diesen Leitungsdienst versahen, half mir, mich mit dem Gedanken anzufreunden, eventuell Bischöfin zu werden.

*War die Zeit reif?*

Die Delegierten, die die drei Konferenzen der Evangelisch-methodistischen Kirche in Deutschland bei der Zentralkonferenz 2005 in Wuppertal vertraten, taten sich nicht leicht mit meiner Wahl. Ich war 1992 als Quotenfrau in den Kirchenvorstand der Evangelisch-methodistischen Kirche gewählt worden. Dies ist das Leitungsgremium, das zwischen den Tagungen der alle vier Jahre stattfindenden Zentralkonferenz die Arbeit der Evangelisch-methodistischen Kirche in Deutschland plant und verantwortet. Jede der damals vier Jährlichen Konferenzen musste mindestens eine Frau in den Kirchenvorstand wählen. So war es kurz zuvor beschlossen worden, um zu verhindern, dass nur Männer die Kirche leiteten. Durch diese Mitarbeit wurde ich über die Grenzen meines damaligen Wirkungsgebiets hinaus bekannt.

1995 wurde ich als erste Frau für den Dienst als Superintendentin nominiert und von Bischof Dr. Walter Klaiber berufen. In dieser Funktion war ich maßgeblich an der Gestaltung von Veränderungsprozessen beteiligt. So leitete ich zum Beispiel den Lenkungsausschuss zur Vereinigung der Südwestdeutschen und der Süddeutschen Jährlichen Konferenz, die 2003 vollzogen wurde. Im Vorfeld der Zentralkonferenz 2005 wurde ich von vielen gefragt, ob ich mir vorstellen könne, Bischöfin zu werden. Wenn ich dies bejahte, hörte ich oft: „Ob unsere Kirche allerdings schon reif ist für eine Frau im Bischofsamt?" Ich pflegte zu antworten: „Wie soll sich dies denn theoretisch feststellen lassen?" Obwohl ich bereits im ersten Wahlgang mit Abstand die meisten Stimmen erhalten hatte, brauchte es vier Wahlgänge, bis ich die erforderliche Zweidrittel-Mehrheit erhalten hatte. Die Spannung war fast mit Händen zu greifen. War die Kirche bereit, mich als Frau im Bischofsamt zu akzeptieren? Ich wusste es zu diesem Zeitpunkt nicht. Ich nahm die Wahl gerne an, weil ich Erfahrungen in Leitungsaufgaben vorweisen konnte, die mich zuversichtlich sein ließen, dass ich auch diese Aufgabe meistern konnte. Außerdem wollte ich nicht nur Geschlechtergerechtigkeit fordern, sondern ich war bereit, sie zu praktizieren.

Dennoch war ich unsicher, ob die Menschen in der Evangelisch-methodistischen Kirche mir die Chance geben würden, meine Stärken zu zeigen oder ob mich massive Widerstände lähmen würden. In der Evangelisch-methodistischen Kirche in Deutschland erfolgt die Wahl zum Bischof oder zur Bischöfin zunächst für vier Jahre, danach ist eine Wiederwahl für acht weitere Jahre möglich. Die Tatsache, dass die erste Wahlperiode nur vier Jahre umfasste, kam mir gelegen. Falls die Schwierigkeiten im Amt zu groß würden, könnte ich diese Aufgabe wieder in andere Hände legen und in einer anderen Funktion meine Berufung zur Pastorin leben. In der Evangelisch-methodistischen Kirche ist der bischöfliche Dienst eine Funktion innerhalb des ordinierten Amtes des oder der Ältesten, nicht eine Berufung in einen anderen Stand oder gar eine besondere Weihe.

Nachdem die Hürde der Wahl genommen war, war meine Kirche schnell bereit, mich als ihre Bischöfin zu akzeptieren. Es gab nur vereinzelt Stimmen, die Zweifel laut werden ließen, ob das Ja zur Frauenordination auch das Ja zu Frauen in herausgehobenen Leitungsämtern beinhalten würde. Eine Handvoll Menschen erklärten ihren Austritt aus der Kirche. Die weitaus große Zahl der Menschen ließ mich jedoch wissen, dass sie für mich beteten und mit mir zusammenarbeiten wollten. Unter ihnen waren auch viele Menschen, die sich aufgrund ihres Bibelverständnisses mit Frauen im ordinierten Amt schwer tun. Sie verhielten sich loyal zu ihrer Kirche mit ihrer Bischöfin. Dass meine Wahl in der Ökumene und in der Öffentlichkeit das Bild zurechtrückte, Freikirchen seien per se theologisch konservativ und vielleicht gar fundamentalistisch evangelikal, wurde von vielen Methodistinnen und Methodisten begrüßt. Auch in der weltweiten Evangelisch-methodistischen Kirche und in der weiteren Gemeinschaft des Weltrats Methodistischer Kirchen wurde die Tatsache, dass es zum ersten Mal eine evangelisch-methodistische Bischöfin außerhalb der USA gibt, gefeiert. 2008 wählte eine afrikanische Zentralkonferenz Bischöfin Joaquina Nhanala. Sie hat die Aufsicht über die evangelisch-methodistischen Konferenzen in Mosambik und Südafrika inne. Am 19. November 2008 wurde ich bei der Zentralkonferenz in Dresden im ersten Wahlgang mit 71 von 79 gültigen Stimmen für weitere acht Jahre wiedergewählt.

*Erfahrungen im Amt*

Meine Kirche akzeptierte mich als ihre Bischöfin. Doch wie ging es mir in den großen und kleinen Aufgaben in meiner zwölfjährigen Amtszeit? Die Tatsache, dass ich die erste Frau in einer bestimmten Aufgabe war, war mir nicht fremd. Ich war 1981 als zweite Frau in der Südwestdeutschen Jährlichen Konferenz ordiniert worden und jeweils die erste Pastorin in den mir zugewiesenen Gemeinden gewesen. Bis zu meiner Berufung 1995 hatte es auch keine Superintendentin innerhalb der Evangelisch-methodistischen Kirche in Deutschland gegeben.

In den Anfangsjahren meiner beruflichen Tätigkeit meinte ich, alles besonders gut machen zu müssen, damit die Menschen, die Schwierigkeiten mit Frauen im ordinierten Dienst hatten, wenigstens an meiner Amtsführung nichts zu kritisieren fänden. Der Anspruch, es allen recht machen zu wollen, war auch durch meine Sozialisation genährt worden: Frauen sind diejenigen, die für das Wohl der anderen da sind, sie kümmern sich, sie gleichen aus, sie dienen und helfen. Das lernte ich in der Familie und in der Kirchengemeinde. Nun hatte ich ein Studium absolviert und die Berufung zum pastoralen Dienst verspürt. Ich wollte meinen Beruf gut ausüben, eine fürsorgliche Ehefrau sein und möglichst alle glücklich machen, denen ich begegnete. Ich setzte mich damit unter großen Druck, der fast in den Burnout führte. Durch Supervision und Therapie habe ich gelernt, dass ich um Gottes, um der Menschen und um meiner selbst willen zuallererst für mich sorgen darf. Ich muss nicht versuchen, es allen recht zu machen.

Seit dieser Krise arbeite ich nach dem Motto: „Gut sein genügt." Perfektion strebe ich nicht mehr an. So gab ich auch im bischöflichen Dienst schlicht mein Bestes. Wenn mir Fehler oder Versäumnisse bewusst wurden, sagte ich dies öffentlich. Und ich suchte mir Unterstützung und war bestrebt, ein gutes Team von Mitarbeiterinnen und Mitarbeitern um mich zu scharen. Vielfach konnte ich mir diese Menschen nicht aussuchen. Sie waren so wie ich in Leitungspositionen gewählt worden. Doch ich trug meinen Teil dazu bei, dass wir zu einer konstruktiven Arbeitsatmosphäre fanden, in der auch Raum für persönliches Anteilnehmen und Anteilgeben war. Obwohl ich viele Entscheidungen alleine zu treffen und zu verantworten hatte, habe ich mich in meiner Dienstzeit selten einsam gefühlt.

Dennoch hatte ich mit Widerständen zu kämpfen. In manchen Situationen gewann ich den Eindruck, dass die Kämpfe anders ausgetragen wurden, weil ich eine Frau bin. So erhielt ich von Zeit zu Zeit Post, in der man mir zu verstehen gab, dass ich die Bedeutung der Aussagen, die meine Gegenüber kritisierten, nicht überblickte oder die Tragweite von Handlungen nicht einschätzen konnte. Als bekannt wurde, dass ich zu den Unterstützerinnen der „Bibel in gerechter Sprache" gehöre, gab es nicht nur Diskussionen, die ich gern zu führen bereit war, sondern ich wurde auch mit Verlautbarungen eingedeckt, mit denen man mir übermittelte, dass ich nach Ansicht meiner Kritiker wissenschaftlich nicht auf dem Laufenden war.

Diese Art von Belehrungen erhielt ich auch in anderen Zusammenhängen. Ich wage zu behaupten, dass meine Kollegen im Bischofsamt nicht mit solchen subtil vorgebrachten Abwertungen umzugehen haben. Ich musste mich selbst an meine Stärken erinnern, um Kränkungen nicht mit Aggression zu begegnen. Kraft für die alltäglichen Aufgaben und die besonderen Herausforderungen bezog ich aus den geistlichen Quellen, durch die ich mir bewusst machte: Ich bin Gottes geliebte Tochter. Vor Gott verantworte ich mich in meinem Tun und Lassen. Ich freute mich über die unterstützende Begleitung vieler Menschen, ohne mich von der Zustimmung anderer abhängig zu machen.

Ich habe in der Kirche immer Räume gefunden, in denen ich meine Stärken entwickeln und meine Gaben einbringen konnte. Dass wir Frauen Theologie studieren und Pastorinnen werden konnten, fand ich zunächst ausreichend als Nachweis, dass die Kirche gerecht mit Frauen umging. Als Seelsorgerin erfuhr ich dann jedoch von Gewalt gegen Frauen, die auch in christlichen Kreisen geschieht. Frauen ertrugen Erniedrigungen, ja sogar Missbrauch, weil ihnen in der Kirche gesagt wurde, sie sollen dem Manne untertan sein. So kam ich durch seelsorgliche Erfahrungen im kirchlichen Dienst dazu, Bibelauslegung, Strukturen und Sprache daraufhin zu befragen, ob sie Frauen befreien oder unterdrücken. Ich machte erschreckende Entdeckungen und wurde sensibel für innerkirchliche Machtgefüge, die sicherstellten, dass Männer das Sagen behielten. Diese Themen zu benennen, kostete viel Kraft. Zusammen mit anderen Frauen und Männern setzte ich mich in den 1980er Jahren dafür ein, dass die offiziellen Dokumente der Evangelisch-methodistischen Kirche in inklusiver Sprache verfasst wurden. In dem Entwurf, die der Konferenz zur Entscheidung vorlag, war von Pastoren und Pastorinnen die Rede, in dem Abschnitt über das Bischofsamt wurde jedoch ausschließlich die männliche Sprachform beibehalten. Als wir dies bemängelten, lautete die Antwort aus der Arbeitsgruppe: „Der Bischof ist ein Mann!" Die Konferenz folgte unserer Argumentation, dass Sprache nicht die derzeitige Situation abbilden, sondern das in der Kirche gültige Recht darstellen muss.

In meiner Amtszeit wollte ich mich für eine stärkere Beteiligung von Frauen in kirchlichen Leitungsaufgaben einsetzen. Die Ziele der vom Ökumenischen Rat der Kirchen ausgerufenen Ökumenischen Dekade „Kirchen in Solidarität mit den Frauen", die schon 1998 zum Abschluss kam, sind auch in der EmK nur unvollkommen erreicht. Weiterhin gilt es, „Frauen zu ermächtigen, unterdrückende Strukturen in der Gesellschaft weltweit, in ihrem Land und in ihrer Kirche in Frage zu stellen" und „den wesentlichen Beitrag der Frauen in Kirche und Gemeinde anzuerkennen, sowohl durch gleiche Mitverantwortung und Entscheidungsgewalt als auch durch Mitgestaltung der Theologie und des geistigen Lebens", um nur zwei Dekadeziele zu nennen. Während meiner Amtszeit konnte ich in dieser Hinsicht leider keine messbaren Fortschritte feststellen. Einflussreiche Gremien wie zum Beispiel die Kommission für Finanzen und Arbeitsrecht werden bis heute ausschließlich von Männern gebildet. Die Zahl der Pastorinnen hat zwar zugenommen, davon, dass dieser Beruf mehrheitlich von Frauen ausgeübt wird, wie vor ein paar Jahren prophezeit wurde, sind wir jedoch weit entfernt. Die meisten leitenden Positionen in der Kirche und in der Diakonie sind auch in der Evangelisch-methodistischen Kirche von Männern besetzt. Es gibt zum Beispiel acht Superintendenten und nur eine Superintendentin in Deutschland. Manchmal hatte ich den Verdacht, viele Menschen meinten, dass wir mit einer Bischöfin schon genug für die Geschlechtergerechtigkeit getan hätten. Hätte ich das Thema entschiedener einbringen sollen, bis hin zu der gottesdienstlichen Sprache, in der auch ich selten von Gott, der Ruach, der Geistkraft redete? Erst zum Ende meiner Dienstzeit sprachen mich junge Pastorinnen an und sagten mir, dass es ihnen etwas bedeutete, in einer Kirche zu sein, die eine Bischöfin hatte. Vielleicht wird meine Dienstzeit nachträglich sichtbare Wirkungen in Richtung Inklusivität haben?! Das würde mich freuen.

*Weiterhin Vision: „Da ist nicht Mann noch Frau …"*

Meine Vision von Kirche ist von Galater 3,28 inspiriert: „Hier ist nicht Jude noch Grieche, hier ist nicht Sklave noch Freier, hier ist nicht Mann noch Frau; denn ihr seid allesamt einer in Christus Jesus." Kirche ist eine Gemeinschaft, in der Unterschiede keine Wertigkeit bedeuten. Dass wir Menschen zu Gottes Ebenbild geschaffen und von Christus zu neuem Leben berufen sind, macht uns alle gleich. Wir bekennen dies nicht nur, wir üben die Gemeinschaft der Verschiedenen ein. Es ist auch in der Evangelisch-methodistischen Kirche noch ein weiter Weg, bis dieses Einssein in Christus wirklich sichtbar wird. Das Gefälle zwischen Männern und Frauen ist genauso da wie die Dominanz der Deutschen über die Menschen, die aus anderen Ländern in den Gemeinden ankommen. Und über sozialökonomische Unterschiede und ihre Auswirkungen denken wir noch weniger nach als über Geschlechtergerechtigkeit. Geben wir dem Geist der Freiheit eine Chance? Erwarten wir von einer gerechteren Gemeinschaft Zugewinn an Liebe, Freude, Gerechtigkeit und Hoffnung für alle? Kirche – auch die Kirche, zu der ich gehöre – ist leider selten vorne dran, wenn es um gerechtes Miteinander geht. Ich will auch als Bischöfin im Ruhestand mit dazu beitragen, dass wir zu unseren Versäumnissen stehen und uns von Gott verändern lassen.

# Ordination und Ämter von Frauen im Buddhismus

## Die Erneuerungsbewegung buddhistischer Nonnenorden

Carola Roloff[1]

Im Westen genießt der Buddhismus den Ruf, tolerant, weltoffen und frauenfreundlich zu sein. Wie aber ist es tatsächlich um Frauen in religiösen Leitungspositionen bestellt? Gibt es überhaupt „Ämter" im Buddhismus? Wie sind Begriffe wie „Orden" und „Ordination" hier zu verstehen? Müssen Mönche und Nonnen zölibatär leben? Gibt es eine Art Priesterweihe – mit oder ohne Zölibat – oder andere Formen der Autorisierung, religiöse Dienste auszuführen und zu lehren? Und wie ist hierbei die Aufteilung zwischen den Geschlechtern?

Ehe ich näher auf diese Fragen eingehe, sei eines vorausgeschickt: *den* Buddhismus gibt es genauso wenig wie *das* Judentum, *das* Christentum oder *den* Islam. Der Buddhismus hat sich 2500 Jahre lang entwickelt und sich im Laufe seiner Geschichte von Indien aus in weite Teile Asiens hineinverbreitet.[2] Dabei hat er sich immer wieder unterschiedlichen Kulturen anpassen müssen, so dass sich ganz verschiedene Strömungen und Schulen herausgebildet haben.

Einen ähnlichen Integrationsprozess durchläuft der Buddhismus als weltweit viertgrößte Religion seit rund 200 Jahren im Westen. Auch hier in Europa hat er aufgrund der zunehmenden religiös-weltanschaulichen

---

[1]   Dr. Carola Roloff (Bhiksuni Jampa Tsedroen) Senior Researcher/Leitende Wissenschaftlerin im Bereich Buddhismus (Schwerpunkt: Dialogische Theologie und Gender) an der Akademie der Weltreligionen (Fakultät für Erziehungswissenschaften). Sie ist Hauptverantwortliche für ein DFG-Forschungsprojekt zur buddistischen Nonnenordination.
[2]   Ein kurzer Überblick über die kanonische Quellenlage im Buddhismus findet sich in: *Carola Roloff:* Offenheit gegenüber dem religiös Anderen im Buddhismus. Herausforderungen und Chancen; in: *Katajun Amirpur, Thorsten Knauth, Carola Roloff, Wolfgang Weiße* (Hg.): Perspektiven dialogischer Theologie. Offenheit in den Religionen und Hermeneutik interreligiösen Dialogs, Münster 2016, 49–81.

Pluralisierung der Lebenswelten immer stärker Fuß gefasst. Am weitesten verbreitet ist er in Frankreich. In Österreich ist der Buddhismus seit mehr als 30 Jahren als Körperschaft des öffentlichen Rechts anerkannt, und in Deutschland folgen ihm moderat geschätzt etwa 0,2 Prozent der Bevölkerung.[3]

Vor diesem vielschichtigen Hintergrund kann ich die Frage der Ordination und Ämter von Frauen im Buddhismus nur exemplarisch andeuten. Dabei ist meine Herangehensweise – ich bin seit 1981 Nonne im Buddhismus – dialogisch-theologisch.[4]

### Ämter im Buddhismus

Die Ämterstrukturen in buddhistischen Religionsgemeinschaften sind vielfältig, ebenso die Funktionsbezeichnungen. Dabei gibt es Überlappungen, die auf den gemeinsamen Ursprung im indischen Buddhismus zurückzuführen sind, und Unterschiede, die teils indisch-traditionell und teils kulturell (Ankunftsland) bedingt sind.

Während die Organisationsstrukturen in Klöstern relativ steile Hierarchien aufweisen, sind sie im Alltagsleben traditionsübergreifend eher flach. In manchen Ländern kann ein Kloster oder Kloster-Dachverband relativ autonom agieren, in anderen wie Thailand und China setzt der Staat Beamte ein, um die Orden zu kontrollieren oder entscheidet sogar bei der Ernennung von hohen Würdenträgern mit. In manchen Traditionen gibt/gab es auch Mönchsbeamte, so z. B. in Tibet. Nonnen oder weibliche Laien haben solche Ämter selten bis nie bekleidet. Derzeit sind die Oberhäupter aller buddhistischen Traditionen Mönche oder männliche Laien.

Buddhisten der verschiedenen Traditionen ist gemeinsam, dass sie dem Buddha, dem Erwachten, als ihrem Lehrer folgen. Der Buddha hat keinen Nachfolger eingesetzt. Allein die von ihm verkündeten Lehren, auf Sanskrit „Dharma" (Pāli „Dhamma"), und die Rechtstexte, der Vinaya, sol-

---

[3]   Quelle: Das Parlament Nr. 2–3, 09. Januar 2017, 4–5.

[4]   Der Ansatz einer dialogischen Theologie wird seit 2013 an der Akademie der Weltreligionen der Universität Hamburg entwickelt. Näheres dazu in: *Amirpur et al.,* Perspektiven dialogischer Theologie. Diese Forschung zum Bereich Religion und Dialog ist interdisziplinär und international angelegt. Berücksichtigt werden vordringlich der Islam, das Judentum, der Buddhismus und das Alevitentum, aber auch andere Religionen wie etwa der Hinduismus und natürlich auch das Christentum in seinen verschiedenen Facetten.

len als seine Stellvertreter betrachtet werden.[5] Dabei fällt insbesondere den Mitgliedern des Sangha[6], der Gemeinschaft der Mönche und Nonnen, die ihr Leben idealerweise gänzlich dem Ziel der Erleuchtung gewidmet haben, mit zunehmendem Dienstalter eine wichtige und mitunter, je nach Qualifikation und Bedarf, eine leitende Rolle zu.

Der Sangha gehört zu den drei Juwelen (*triratna*), zu denen alle Buddhisten Zuflucht nehmen. Die beiden anderen sind der Buddha und seine Lehre (Dharma).[7] Im frühen Buddhismus bezog sich Sangha vorrangig auf den Mönchsorden bzw. auf den großen Sangha (Mahāsangha), d. h. auf beide Ordensgemeinschaften, die der Mönche und Nonnen. Im Laufe der Zeit wurde der Begriff dann aber auf die Gemeinschaft aller Buddhisten ausgeweitet, also auf die gesamte Gemeinde des Buddha. Diese setzt sich aus vier Gruppen (*catuṣpariṣad*) zusammen: Mönche (*bhikṣus*), Nonnen (*bhikṣuṇīs*), Laienanhänger (*upāsakas*) und Laienanhängerinnen (*upāsikās*). In seiner Lehrrede „Die Spitzen der Jüngerschaft" preist der Buddha die Tugenden dieser vier Gruppen und sendet sie aus, um seine Lehre zum Wohl und Glück der göttlichen und menschlichen Wesen zu verbreiten.[8] Daraus lässt sich die Lehrbefugnis aller vier Gruppen ableiten, auch wenn heute, insbesondere in Asien, vorwiegend Mönche als buddhistische Lehrer im Vordergrund stehen.

---

[5]   *Ernst Waldschmidt:* Die Überlieferung vom Lebensende des Buddha: Eine vergleichende Analyse des Mahāparinirvāṇasūtra und seiner Textentsprechungen, 2. Teil, Göttingen 1948, 241.

[6]   Sanskrit *saṃgha*, Pāli *saṅgha*. Da der Begriff sehr häufig verwendet wird und als bekannt vorausgesetzt werden darf, verzichte ich im Weiteren auf die diakritischen Zeichen und verwende die Lautschrift „Sangha".

[7]   Mit der Zufluchtnahme wird man Mitglied der buddhistischen Gemeinde. Der entsprechende Ritus setzt voraus, dass man alt genug ist, seinen Geist vollständig und mit vollkommenem Vertrauen den *Drei Juwelen der Zuflucht* zuzuwenden und die entsprechende Formel einem buddhistischen Mönch, einer buddhistischen Nonne oder einer anderen autorisierten Person des eigenen Vertrauens nachzusprechen. Durch dieses Ritual wird auch eine entsprechende spirituelle Lehrer-Schüler-Bindung hergestellt. In der Regel findet dieses Ritual frühestens im Alter von sieben Jahren statt. Man sieht aber auch schon viel jüngere Kinder drei Verneigungen vor dem Buddha machen und die Zufluchtsformel sprechen. Ein mit der „Taufe" vergleichbares Ritual im Säuglingsalter gibt es mit Blick auf die Namensgebung. Im tibetischen Buddhismus gibt es beispielsweise die Tradition, für Neugeborene eine Segen spendende Rezitation durchzuführen und ihnen dabei ein Schutz-Bändchen oder -Amulett umzulegen. Auf Wunsch der Eltern geht dieses Ritual einher mit der Vergabe eines buddhistischen Namens. Dieser muss nicht notwendigerweise in die Ausweispapiere eingetragen werden, sondern dient oft nur zu rituellen Zwecken.

[8]   *Ernst Waldschmidt:* Das Catuṣpariṣatsūtra: eine kanonische Lehrschrift über die Begründung der buddhistischen Gemeinde. Text in Sanskrit und Tibetisch, verglichen mit dem Pali nebst einer Übersetzung der chinesischen Entsprechung im Vinaya der Mūlasarvāstivādins auf Grund von Turfan-Handschriften, 3 Bände, Berlin 1952–1962.

*Ein kurzer Blick in die Vergangenheit: Die Entstehung
des Mönchs- und Nonnenordens*

Siddhārtha Gautama, der historische Buddha Śākyamuni, lebte ca. im
5. Jh. v. Chr. in Indien. Nachdem er die Erleuchtung erlangt hatte, beschloss er nach anfänglichem Zögern, seine Lehre weiterzugeben. Als er
fünf Bettelmönchen begegnete, die er von früher kannte, löste er sein Vorhaben ein und hielt vor ihnen seine erste Lehrrede von den Vier Wahrhei-
ten. Damit setzte er, wie es heißt, „das Rad der Lehre in Bewegung". Diese
„fünf guten Asketen" waren die ersten Schüler des Buddha. Damit war der
Mönchsorden gegründet. Die volle Ordination bzw. höchste Weihe, die
*upasaṃpadā*, ging damals noch ohne Ritual vonstatten, es reichte der Ruf
des Buddha: „Kommt, Ihr Mönche!"

Wenige Jahre[9] später gründete der Buddha auch einen Nonnenorden.
Mahāprajāpatī, seine Tante und Pflegemutter, bat als erste Frau um die
volle Ordination. Die 500 Frauen in ihrer Begleitung – alle aus dem Volk
der Śākyas, dem auch der Buddha angehörte[10] – erhielten zunächst noch
vom Mönchsorden die höchste Weihe. Später ging die Verantwortung für
Teile der Ordination – ein Prozess, der sich über mehrere Jahre erstreckt –
auf den Nonnenorden über. Die höchste Weihe erfordert aber bis heute die
Anwesenheit des Mönchsordens. Somit können Nonnenorden, auch wenn
sie sonst eine separate Institution sind,[11] nicht unabhängig vom Mönchsorden bestehen. Für die Ordination von Mönchen dagegen ist die Mitwirkung von Nonnen nicht notwendig.

*Der Begriff der Ordination und das Wesen des monastischen Lebens*

Unter Ordination (skr. *upasaṃpadā*, p. *upasampadā*) wird im Buddhismus traditionell die höchste Weihe im Kontext klösterlicher Gemeinschaften verstanden. Der Begriff *upasampadā* wird in der jüngeren Literatur auch mit „volle Ordination" wiedergegeben, um diese von der ersten
Aufnahme in die Klostergemeinschaft (skr. *pravrajya*) und der Ordination

---

[9]  *Jampa Tsedroen* (Carola Roloff): Buddhist Nuns' Ordination in the Mūlasarvāstivāda *Vinaya* Tradition: Two Possible Approaches; in: Journal of Buddhist Ethics 23 (2016), 168–
   169.
[10]  Entsprechend wird der historische Buddha als Buddha Śākyamuni bezeichnet, „Weiser
   der Śākyas".
[11]  Siehe dazu *Hellmuth Hecker:* Allgemeine Rechtsgrundsätze in der buddhistischen Or-
   densverfassung (Vinaya); in: Verfassung und Recht in Übersee 10 (1977), H. 1, 89–115.

zur Novizin (skr. *śrāmaṇerikā*) abzugrenzen. Das Mindestalter für den Eintritt ins Kloster beträgt sieben Jahre und für die volle Ordination 20 Jahre. Für Frauen gibt es vor der höchsten Weihe noch eine zusätzliche zweijährige Probe- und Schulungszeit als *śikṣamāṇā*.

Diese Regelung gilt für alle drei Hauptströmungen des Buddhismus, die sich bis heute überliefert haben: den Theravāda-Buddhismus, der hauptsächlich in Süd- und Südostasien praktiziert wird, also in Sri Lanka, Thailand, Myanmar, Laos, Kambodscha und Teilen Vietnams, den Ostasiatischen Buddhismus in China, Japan[12] und Taiwan, und den Tibetischen Buddhismus in Tibet, Bhutan, der Mongolei sowie in Teilen von Nepal, Nord-Indien und Süd-Russland.[13]

Die Mönche und Nonnen unterscheiden sich von den Laien durch ihren kahl rasierten Kopf und die Ordenstracht. Der rechte Arm bleibt traditionell unbekleidet,[14] das Obergewand wird über die linke Schulter und den linken Oberarm geschlagen. Die Novizen, Männer wie Frauen, befolgen in allen Traditionen zunächst zehn Regeln. Die höchste Weihe verlangt dann das Befolgen des gesamten Regelwerks, das für Mönche und Nonnen unterschiedlich ist: Die Mönche sollen je nach Tradition 227, 250 oder 253 Regeln befolgen, die Nonnen 311, 348 oder 364 Regeln.

Motivation für die Ordination ist idealerweise der Wunsch nach Befreiung aus dem ewigen Kreislauf von Tod und Geburt – Saṃsāra. Vorbild ist dabei der Weg des Buddha. Doch auch Laien legen bei Voll- und Neumond, an besonderen Feiertagen oder auf Pilgerreisen ein achtteiliges Fastengelübde ab und folgen zeitweise der monastischen Disziplin.

Die vier Hauptverbote, die für Mönche und Nonnen gleichermaßen gelten, sind: Geschlechtsverkehr, Diebstahl, absichtliches Töten eines Menschen und die Vorspiegelung übernatürlicher Fähigkeiten. Für Nonnen kommen noch vier weitere Hauptverbote hinzu: 1. engen sexuellen Körperkontakt zuzulassen, 2. Annäherungen zuzulassen, die auf Geschlechts-

---

[12] Eine Ausnahme im Ostasiatischen Buddhismus bildet Japan: Dort ist die Praxis des Vinaya ausgestorben, stattdessen sind eine Art „Laien"-Klöster oder Klöster auf Zeit entstanden.

[13] *Kalmückien,* Burjatien und Tuwa.

[14] Diese Regel wird im Theravāda und im Tibetischen Buddhismus befolgt. Das Farbspektrum der Ordensgewänder reicht von safrangelb über orange und rotbraun (Burma) bis hin zu bordeauxrot (Tibet). In der chinesischen Tradition sind die obersten Gewänder gelb/orange/braun bei hochstehenden Mönchen oder Nonnen auch zinnoberrot. Zudem trägt man in China wie auch in Vietnam, Korea und Japan unter den im Vinaya vorgeschriebenen und „gesegneten" Gewändern eine mantelähnliche Haiqing-Robe mit Ärmeln (schwarz/gelb/braun oder auch grau/taubenblau). Die Haiqing-Robe wird während Zeremonien auch von Laien getragen.

verkehr abzielen, 3. die Hauptverfehlung einer anderen Ordensschwester zu verheimlichen und 4. einem Mönch Respekt zu erweisen, der vom Mönchsorden suspendiert wurde. Der Bruch einer dieser Hauptregeln führt zum Ausschluss aus dem Orden, andere Verstöße, die ebenfalls relativ schwer wiegen, führen zu vorübergehender Suspendierung, kleinere Vergehen können bei der zweimonatlichen Beichtfeier (Vollmond und Neumond) bereinigt werden.

Wenn es zu einem Bruch des Gelübdes kommt, also zu einer der vier (oder bei Nonnen acht) Hauptverfehlungen, ist eine Rückkehr in den Orden nach dem Ausschluss nicht möglich. Erklärt man dagegen, bevor es zu einer Verfehlung kommt, dass man den Orden verlassen möchte, ist ein erneuter Ordenseintritt für Mönche bis zu maximal sieben Mal möglich. Für Nonnen gilt das jedoch nicht: Wenn sie den Orden verlassen, gibt es kein Zurück mehr. Selbst ein freiwilliger Austritt lässt sich also nicht rückgängig machen.

Weitere Regeln des Vinaya befassen sich mit dem Leben im Sangha, dem Verhältnis zueinander, der Betreuung von Novizinnen mit Nahrung, Kleidung, Unterkunft, Hygiene und Gesundheit sowie dem Umgang mit Eigentum, um nur einige Beispiele zu nennen. In der Essenz geht es um die Konzentration auf das Wesentliche, die Praxis des Dharma. Die Einhaltung von Disziplin ist die notwendige Voraussetzung für die Entwicklung von meditativer Sammlung und Weisheit.

Im Gegensatz zu Laien sind Ordinierte verpflichtet, ein Leben in Keuschheit zu führen, einen „Reinen Lebenswandel". Ein weiteres Unterscheidungsmerkmal ist ihr Freisein von persönlichem Besitz. Gehorsam und Respekt haben sie nicht nur gegenüber den Ordensälteren, sondern gegenüber allen Mitgliedern des Sangha zu üben. In der tibetischen Tradition wird man am Ende des Ordinationsrituals angewiesen, jenen, die den gleichen Regeln folgen, zu Gefallen zu sein und ihnen keinen Grund zu Missfallen zu geben. Eine weitere Anweisung betont die Praxis von Gewaltlosigkeit und Geduld. Sie lautet:

*Von heute ab gilt für Dich:*
*Wenn Du beschimpft wirst, schimpfe nicht zurück.*
*Wenn jemand wütend auf Dich ist, reagiere nicht mit Wut.*
*Wenn Dich jemand schlägt, schlage nicht zurück.*
*Wenn Dich jemand verspottet, reagiere nicht mit Spott.*

Bei der Bitte um Ordination verspricht man, das Regelwerk bis ans Ende des Lebens einzuhalten. Es gibt auch durchaus Mönche und Nonnen, die heutzutage aufgrund ihrer Tätigkeiten, weil sie z. B. als Dozenten an Universitäten tätig sind, Dharmazentren leiten oder in bestimmten Projekten arbeiten, nicht im Kloster wohnen. Trotzdem bleiben sie Mitglied ihrer Ordensgemeinschaft. Sie können aber auch in eine andere Ordensgemeinschaft wechseln.

In Taiwan (ostasiatische Tradition) erhält man am Ende der Ordinationszeremonie, die einschließlich intensiver Grundausbildung in Ordensdisziplin und Ordensregeln 30 Tage dauert, ein Ordenszertifikat, das Zeit und Ort der Ordination nennt und die Namen der Ordinationsmeister auflistet. Mithilfe eines solchen Zertifikats ist auch die Eintragung des Ordensnamens in die hiesigen Ausweispapiere möglich.[15]

Eine Besonderheit des chinesischen Buddhismus ist, dass hier etwa eine Woche nach der vollen Ordination noch eine sogenannte „Bodhisattva-Ordination" vollzogen wird. Diese Praxis gibt es in allen Mahāyāna-Traditionen, auch für Laien, aber hier ist sie Teil der Ordinationszeremonie und deren ritueller Höhepunkt geworden.[16]

## Priesterweihe und die Erneuerungsbewegung buddhistischer Nonnenorden

Eine Ordination ist durchaus mit einer Priesterweihe im Christentum vergleichbar. Die Mönche und Nonnen unterweisen die Laien im Dharma, führen alle für das Gemeindeleben relevanten sakralen Rituale aus und nehmen an Beschlussfassungen teil. In ihrer Funktion gegenüber den Laien gibt es keinen Unterschied zwischen ihnen.

Die Laien wiederum sorgen im Rahmen ihrer Möglichkeiten – durch Almosenspeisungen, Darbringung von Ordensgewändern und Spenden für den Bau von Klöstern usw. – für das materielle Wohl des Sangha. Sie sind überzeugt, dass sie durch diese Unterstützung religiöses Verdienst ansammeln und somit gutes Karma für zukünftiges Glück in diesem oder den nächsten Leben schaffen.

Ordensintern gibt es hierarchische Abstufungen. Prinzipiell leben Mönche und Nonnen getrennt, meist auch in separaten Klosteranlagen. Nach der vollen Ordination muss ein Mönch mindestens fünf bis zehn

---

[15]  *Hellmuth Hecker:* Eintragung eines Ordensnamens deutscher Buddhisten in deutsche Ausweispapiere; in: Das Standesamt 45 (1992), H. 8, 237–240.

[16]  Anschließend begeben sich die Mönche und Nonnen zu einer Zeremonie, in der sie mindestens drei kleine Moxakegel auf dem Kopf abbrennen lassen, um so ihre Entschlossenheit unter Beweis zu stellen, künftig zum Wohle aller Lebewesen zu dienen. Im alten China galten die Brandnarben als Beweis, tatsächlich ordiniert zu sein. Heute ist diese Praxis umstritten. Die Teilnahme wird mitunter freigestellt.

Jahre, eine Nonne sechs bis zwölf Jahre mit einem/einer Ordensälteren eigener Wahl zusammenwohnen. In dieser Zeit werden sie in alle monastischen Rituale und andere Pflichten und Aufgaben eingeführt ("learning by doing"). Dazu gehört auch das Auswendiglernen zusätzlicher liturgischer Texte. Auf diese Weise wird man auch in die Gemeinde eingegliedert und von dieser im Laufe der Zeit zunehmend anerkannt. Weitere Qualifikationen sind gute Kenntnis und Erfahrung in den monastischen Ritualen und dem Dharma und dem Vinaya allgemein. Erst nach zehn Jahren Amtszeit als Mönch oder zwölf Jahren als Nonne kann man selbst neue Aspiranten aufnehmen und mit Zustimmung der Ordensgemeinschaft die Ordination eines Bhikṣu oder einer Bhikṣuṇī (P. *bhikkhu/bhikkhunī*) vollziehen. Im Theravāda wird man als Mönch nach zehn Jahren Mahāthera genannt, als Nonne nach zwölf Jahren Mahātherī.

Eine Ordensgemeinschaft, also ein monastischer Sangha, besteht aus mindestens vier voll ordinierten Mönchen oder Nonnen. Für die Ordination einer Frau als Śikṣamāṇā (Probekandidatin für zwei Jahre) benötigt man je nach Vinaya-Schule einen Nonnen-Sangha von mindestens zehn oder zwölf vollordinierten Nonnen (in einer abgelegenen Region fünf bis sechs). Für die volle Ordination ist die Mitwirkung von fünf bis zehn Mönchen erforderlich. Ordenshierarchisch sind die Bhikṣuṇīs den Bhikṣus untergeordnet, was heute nicht nur im Westen, sondern auch in Asien im Rahmen der säkularen Demokratisierung zunehmend in Frage gestellt wird. Stimmen, die eine Gleichstellung von Mönchen und Nonnen fordern, werden immer lauter.

Eine weitere Herausforderung für Frauen, die den monastischen Weg gehen wollen, ist, dass die Ordinationslinie für Nonnen in einigen Ländern ausgestorben oder bis heute nicht etabliert worden ist. Alle Linien gehen auf den Buddha und seine engsten Schüler zurück und werden von Generation zu Generation von Lehrer auf Schüler übertragen. So ist über die Jahrhunderte ein kompliziertes Geflecht verschiedener Linien entstanden, das man mit Ahnenreihen in der Genealogie vergleichen könnte. Da nach dem Vinaya die Gültigkeit der Nonnenordination die Mitwirkung eines Mönchsordens erfordert, ist ein Rechtsstreit entbrannt, ob die Ordinationslinie für Nonnen von diesen selbst oder von Mönchen tradiert wird.

In den Ländern des Theravāda, wo es keine volle Ordination für Frauen gibt, hat sich, abgeleitet von der zuvor erwähnten Fastenpraxis für Laien, eine Art Semi-Status für Frauen entwickelt. De facto leben sie wie Nonnen, de jure sind sie nicht Teil des monastischen Ordens. Das heißt, sie haben einen geschorenen Kopf, tragen ein Ordensgewand, führen ein klösterliches, zölibatäres Leben und befolgen entweder die acht Regeln für Laien oder die zehn Regeln für Novizinnen, ohne je als solche aufgenommen und anerkannt zu sein. In Thailand heißen diese Frauen Maeji. Sie tragen ein weißes Ordensgewand, die Farbe der Laien. In Burma bezeichnet man sie als Thila-shin, ihr Gewand ist pinkfarben. Und in Sri Lanka nennt man sie Dasa-Sīla-Mātā. Sie tragen ein braunes oder safranfarbenes Gewand wie die Mönche, allerdings mit Ärmeln, was den Mönchen verboten ist.

Im tibetischen Buddhismus gibt es ebenfalls Frauen mit geschorenem Kopf. Sie tragen ein bordeauxfarbenes Ordensgewand, das kaum von dem der Mönche zu unterscheiden ist und folgen entweder den fünf Regeln der Laien – nicht zu töten, nicht zu stehlen, sexuelles Fehlverhalten[17] zu vermeiden, nicht zu lügen und keine berauschenden Getränke zu sich zu nehmen – oder den zehn Regeln einer Novizin, tibetisch „Getsülma" (skr. *śrāmaṇerikā*). Eigentlich ist es die Aufgabe vollordinierter Nonnen, einer Anwärterin das Kopfhaar abzurasieren, sie einzukleiden, ihrer Bitte um die Erteilung der zehn Regeln nachzukommen und sie in die Schulung aufzunehmen. Novizinnen sind Teil des Nonnen-Sangha. In Tibet hat sich jedoch mangels eines Nonnenordens die Tradition entwickelt, dass Mönche den Frauen diese zehn Regeln erteilen und sie in separaten Nonnenklöstern mitbetreuen. Ihrem Selbstverständnis nach bezeichnen sie sich jedoch als tibetische Nonnen und versprechen, ihr Noviz-Gelübde bis zum Tode einzuhalten.

Seit den 1970er Jahren gibt es weltweit eine Erneuerungsbewegung buddhistischer Nonnenorden.[18] Davon verspricht man sich nicht nur eine religiöse Gleichstellung von Frauen, sondern auch eine Aufwertung der Rolle der Frau in der Gesellschaft allgemein und damit eine Verbesserung der Menschenrechtslage in puncto Geschlechtergerechtigkeit für weite Teile Asiens. In einigen Teilen der Welt wie in Sri Lanka und Thailand ist es bereits gelungen, die volle Ordination für Nonnen wiederzubeleben, was aber nicht von allen Mönchen anerkannt wird. In Sri Lanka gibt es kaum noch öffentlichen Widerstand, jedoch verweigert man den Nonnen staatlicherseits die Eintragung ihres Bhikkhunī-Titels in die Ausweispapiere. Und in Thailand hat der höchste Mönch, der Saṅgharaja, nach der ersten Nonnenordination auf thailändischem Gebiet – sie erfolgte unter maßgeblicher Mitwirkung von Mönchen aus dem Ausland – vom Staat ge-

---

17  Alternativ auch mit völligem Verzicht auf Geschlechtsverkehr. Laien haben hier die freie Wahl.

18  Die wichtigsten Themen dazu finden sich traditionsübergreifend in dem Sammelband von *Jampa Tsedroen* (*Carola Roloff*)/*Thea Mohr* (Hg.): Mit Würde und Beharrlichkeit. Die Erneuerung buddhistischer Nonnenorden, Berlin 2011 (Deutsche Übers. v. "Dignity and Discipline", Boston 2010).

fordert, es dürfe keine Ordination unter Mitwirkung ausländischer Staatsbürger mehr ohne seine Zustimmung stattfinden.

In Sri Lanka reichen die ersten Bemühungen um die Erneuerung des Nonnenordens bis 1988 zurück. Nach anfänglichen Problemen hat sich inzwischen eine Linie durchgesetzt, die 1998 reetabliert wurde und der inzwischen auch Nonnen in Thailand und den USA angehören. Der Nonnenorden in Sri Lanka ist in diesen wenigen Jahren auf über 1.200 Nonnen angewachsen. In Thailand, Nepal, Indonesien, Singapur, Europa, Nordamerika und Indien sind es mehr als fünfzig. Die Theravāda-Tradition ist damit der tibetischen Tradition einige Schritte voraus. Es gibt dort zwar seit den 1970er Jahren Nonnen, die in der ostasiatischen Dharmaguptaka-Schule ihre volle Ordination genommen haben und nunmehr das tibetische Ordensgewand tragen, aber eine Ordination in der eigenen tibetischen Mūlasarvāstivāda-Schule steht immer noch aus. Eine Expertengruppe von tibetischen Mönchsgelehrten aller vier Schulrichtungen – ohne Frauen – hat sich im Herbst 2012 drei Monate zu Erörterungen getroffen. Ein umfangreicher Abschlussbericht wurde 2013 publiziert,[19] kommt allerdings zu keinem klaren Schluss. Die Quellen sind vieldeutig, es kommt also auf den „politischen" Willen an. Will man die Ordination einführen, gibt es genügend Belege, auf die man sich stützen kann, doch nur wenige Gelehrte haben den Mut, sich in dieser kontroversen Debatte klar zu positionieren. Dahinter steht die Sorge, dass es zu einer Ordensspaltung kommen könnte. Der Dalai Lama fordert zwar keinen Konsens, aber zumindest die Unterstützung durch eine gute Mehrheit von respektierten Seniormönchen.[20]

Es gibt zwei Möglichkeiten, den Nonnenorden wiederzubeleben. Erstens: allein durch Mönche, wie es zur Zeit des Buddha belegt ist, später aber jahrhundertelang nicht mehr üblich war. Zweitens: durch eine „ökumenische" Zeremonie, d.h. Nonnen der ostasiatischen Dharmaguptaka-Schule würden diese zusammen mit Mönchen der tibetischen Mūlasarvāstivāda-Schule durchführen und somit stellvertretend den vakanten Platz der Mūlasarvāstivāda-Nonnen einnehmen.

[19] Originaltitel: *Gzhi thams cad yod par smra ba'i lugs la dge slong ma slar gso yod med dpyadgzhi lung bang mdzod (Schatzhaus autoritativer Textstellen, eine Untersuchung ob sich das/die Bhikṣuṇī-[Gelübde/Ordinationslinie] in der Mūlasarvāstivdatradition wiederherstellen lässt).* Autor: Bod kyi chos kyi chos brgyud chen po bzhi dang btsun ma'i sku tshab bcas kyi dge slong ma'i nyams bzhib tshogs chung (Bhikṣuṇī-Komitee der vier großen religiösen Traditionen Tibets und Vertreter der Nonnen), Department of Religion and Culture, Dharamsala 2013.

[20] *Dalai Lama XIV*: Menschenrechte und der Status von Frauen im Buddhismus; in: *Tsedroen/Mohr* (Hg.), Mit Würde und Beharrlichkeit, 439.

Das Thema der Nonnenordination rückt immer stärker in den Fokus, und immer mehr Mönche befürworten die Erneuerung des Nonnenordens im tibetischen Buddhismus. Dazu gehört nicht nur der 14. Dalai Lama, sondern seit einigen Jahren auch der 17. Karmapa Ogyen Trinley, der im März 2017 erste konkrete Schritte zur vollen Ordination tibetischer Nonnen mit Hilfe taiwanesischer Nonnen unternahm.[21]

Reformen sind dringend notwendig. Aus feministischer Sicht ist es problematisch, dass der Nonnenorden noch immer dem Mönchsorden hierarchisch untergeordnet ist und nicht völlig unabhängig von ihm agieren kann. Von daher ist es unter buddhistischen Feministinnen nicht unumstritten, ob die Wiederbelebung des Nonnenordens überhaupt wünschenswert ist, ganz zu schweigen von dem generellen Zweifel, ob monastisches und zölibatäres Leben heute noch zeitgemäß sind oder wider die Natur des Menschen sprechen. Man könnte auch fragen, ob man sich selbst und den Menschen heute in anderer Form als im zölibatären Klosterleben besser von Nutzen sein kann, oder ob Klöster sich nicht besser von den Spenden der Laien unabhängig machen sollten. Andererseits gelten Klöster bis heute als Keimzelle spirituellen Lebens. Gerade in dieser hektischen und schnelllebigen Zeit sind sie Inseln der Stille und Besinnung. Buddhistinnen, die ein Leben als Nonne anstreben, sollten deshalb – aus der Binnenperspektive betrachtet – auch weiterhin die Möglichkeit eines solchen Lebenswandels haben, zumal der Buddha selbst es so vorgesehen hat.

## Andere Formen der Autorisierung zu lehren und religiöse Dienste auszuführen

Abschließend stellt sich die Frage, ob es so etwas wie ein buddhistisches „Priesteramt" auch ohne Zölibat gibt, also für „Laien", die als Single oder mit Familie leben. Welche Formen der Autorisierung, religiöse Dienste auszuführen und zu lehren, gibt es außerhalb der Bestimmungen des Vinaya, und wie verhält es sich hier mit der Geschlechtergerechtigkeit?

Heute bieten die meisten buddhistischen Traditionen Laien, Männern wie Frauen, die Möglichkeit, sich vorübergehend zur Meditation ins Kloster zurückzuziehen oder an längeren Meditations-Retreats (bis zu drei Jahren) teilzunehmen. Neben universitären Buddhismus-Studien, die im

---

[21] Siehe Online-Artikel auf Arya Kshema: "History in the Making: The First Step Toward Full Ordination for Tibetan Buddhist Nuns", http://aryakshema.com/index.php?option =com_content&view=article&id=116&lang=en (aufgerufen am 04.08.2017).

Westen bisher nicht theologisch, sondern philologisch ausgerichtet sind, bieten buddhistische Zentren und Universitäten im In- und Ausland diverse Studienprogramme an. Qualität und Umfang dieser Studiengänge sind sehr unterschiedlich.

Insbesondere der japanische Zen-Buddhismus ist für Klosteraufenthalte auf Zeit bekannt. Dort ist die Praxis des Vinaya gänzlich ausgestorben. Stattdessen sind eine Art „Laien"-Klöster entstanden, denen als Abt ein Rōshi (wörtl. „alter Meister"), auch Zen-Priester genannt, vorsteht. Er gilt als „erwacht" bzw. als besonders erfahren und kann verheiratet sein oder aber zölibatär leben. Zen-Priester und Zen-Priesterinnen werden von ihren Meistern durch eine Dharma-Übertragung zum Lehren autorisiert. Aufgabe eines Rōshi ist, eine Zen-Gemeinschaft spirituell zu unterweisen. Ähnlich unterscheidet man in Korea zwischen zölibatär lebenden Mönchen (*pigusŭng* von skr. *bhikṣu-saṅgha*) und verheirateten Priestern (*taech'ŏsŭng*). Dharma-Übertragungen gibt es auch im chinesischen Chan, im vietnamesischen Thiên und im koreanischen Seon.

### Besonderheiten im tibetischen Buddhismus

Im tibetischen Buddhismus ist zwischen Lamas, d. h. spirituellen Lehrern, und Mönchen bzw. Nonnen zu unterscheiden. Es gibt Geistliche, die beides sind oder nur eines von beiden. Für Mönche und Nonnen ist der Zölibat bindend, für Lamas nur dann, wenn sie auch Mönch oder Nonne sind. So gibt es z. B. Lamas, die Mönche sind und zölibatär leben, aber nicht im Kloster wohnen und dennoch einer bestimmten Ordensgemeinschaft angehören. Das trifft z. B. auf S. H. den Dalai Lama zu. Er wohnt in der Nähe eines Klosters, zu dessen Gemeinschaft er gehört, aber er ist nicht dessen Abt. Wenn er Ordinationen für Mönche verschiedener Klöster erteilt, assistieren ihm die Mönche aus diesem Kloster.

Es gibt aber auch hohe Lamas, die keine Mönche oder Novizinnen[22] sind und Familie haben, so z. B. S. H. Sakya Trizin, das ehemalige Oberhaupt einer der vier Schulrichtungen des Tibetischen Buddhismus, der sein Amt im März 2017 an seinen Sohn übergeben hat, und seine Schwester Ihre Eminenz Sakya Jetsün Chime Luding Rinpoche (*1938), die in den USA lebt. Das Amt des Sakya Trizin verbietet es ihm, Mönch zu werden,

---

[22] Hier wäre als Beispiel Ihre Eminenz Mindrolling Jetsün Khandro Rinpoche (*1968) zu nennen, die ein Frauenkloster in Indien leitet und auch im Westen regelmäßig Unterweisungen erteilt und Rituale leitet.

denn es vererbt sich von Generation zu Generation auf einen seiner Söhne. Zwei Häuser der Sakya-Tradition, die abwechselnd das Oberhaupt stellen, haben kürzlich eine neue Nachfolgeregelung eingeführt, die das Amt fortan von der Qualifikation abhängig macht und die Amtszeit auf drei Jahre reduziert.[23]

Dem Lebensweg als Mönch oder Nonne steht – ebenso wie Laien – der Lebensweg eines Yogi oder einer Yoginī gegenüber. Sie leben meist nicht in der Gemeinschaft oder Familie, sondern ziehen sich als Einsiedler in die Berge zurück, an einen ruhigen Ort, um sich intensiv der tantrischen Meditation zu widmen. Das kann für das ganze Leben sein oder für einen bestimmten Zeitraum, solange z. B., bis es eindeutige Zeichen dafür gibt, dass man das spirituelle Ziel, das man sich vorgenommen hat, erreicht hat. Dieses Ziel kann in Vorbereitung auf die tantrische Praxis Śamatha (Geistige Ruhe) sein oder das Erscheinen einer Vision, z. B. einer mystischen Begegnung mit dem Buddha oder einer seiner zahlreichen Erscheinungsformen.

In einigen Traditionen erwirbt man durch ein mindestens dreijähriges Retreat den Titel eines Lama und andere Ehrentitel. So wurde z. B. in Kathmandu (Nepal) der britischen Nonne Tenzin Palmo (Diane Perry, *1943) in Anerkennung ihrer spirituellen Errungenschaften als Nonne und ihrer Bemühungen, den Status der weiblichen Praktizierenden im tibetischen Buddhismus zu fördern, im Februar 2008 vom Oberhaupt der tibetischen Drukpa-Linie der Titel „Jetsunma" verliehen, was so viel wie „Ehrwürdige Meisterin" bedeutet.

Ein anderes tibetisches Ideal ist jemand, der gleichzeitig Yogi/Yoginī und Paṇḍita ist, Meditationsmeister(in) und Gelehrte(r). Hier zumindest sind echte Fortschritte zu verzeichnen. Im Dezember 2016 verlieh der Dalai Lama trotz großer Widerstände in den eigenen Reihen zum ersten Mal in der Geschichte des tibetischen Buddhismus 20 Nonnen aus Tibet und der Himalaya-Region den Titel eines weiblichen Geshe, einer Geshema. Dieser höchste monastisch-akademische Titel, der 21 Jahre Studium erfordert, war seit Jahrhunderten einzig und allein Mönchen vorbehalten. Der Dalai Lama prophezeite, eines Tages würden sie als Äbtissin (tib. Khenmo, skr. *upādhyāyikā*) einer Klostergemeinschaft vorstehen. Doch um solch eine Position zu bekleiden, müssten sie voll ordinierte Nonnen sein.[24] Aber es gibt Hoffnung!

---

[23]  Hintergrundinfo: www.lionsroar.com/major-changes-sakya-school-tibetan-buddhism-announced/ und www.buddhistdoor.net/news/enthronement-of-the-42nd-sakya-trizin-his-holiness-ratna-vajra-rinpoche (aufgerufen am 04.08.2017).

[24]  Ausführlicher Bericht, siehe: www.buddhistdoor.net/features/nuns-in-the-tibetan-tradition-latest-developments-and-future-prospects (aufgerufen am 04.08.2017).

# Just Do It? – Anerkennung und Rezeption im ökumenischen Miteinander

## Bericht über die 19. Wissenschaftliche Konsultation der Societas Oecumenica, Helsinki, Finnland, 25.–30. August 2016

Auf der 19. Wissenschaftlichen Konsultation der *Societas Oecumenica* im Sofia Orthodox Cultural Centre in der Nähe von Helsinki, Finnland, kamen Theologen*innen, Ökumeniker*innen und Kirchenleitende aus verschiedenen kirchlichen Traditionen zusammen. Im Zentrum der Wissenschaftlichen Konsultation stand das schwierige ökumenische Thema „Anerkennung und Rezeption". Die Hauptschwierigkeit hinsichtlich dieser nicht ausschließlich theologischen Konzepte besteht für den ökumenischen Dialog darin, dass sie für einige Kirchen die Voraussetzungen für den Dialog, dagegen für andere die letzte Stufe oder die konstitutiven Elemente des ökumenischen Prozesses darstellen.

Die Konferenz begann mit einem kurzen Gottesdienst in der orthodoxen Kapelle des Sophia Centre, dem dann der Eröffnungsvortrag der Präsidentin der Societas Oecumenica, Pfarrerin Dr. Dagmar Heller, Professorin für ökumenische Theologie am Ökumenischen Institut in Bossey, folgte. Der zweite Tag war der Klärung der Konzepte gewidmet. Vier Vorträge sollten vier verschiedene konfessionelle Perspektiven hinsichtlich der beiden Hauptthemen der Konferenz, Anerkennung und Rezeption, darlegen. Fr. Dr. Ştefan Barbu (Rumänien/Belgien) präsentierte die orthodoxe Sicht, Dr. Sandra Arenas (Chile) die katholische Sicht, Dr. Beate Bard (Deutschland) die lutherische Perspektive und Dr. Jelle Creemers (Belgien) eine freikirchliche Position. In der zweiten Plenarsitzung des Tages sprach der französisch-amerikanische Professor für Philosophie, Anthropologie und Politikwissenschaft an der University of California, Marcel Hénaff, über "Truth, Exclusion and Recognition" (Wahrheit, Exklusion und Anerkennung). Der Nachmittag war parallelen Arbeitssitzungen gewidmet, auf denen Beiträge zu verschiedenen Aspekten des Hauptthemas der Konferenz vorgestellt wurden. Es sei an dieser Stelle erwähnt, dass die Societas junge Theologen*innen ermutigt, ihre Arbeit vorzustellen, um bei dieser Gelegenheit ein konstruktives Feedback von Fachkollegen*innen zu bekommen. Diese Praxis stieß bei allen Teilnehmenden auf ein sehr positives Echo.

Am dritten Tag der Konferenz, dem 27. August, besuchten die Teilnehmenden Tallinn (Estland), wo sie von Seiner Eminenz Stephanos, dem griechisch-orthodoxen Metropoliten von Tallinn und ganz Estland, in der Kirche des Heiligen Simeon und der Prophetin Hannah begrüßt wurden. Nach diesem herzlichen Empfang besuchten die Teilnehmenden die Vereinigte Methodistische Kirche in Tallinn, die durch ihre sehr moderne Architektur beeindruckte. Hier wurde die Gruppe von den Pastoren der Kirche begrüßt und ihr wurde eine kurze künstlerische Darbietung einer lokalen Musikgruppe geboten. Die Gruppe setzte ihre Reise fort mit einem Besuch des römisch-katholischen Piritaklosters, wo zu Mittag gegessen wurde. Am Nachmittag besuchten die Konferenzteilnehmer das *Kardrioru Kunstmuseum,* die *Karlskirche* (estnische evangelisch-lutherische Kirche) und die beeindruckende Altstadt von Tallinn.

Am Sonntag, dem 28. August, hatten die Teilnehmenden die Möglichkeit, entweder am lutherischen Gottesdienst im lutherischen Dom, an der orthodoxen Liturgie in der Uspenski-Kathedrale oder der katholischen Messe in der St.-Henrik-Kathedrale in Helsinki teilzunehmen. Am Nachmittag, wieder zurück im Sofia Centre, fand die dritte Plenarsitzung statt, die dem Unterthema „Theologische Kriterien von Anerkennung und Nicht-Anerkennung" gewidmet war. Veronika Hoffmann, Professorin für Systematische Theologie am Seminar für Katholische Theologie der Universität Siegen (Deutschland), hielt einen Vortrag mit dem Titel "Variations of Recognition and the Question of their Theological Foundation" (Unterschiede in der Anerkennung und die Frage ihrer theologischen Grundlage). Dem folgten ein Vortrag von Uwe Swarat (Baptist), Professor für Systematische Theologie und Dogmengeschichte an der Theologischen Hochschule Elstal (Deutschland), und ein Beitrag von Risto Saarinen mit dem Titel „Theologische Kriterien von Anerkennung und Nicht-Anerkennung, eine lutherische Perspektive", in dem darauf verwiesen wurde, dass Anerkennung schon immer einen Prozess der Transformation, eine Veränderung des Status, eine Umkehr, erfordert habe. Risto Saarinen ist finnischer Lutheraner und Professor für Ökumenische Theologie an der Universität Helsinki. Er ist Autor eines Buches zum Konferenzthema (*Recognition and Religion*, Oxford 2016).

Der folgende Tag begann mit dem Morgengebet, dann gab es zwei weitere Plenarsitzungen. Die erste Plenarsitzung war dem Unterthema „Anthropologie und Ethik" gewidmet. Hier hatten die Teilnehmenden Gelegenheit, den Ausführungen des polnischen römisch-katholischen Professors für Ökumenische Theologie, Pfarrer Dr. Przemyslaw Kantyka, von der Katholischen Universität Lublin, zu folgen, die sich den "Challenges and Opportunities of

Moral Issues in View of Mutual Recognition" (Herausforderungen und Möglichkeiten ethischer Fragen im Blick auf gegenseitige Anerkennung) widmeten. Pfarrerin Dr. Simone Sinn, Studienreferentin für öffentliche Theologie und interreligiöse Beziehungen in der Abteilung für Theologie und öffentliches Zeugnis des Lutherischen Weltbundes in Genf (Schweiz) führte die Diskussion fort mit einem Beitrag mit dem Titel "The challenges and opportunities of gender issues in view of mutual recognition" (Die Herausforderungen und Möglichkeiten von Genderthemen im Blick auf gegenseitige Anerkennung).

Die zweite Plenarsitzung des Tages wurde von Prof. Dr. Gabriel Monet (Siebenten-Tags-Adventisten) aus Collonges-sous-Salève (Frankreich) eröffnet, der "The de-cognition of recognition" (De-erkennung von Anerkennung) vorschlug. Der orthodoxe Theologe Dr. Pekka Metso von der Universität Ostfinnland (Joensuu) untersuchte das Thema Anerkennung und Rezeption im Kontext von "Local Church & Local Solutions" (Ortskirche und lokale Lösungen), während Dr. Dagmar Stoltmann-Lukas, Referentin für Ökumene im Bistum Hildesheim, die Konsequenzen von Anerkennung und Nicht-Anerkennung im lokalen kirchlichen Kontext aus einer römisch-katholischen Perspektive in den Blick nahm. Der zweite Teil des Tages war dann parallelen Sitzungen gewidmet.

Am letzten Tage der Konferenz wurde das Unterthema „Kirche und Gesellschaft" behandelt. Dazu hielt die frühere Präsidentin der Societas, Professorin Dr. Ivana Noble (Hussitische Kirche) von der Karlsuniversität in Prag (Tschechische Republik) einen Vortrag mit dem Titel "From Non-Recognition to Recognition: Ecclesial Perspectives" (Von der Nicht-Anerkennung zur Anerkennung: ekklesiologische Perspektiven). Dem folgte ein Beitrag von Priester Heikki Huttunen: "From non-recognition to recognition: Societal perspectives" (Von der Nicht-Anerkennung zur Anerkennung: gesellschaftliche Perspektiven). Heikki Huttunen gehört der Orthodoxen Kirche Finnlands an und ist seit 2015 Generalsekretär der Konferenz Europäischer Kirchen in Europa. Die 19. Wissenschaftliche Konsultation der Societas Ocumenica schloss mit einer Plenarsitzung, in der der Verlauf und die Ergebnisse der Konferenz bewertet wurden, auch mit dem Ziel, zukünftige Treffen noch besser zu organisieren.

Die Konsultation in Helsinki hat gezeigt, wie ergiebig die zwei Konzepte „Rezeption" und „Anerkennung" sind. Sie hat auch aufgezeigt, dass „Anerkennung" in vielen ökumenischen Diskursen die größere Rolle zu spielen scheint, da „Rezeption" dazu tendiert, nur als ein Teil des Prozesses der „Anerkennung" zu fungieren. Man könnte also sagen, dass für verschiedene kirchliche Gemeinschaften die Anerkennung des anderen automatisch die Rezeption mit einschließt. Man sollte hier aber nicht verallgemeinern, denn es gibt große Unterschiede zwischen christlichen Traditionen, was das Verständnis der Beziehung von „Rezeption" und „Anerkennung" anbelangt.

Einige der Teilnehmenden haben sehr richtig darauf hingewiesen, dass bei den Überlegungen zu „Rezeption" und „Anerkennung" nicht nur Fragen der Lehre, sondern auch pastorale, soziale, politische und geschichtliche Faktoren und Kontexte zu berücksichtigen sind. Darüber hinaus sind konkrete Schritte in Richtung einer gegenseitigen Anerkennung der Taufe (wie bei allen Kirchen in Deutschland) oder des Amtes (wie im Falle der Porvoo-Gemeinschaft) Zeugnisse des Fortschritts im ökumenischen Dialog.

Verschiedene ökumenische Dokumente und ebenso zahlreiche Teilnehmende an der Konsultation haben betont, dass die bloße Tatsache der Interaktion zwischen verschiedenen Kirchen eine Form der gegenseitigen Rezeption bedeutet, aber nicht notwendigerweise auch eine der Anerkennung, denn Anerkennung tendiert dazu, eine institutionelle Handlung zu sein. Der Prozess der gegenseitigen Rezeption – darauf wurde in einigen Beiträgen hingewiesen – ist allerdings zunehmend gefährdet, nicht so sehr aufgrund von Lehrfragen als durch ethische Fragen, wie etwa solche im Zusammenhang mit der Genderproblematik.

Desweiteren nahm die Mitgliederversammlung neue Mitglieder auf und wählte eine neue Präsidentin der Societas (Dr. Ulrike Link-Wieczorek, Professorin für Systematische Theologie an der Universität Oldenburg, Deutschland) sowie neue Mitglieder des Steering Committee (Sekretariat: Dr. Jelle Creemers, freikirchlich – Evangelisch-Theologische Fakultät Löwen, Belgien; Mitglieder: Dr. Minna Hietamäki, lutherisch, Universität Helsinki; Pfr. Dr. John Anthony Berry, römisch-katholisch, Universität Malta, und Fr. Dr. Ștefan Barbu, orthodox, Rumänien/Belgien). Die Vollversammlung der Societas Oecumenica beschloss, die nächste wissenschaftliche Konsultation 2018 an einem Ort in der Nähe von Heidelberg, Deutschland, abzuhalten. Thema soll die drängende Frage der Wechselbeziehung zwischen Nationalismus und Migration und die Reaktion der Kirchen sein.

*Ștefan Barbu*

*(Rev. Dr. Ștefan Barbu ist Rektor der Orthodoxen Gemeinde*
*in Lüttich, Belgien.)*

*Übersetzung aus dem Englischen: Dr. Wolfgang Neumann*

# global.gerecht.gestalten

Predigt im Ökumenischen Gottesdienst
anlässlich des G20-Gipfels
Hamburg, 8. Juli 2017

*Hesekiel 36,26–28*
*26 Ich will euch ein neues Herz und einen neuen Geist geben. Ja,
ich nehme das versteinerte Herz aus eurer Brust und gebe euch
ein lebendiges Herz.*
*27 Mit meinem Geist erfülle ich euch, damit ihr nach meinen Wei-
sungen lebt, meine Gebote achtet und sie befolgt.*
*28 Dann wohnt ihr wieder in dem Land, das ich euren Vorfahren
gegeben habe. Ihr werdet mein Volk sein, und ich werde euer
Gott sein.*

Unser heutiger Text in Hesekiel 36 ist ein lauter Ruf Gottes zur Gesun-
dung des Volkes. Er spricht von einem neuen Herzen und einem neuen
Geist, dem Tausch unseres versteinerten Herzens gegen ein lebendiges.
Ein sprachmächtiger Aufruf zur Hoffnung in Israels dunkelster Stunde.

Hesekiels Wirken als Prophet fiel in die Zeit der Babylonischen Gefangenschaft Israels. Er durchlebte die Zeit, die als Gottes ultimative Abwen-
dung von Israel galt: Tag für Tag ohne Zugang zum Tempel in einem fremden Land, fremder Kultur und Herrschaft unterworfen. Es war, als hätte
JHWH beschlossen, dass er nicht länger der Gott Israels sei. Alle Hoffnung
Israels war wie am Boden zerstört. So war die Babylonische Gefangenschaft.

„Babylonische Gefangenschaft" – mit der Metapher könnte man auch
die Stellung der Kirche in der heutigen westlichen Gesellschaft beschreiben. Wir sind natürlich nicht physisch im Exil, aber geistlich und psycholo-
gisch durchaus. Wir leben in einer Welt, die andere Werte, Sitten und Vorstellungen hat als die Kirche Christi. Wir leben wie Fremde im eigenen
Land. Und dieser Übergang des Westens zu einer nachchristlichen Welt
bringt gewaltige moralische, soziale und ökologische Herausforderungen
mit sich.

*Moralischer Verfall*

Bei seiner Rede vor der Weltversammlung der Sozialen Bewegungen 2015 sagte Papst Franziskus:

Die Erde, ganze Völker und einzelne Menschen werden brutal gestraft. Und hinter diesem Leid, Tod und Zerstörung steht, was Basilius von Cäsarea „den Dünger des Teufels" nennt. Ein entfesseltes Streben nach Geld regiert. Der Dienst am Gemeinwohl steht hintenan. Ist das Kapital einmal zum Götzen geworden und beherrscht es die Entscheidungen der Menschen, regiert die Geldgier erst das gesamte sozioökonomische System, dann zerstört sie die Gesellschaft. Durch sie werden Männer und Frauen verdammt und versklavt, sie zerstört alle Geschwisterlichkeit, hetzt die Menschen gegeneinander auf und kann, wie wir ganz klar sehen, sogar unser gemeinsames Haus in Gefahr bringen.

Die große moralische Krise, der wir heute gegenüberstehen, spielt sich genau im Herzen des Menschen ab: sind wir in der Lage uns moralisch so zu entwickeln, dass wir Schritt halten können mit dem gewaltigen technischen Fortschritt der letzten hundert Jahre? Jede Krise, der wir uns gegenübersehen – sei es die Schuldenkrise, die ökologische Krise, Terrorismus oder Genmanipulation, kommt aus unserem Mangel an moralischer Energie; aus dem verkrüppelten moralischen Wachstum im Angesicht solch fortgeschrittener technologischer Kräfte.

- Wenn das reichste eine Prozent der Weltbevölkerung mehr Vermögen kontrolliert als die übrigen 99 Prozent, dann brauchen wir von Gott ein lebendiges Herz.
- Wenn die reichsten acht Individuen mehr Vermögen kontrollieren als die ärmere Hälfte der Weltbevölkerung, dann brauchen wir von Gott ein lebendiges Herz.
- Wenn Menschen ihr eigenes Leben im öffentlichen Selbstmord für einen ideologischen Krieg hingeben, dann brauchen wir von Gott ein lebendiges Herz.
- Wenn die letzten 16 Jahre die heißesten seit Beginn der weltweiten Wetteraufzeichnung im Jahr 1880 waren, dann brauchen wir von Gott ein lebendiges Herz.
- Wenn hochverschuldete Länder wie mein eigenes aufgefordert werden, den Ärmsten der Gesellschaft die Last der Auslandsschulden aufzuladen, dann brauchen wir von Gott ein lebendiges Herz.
- Wenn 116 Länder weltweit kritisch im Ausland verschuldet sind und

die Schulden immer noch steigen, dann brauchen wir von Gott ein lebendiges Herz.

Barbados hat derzeit zwar kein IWF-Programm. Trotzdem wurde uns nahegelegt, 3500 öffentliche Bedienstete zu entlassen und Sozialprogramme zu kürzen. Die Regierung hat sich dafür entschieden, zur Bekämpfung des öffentlichen Defizits Steuern zu erhöhen – während der Kuchen also kleiner wird, ein größeres Stück davon abzuschneiden. Die Last ist damit vom Staat auf die verwundbarsten Mitglieder der Gesellschaft abgewälzt worden; deren Zahl dann auch prompt zugenommen hat. Das Parlament hat zudem eine Importsteuer beschlossen, die jeden einzelnen Bürger belastet, wobei die Verletzlichsten wiederum disproportional am stärksten betroffen sind.

Die christliche Tradition hat immer an den Prinzipien der Sozialpflichtigkeit des Eigentums und der bevorzugten Option für die Armen festgehalten.

Johannes Paul II. hat es so ausgedrückt: „Auf jedem privaten Eigentum lastet eine soziale Hypothek." Wenn Menschen, Familien oder Nationen ihre soziale Hypothek nicht begleichen und sich nicht den verletzlichsten Gliedern der menschlichen Gesellschaft zuwenden, dann liegt das daran, dass ihre Herzen versteinert sind; sie haben sich von Gott abgewandt. Wir leben in einer Gesellschaft, die die Gier zu einer sozialen Tugend erhoben hat; Geld ist unser Götze und wir folgen dem Glaubensbekenntnis des Rappers 50 Cent: „Reich werden oder beim Versuch verrecken."

Grenzenlos vertrauen wir auf unsere Möglichkeiten, die Systeme zu kontrollieren und darauf, dass der Markt es schon richten wird. Das ist, als glaubte man, der Motor werde das außer Kontrolle geratene Auto schon irgendwie steuern. In der Finanzkrise von 2008 trugen die kleinen Leute die Lasten, während die Manager sich dicke Boni genehmigten. Wir haben den Wohlstand, Macht, Vergnügen und Ruhm zu unseren Götzen gemacht, viel bedeutender als Gott zu dienen oder unserem bedürftigen Nächsten. Diese Erde hält Güter genug bereit, dass niemand im Elend leben muss, und doch halten wir ein System am Laufen, das beständig mehr Reichtum für die Wenigen und Armut für die große Masse produziert. Wir scheinen das menschliche Wesen vor unseren Augen glatt zu übersehen. Wir müssen von einer anderen Welt träumen.

Wenn wir uns von unseren Götzen abwenden, wenn wir uns dazu entscheiden, zu lieben wie Jesus liebt und unseren Nächsten wie uns selbst, dann macht Gott unsere versteinerten Herzen wieder lebendig. Dann werden wir so großzügig, wie Jesus das von uns erwartet. Die Erneuerung der Welt braucht unsere Buße und unsere Umkehr zu Gott. Den Schulden bedrängter Volkswirtschaften müssen wir ein menschliches Gesicht geben.

Dann gibt Gott uns neue lebendige Herzen. Er wird wieder unser Gott
sein, und wir sein Volk (Hes 36,29).

Als Papst Franziskus für den 19. November 2017 den ersten „Welttag der Armen" ausrief, sagte er, dieser Tag solle „ein machtvoller Appell an unser Gewissen als Gläubige sein und uns in der Überzeugung wachsen lassen, dass Teilen mit den Armen bedeutet, die tiefste Wahrheit des Evangeliums zu begreifen". Trauen wir uns doch, von einer Welt zu träumen, in der keine Nation von ihren untragbaren Schulden erdrückt wird. Trauen wir uns doch, von einer menschlichen Wirtschaft zu träumen – wo Entscheidungen tagtäglich im Interesse der Menschen getroffen werden; wo alle Menschen lebendige Herzen in ihrer Brust tragen, wo wir alle nach dem Herrn suchen und auf Gottes Wegen gehen; wo wir dem bedürftigsten Nächsten ein Nächster sind, wo sich jeder Mensch auf Erden entfalten kann; wo es weder Krieg noch Armut noch überschuldete Nationen und Völker gibt. Das träumen wir jedes Mal mit, wenn wir das Vaterunser beten, das „Gebet der Armen", wie Franziskus es nennt, wenn wir sagen „dein Reich komme, dein Wille geschehe im Himmel wie auf Erden".

## Das Reich Gottes

Wir glauben, wenn wir die richtigen Strukturen schaffen, in der Wirtschaft die richtige Balance zwischen dem verwundbaren Ökosystem und der wirtschaftlichen Entwicklung hinbekommen, dann haben wir das Reich Gottes auf Erden. Aber das Reich Gottes kann nicht durch technische Kontrollen geschaffen werden. Nur Menschen können zusammenarbeiten, Empathie und Freundlichkeit zeigen, ihr Menschsein entfalten.

Franziskus sagt, dass die Reform der sozialen Strukturen, die Armut und die Ausgrenzung von Menschen produzieren, zuerst eine Bekehrung von Herzen und Hirnen erfordert.

Tatsächlich werden wir dazu nicht fähig sein, wenn wir nicht ein lebendiges Herz bekommen und sich dieses nicht Gott zuwendet. Unser Herz kann nicht lebendig sein, wenn wir nicht zur Buße bereit sind, zur Umkehr unseres Lebens zu Gott und zu seinem Reich. Darum beginnt Jesus in der Überlieferung des Markusevangeliums seine Mission auf Erden mit den Worten: „Das Reich Gottes ist nahe herbeigekommen. Kehrt um und glaubt der guten Nachricht" (Mk 1,15).

Umkehr – das heißt träumen, wovon Gott träumt und dafür zu arbeiten: Wagen wir es also von einer Welt zu träumen und dafür zu arbeiten, in der der technologische Fortschritt allen Menschen zugute kommt, besonders den Bedürftigsten; einer Welt, in der der Graben zwischen reichen und armen Menschen und Nationen und Völkern kleiner wird, da wir alle befähigen, sich voll entfalten zu können; einer Welt, in der wir mit Gott in Harmonie leben, mit allen Völkern, mit uns selbst und mit der ganzen Schöpfung, einer Welt, wo wir alle lebendige Herzen haben; einer Welt, in der wir wieder Gottes Volk sind, und er unser Gott.

*Charles Jason Gordon*

*(Charles Jason Gordon ist Bischof der römisch-katholischen Kirche von Barbados und Speaker im Rahmen von DEBT20 und erlassjahr.de.)*

# Einstellungen zur Ökumene und ökumenische Praxis in der lutherischen Pfarrer*innenschaft Argentiniens

## Einleitung

Die drei lutherischen Kirchen in Argentinien mit ihren insgesamt etwa 170 Gemeinden spiegeln die innerlutherische Spannung seit der altpreußischen Union. Ihre Pfarrer*innenschaft pflegt intensive ökumenische Beziehungen zu Kirchen des historischen Protestantismus und zur dominanten römisch-katholischen Kirche, hingegen wenige zum pfingstlerischen und evangelikalen Mehrheitsprotestantismus. Erfahrungen gesamtprotestantischer Mobilisierung gegen die Armut und für eine Anerkennung als Religionsgemeinschaften liegen fast 20 Jahre zurück. Obwohl beide Anliegen unverändert aktuell sind, sind die Kirchen derzeit von einer Neuauflage weit entfernt. Der historische Protestantismus erlitt einen empfindlichen Rückschlag mit der Schließung der gemeinsamen theologischen Hochschule ISEDET 2015. Dies sind die Ergebnisse einer dreimonatigen Feldforschung, die der Autor Ende 2016 durchführte. Er ist als evangelischer Pastor tätig am Lüneburger ökumenischen Zentrum St. Stephanus, in dem zwei Gemeinden der Evangelisch-lutherischen Landeskirche Hannovers und des Bistums Hildesheim zusammenleben. Der vorliegende Text bietet die Kurzfassung eines umfangreicheren Aufsatzes. Aus Platzgründen wurden die Anmerkungen auf ein Minimum beschränkt. Gern gibt der Autor die Originalarbeit auf Anfrage weiter.

## 1. Lutheraner in Argentinien

Die Dreiteilung des Luthertums in Argentinien bildet einen Reflex auf die Ereignisse rund um die altpreußische Union und ihr Echo in den Vereinigten Staaten. Eine der drei ist uniert, eine streng selbständig-lutherisch und die dritte eine LWB-Kirche.

Die Evangelische *La-Plata-Kirche (IERP)* entwickelt sich von Buenos Aires aus[1] als unierte Einwandererkirche ab 1843. Im Jahre 1899 bilden die 13 deutschsprachigen Einwanderergemeinden in Argentinien, Uruguay und Paraguay eine gemeinsame Synode, die sich später Deutsche Evangelische La-Plata-Synode (DELPS) nennt. Neben Einwanderern aus Deutschland und der Schweiz finden ab 1877 viele Wolgadeutsche in deren Gemeinden hinein. Die Gemeinden werden vom preußischen Evangelischen Oberkirchenrat mit Pfarrern versorgt und gelten als unselbstständige Teile der preußischen Landeskirche. Mit dem Aufkommen des Nationalsozialismus verbindet sich völkisches und rassisches Denken auch in Gemeinden der DELPS mit einer allgemeinen Deutschfreundlichkeit in der Öffentlichkeit. Mit dem Ende des Faschismus beginnt eine Reorientierung der DELPS, welche 1965 in die kirchliche Selbstständigkeit unter dem Namen IERP (Iglesia Evangélica del Río de la Plata) führt.[2] Erst ab den 1980er Jahren lösen sich die meisten Gemeinden von der deutschen Sprache in Gottesdienst und Unterweisung, wobei bis heute viele Gemeindeglieder mehrsprachig sind. Die Zweite Lateinamerikanische Lutherische Konferenz hatte 1954 zur Förderung bodenständigen Pfarrnachwuchses die Gründung einer eigenen lutherischen theologischen Hochschule beschlossen: der Facultad Luterana de Teología, FLT. Diese vereinigt sich 1969 mit der traditionsreichen theologischen Ausbildungsstätte Facultad Evangélica de Teología (FET) der Waldenser, Methodisten, Reformierten und Discípulos de Cristo. So entsteht das ISEDET (Instituto Superior Evangélico de Estudios de Teología). – Die IERP ratifiziert die Leuenberger Konkordie. Sie unterhält bis heute enge Bindungen zur EKD, wobei nur noch in wenige deutschsprachige Gemeinden hinein Pfarrer*innen entsandt werden. Die IERP unternimmt beachtliche sozialdiakonische Anstrengungen. Von ihren 68 Gemeinden liegen 13 in Paraguay und vier in Uruguay.

Die *Iglesia Lutherana Unida (IELU)* entsteht aus einer missionarischen Bemühung der lutherischen Synode von Pennsylvania. Die Entscheidung der Weltmissionskonferenz von Edinburgh 1910, Lateinamerika

---

[1]  Die Einzelheiten über den Weg der lutherischen Kirchen verdanke ich zwei Artikeln von *Jorge Scampini:* Las diferentes expresiones del luteranismo en Argentina. La Iglesia Evangèlica del Rio de la Plata y la Iglesia Evangèlica Luterana en Argentina, Vida Pastoral No. 292 (2011), 4–13, und *Jorge Scampini:* Ecumenismo. Las diferentes expresiones del luteranismo en Argentina, Vida pastoral No. 293 (2011). Das aktuelle Referenzwerk über die IERP ist die Dissertation von *Claudia Häfner:* Heimischwerdung am La Plata – von der Deutschen Evangelischen La Plata-Synode zur Iglesia Evangélica del Rio de la Plata, Nürnberg/Erlangen 2008.

[2]  Vgl. den instruktiven Bericht von Claudia Häfner über den Besuch Martin Niemöllers als neuem Chef des Kirchlichen Außenamts der EKD in Argentinien im Mai 1950: *Häfner,* Heimischwerdung, 152–167.

nicht als Missionsfeld einzustufen, führt zu einem zeitweisen Rückzug. 1918 kommt es jedoch zu einer erneuten Entsendung von Missionaren durch die inzwischen in der United Lutheran Church of America (ULCA) aufgegangene Mutterkirche. 1948 wird die „Argentinische Konferenz" der ULCA zu einer eigenständigen nationalen Kirche mit Namen Iglesia Evangèlica Luterana Unida (IELU), die 1955 staatlich anerkannt wird. Nach dem Zweiten Weltkrieg schließen sich ihr viele ungarische, lettische und estnische Einwanderer an. Heute ist die IELU in Argentinien mit 29 und in Uruguay mit einer Gemeinde vertreten und hat 21 Pastor*innen. Die Kirche hat ebenfalls die Leuenberger Konkordie unterzeichnet und ist wie die IERP Mitglied im LWB und im ÖRK sowie der FAIE (Federación Argentina de Iglesias Evangélicas), dem nationalen Zusammenschluss der Kirchen des historischen Protestantismus. Sie unterhält Schulen und diakonische Einrichtungen und war eine der Trägerkirchen des ISEDET. Noch heute sind ihre wichtigsten lutherischen Ansprechpartner in den USA (LCA). Sie ist wie die IERP rechtlich als Verein eingestuft und trägt sich finanziell wie jene selbst.

Die *Iglesia Evangèlica Luterana de Argentina (IELA)* entsteht aus dem ungehört verhallenden Ruf vor allem Wolgadeutscher im Gebiet der Provinz Entre Ríos an die DELPS um Pfarrer. Nachdem die Gemeinden ab 1905 von der Missouri Synod als Teil der Provinz Brasilien mitversorgt worden waren, machen sie sich 1942 selbstständig in der neugegründeten IELA. Missouri war der US-Staat, in den viele Deutsche emigriert waren im Protest gegen die durch Friedrich Wilhelm III. verordnete Union zwischen Lutheranern und Reformierten. Die IELA hat heute etwa die Größe der IERP. Sie lehnt Leuenberg ab und unterhält weiter enge Beziehungen zur Missouri Synod. Sie hat ihre eigene theologische Ausbildungsstätte, das Seminario Concordia in Josè L. Suarez, Großraum Buenos Aires. In der FAIE hatte sie sich beteiligt, verließ diese aber kürzlich nach nur drei Jahren wieder aufgrund einer FAIE-Stellungnahme zugunsten der staatlichen Gleichbehandlung gleichgeschlechtlicher Partnerschaften.

## 2. Die evangelische Welt Argentiniens

Diese umfasst heute etwa 10 bis 13 Prozent der Bevölkerung. Innerhalb des Protestantismus unterscheidet der argentinische Religionssoziologe Hilario Wynarczyk zwei wesentliche Pole: den „biblisch-konservativen" und den „historisch-befreiungsorientierten".[3] Sie bilden ein

Spannungsfeld: Mit dem Aufkommen der evangelikalen Evangelisations-
projekte Ende der 1950er Jahre und dem exponentiellen Wachsen der
Pfingstkirchen ab etwa 1980 sieht sich der politisch liberale historische
Protestantismus stark herausgefordert durch Kräfte, die das individuelle
Heil in den Vordergrund stellen und mit ihrer Einladung zu ekstatischen
Artikulationen emotionale Ventile für die extremen gesellschaftlichen Veränderungsprozesse bereitstellen.[4] Heute umfasst der historisch-befreiungs-
orientierte Pol nur mehr 3 Prozent der evangelischen Gemeindeglieder;
der biblisch-konservative hingegen 93 Prozent (Evangelikale 30 Prozent,
Pfingstkirchen 63 Prozent). Dennoch hat dem historischen Protestantismus seine intellektuelle Potenz und sein Zugang zur Öffentlichkeit ein be-
achtliches Gewicht verschafft. Hierzu trug zum einen die Beteiligung am
Aufbruch lateinamerikanischer Theologie der 1970er und 1980er Jahre
hin zu einer Reflexion des gesellschaftlichen Kontextes bei, die im ISEDET
eines der auch international wichtigsten Forschungs- und Lehrzentren be-
saß. Zum anderen gelang es dem historischen Protestantismus um die Jahr-
tausendwende in Argentinien, aktiver Teil einer beispiellosen Mobilisierung von evangelischen Gemeinden aller Couleur zu werden. Diese ist von
Wynarczyk im Rahmen seiner Dissertation[5] eingehend untersucht worden.
Dort zeichnet er die Entstehungsgeschichte und Durchführung zweier
Massenmobilisierungen von 1999 und 2001 nach, die am Obelisken auf
dem Prachtboulevard „Avenida 9 de Julio" im Zentrum von Buenos Aires
stattfanden. In ihnen kulminierte eine jahrelange Vernetzungs- und Kampa-
gnenarbeit führender Vertreter der evangelikalen, historischen und Pfingstkirchen, die zunächst das Ziel hatte, die Evangelischen aus der Schmuddel-
ecke des nationalen Bewusstseins („Sekten") herauszuholen und ihre
Anerkennung als ernstzunehmende religiöse Subjekte und verantwortungs-
bewusste Glieder des Gemeinwesens zu erkämpfen und ihren Kirchen
auch rechtlich einen Status jenseits des Vereinsrechts zu erwirken, wie ihn
das Religionsgesetz vorsieht. Trotz der bereits in der argentinischen Verfas-

---

[3]    *Hilario Wynarczyk:* Ciudadanos de dos Mundos – el movimiento evangélico en la vida
pública argentina 1980–2001, Buenos Aires 2009, 39–63. Die Zahlenverhältnisse der
protestantischen Kirchen beschreibt er auf den Seiten 168–170. Dort sind auch Zahlen
über die Expansion der Pfingstkirchen.

[4]    So die Deutung des argentinischen, in den USA lehrenden Systematikers *Guillermo Han-
sen:* Bendición, Bienestar y salvación: una mirada luterana al Pentecostalismo; in: *ders.:*
En las Fisuras: esbozos luteranos para nuestro tiempo, Buenos Aires 2010, 213–238.

[5]    Vgl. Anmerkung 3.

sung von 1853 verankerten religiösen Toleranz besteht nämlich bis heute der Art. 2 der Verfassung fort: „Der Staat unterhält den römisch-katholischen Kultus", womit die katholische Kirche de facto durch den Staat finanziert wird. Hier forderte man vehement eine Gleichbehandlung der evangelischen Kirchen. Während der Vorbereitungen der im Stil von öffentlichen Christusbezeugungen konzipierten Massenveranstaltungen verschlechterte sich aber die soziale Lage derart dramatisch, dass besonders im zweiten der beiden „Obeliscos" (so die Bezeichnung im Volksmund) von September 1999 und September 2001 mit ihren bis zu 400.000 Teilnehmer\*innen die Forderungen nach sozialer Gerechtigkeit ganz in den Vordergrund traten. Die Evangelischen hatten es gemeinsam erreicht, zur sozialen Bewegung zu werden. Heute ist in der Neufassung des Bürgerlichen Gesetzbuches von 2015 in Artikel 148 zwar immerhin erstmals von „Kirchen" die Rede, aber weder ihre Behandlung im Religionsgesetz noch die Geltung des Verfassungsartikels 2 wurde je verändert. Als besondere Frucht der Bemühungen jener Jahre hebt Wynarczyk etwas anderes hervor. Erstmals sei, konstatiert er, der „negative Dualismus" des biblisch-konservativen Pols und damit der Mehrheit der Protestanten aufgegeben worden. Diese hätten den politischen und sozialen Kontext bis dahin immer als „gefallene Welt" abgelehnt und öffneten sich im Zusammenhang der „Obeliscos" für einen „positiven Dualismus"[6], in der die Welt erstmals als Ort legitimer Betätigung der Kirche in der Perspektive des Reiches Gottes erscheine. Dies stelle einen Paradigmenwechsel von grundlegender Bedeutung dar.[7]

*3. Fragestellung und Anlage der Untersuchung*

Die vorliegende Untersuchung fragt nach ökumenischen Haltungen und ökumenischer Praxis lutherischer Pastor\*innen in Argentinien. Unsere Hypothese:

---

[6]  Zu den Begriffen „negativer/positiver Dualismus" vgl. *Wynarczyk,* Ciudadanos de dos Mundos, 28–30.

[7]  In ihrer Hauptrede am 15.09.2001 riefen die evangelischen Kirchenführer nicht mehr zu einer „persönlichen Begegnung mit Jesus Christus" in eschatologischer Perspektive auf, sondern der Zweite Obelisk „stellte nach einem Gebet für die Opfer der Attentate des 11. September in New York (nur vier Tage zuvor) die soziale, wirtschaftliche und politische Krise des Landes ins Zentrum". *Wynarczyk,* Ciudadanos de dos Mundos, 317.

Der argentinische Fall stellt eine Ausnahme dar gegenüber dem Wettbewerb, der Polarisierung und allgemeinen Fragmentierung, die Bastian für die protestantischen Kirchen seit den 1970er Jahren beschreibt.[8] Obwohl sich auf der Repräsentationsebene mit ihren drei Dachverbänden[9] die Zersplitterung der ökumenischen Beziehungen zeigt, gibt es an der Basis gegenseitiges Verständnis und ein verheißungsvolles Interesse an anderen Traditionen.

Der gegenwärtige Moment scheint gekennzeichnet durch eine ernste Infragestellung der Institutionalität der ökumenischen Bewegung. Der lateinamerikanische Kirchenrat CLAI sieht sich einer schwerwiegenden Krise gegenüber angesichts des jüngsten Austrittsbeschlusses der brasilianischen IECLB, der größten lutherischen Kirche Lateinamerikas im Zusammenhang mit Konflikten über ethische Fragen (Homosexualität, Gender). Mit der Schließung des ISEDET verliert der historische Protestantismus einen Eckpfeiler, einen Ort des Austausches, der Forschung und Ausbildung von kontinentaler und internationaler Bedeutung. Es stellt sich die Frage, wie die lutherische Pfarrer*innenschaft in diesem Zusammenhang die ökumenische Aufgabe heute versteht. Die Pastor*innen repräsentieren nicht nur die Ausbildung, die sie genossen, sondern auch die Kontexte der Gemeinden, denen sie im Laufe ihres Berufslebens begegnet sind und in denen sie aktuell arbeiten. Was bedeutet die Entwicklung zwischenkonfessioneller Dialoge für sie, welches sind ihre ökumenischen Handlungsfelder, was denken sie über die Möglichkeiten der Eröffnung neuer ökumenischer Zusammenarbeit innerhalb ihres Arbeitsfeldes?

Die Untersuchung wurde von Buenos Aires aus in den Monaten September bis November 2016 durchgeführt. In einem ersten Schritt erhielten sämtliche 111 innerhalb Argentiniens im aktiven Dienst stehende Pfarrer*innen der drei lutherischen Kirchen einen Fragebogen, der nach der Kenntnis ökumenischer Dialogtexte, der Haltung zur Mission und der eigenen ökumenischen Praxis fragte. Diesem wurden nach enttäuschendem Rücklauf fünfzehn strukturierte Interviews an die Seite gestellt. Mit beiden

---

[8]   *Pierre Bastian:* Geschichte des Protestantismus in Lateinamerika, Luzern 1995, 206–221; siehe auch 241–247.

[9]   *Federación Argentina de Iglesias Evangélicas (FAIE)* mit Beteiligung einiger historischer Pfingstkirchen, Federación Alianza Cristiana de Iglesias Evangélicas de la República Argentina (FACIERA: die evangelikalen Kirchen) und die Federacion Confraternidad Evangélica Pentecostal (FECEP): Dachorganisation der Pfingstkirchen.

Instrumenten zusammen erreichte die Studie 31 Prozent der Pfarrer*innen der IERP, acht Prozent der IELA und neun Prozent der IELU. Im Fall der IERP kann sie als repräsentativ gelten und im Falle der IELA als immerhin interessante Stichprobe; mit null Fragebögen und lediglich zwei Interviews fällt die IELU hingegen aus der empirischen Betrachtung heraus.

## 4. Ergebnisse

Kaum überraschend bejahten die meisten Befragten die Frage nach der Kenntnis ökumenischer Dialogtexte. Deren Eignung für die Gemeindearbeit wurde indifferent beurteilt. Mission im Sinne der Abwerbung von anderen Konfessionen wurde von der Mehrheit abgelehnt, Mission als Aufgabe den *eigenen* Gemeindegliedern gegenüber von einer qualifizierten Minderheit bejaht und von mehreren im Sinne sozialdiakonischer Präsenz präzisiert, wobei auch ein Bewusstsein für die Sendung in einem sich säkularisierenden Kontext zum Ausdruck kam. Während einige Interviewpartner Proselytenmacherei durch andere protestantische Gruppen beklagten, ging eine qualifizierte Minderheit gelassen mit diesem Phänomen um: die Menschen wüssten schon, was für sie am besten sei. Auch seien die Zahlen der pfingstlichen Expansion mit Vorsicht zu genießen, da sie die extreme Fluktuation in diesem Bereich nicht abbildeten. Insgesamt bleibt offen, wie die Pastor*innen die Spannung zwischen Mission und ökumenischer Beziehungsarbeit verstehen.

Wie aber gestaltet sich die eigene ökumenische Praxis der lutherischen Pfarrer*innenschaft? 61 Prozent der Befragten gibt an, regelmäßige Kontakte mit Kirchen der Leuenberger Gemeinschaft und des historischen Protestantismus zu unterhalten, 92 Prozent mit der katholischen Kirche, 46 Prozent mit Pfingstkirchen und 30 Prozent mit anderen Kirchen. Fragen wir nach Formen aktiven Austausches, so erweisen sich soziale Aktivitäten als populärste ökumenische Handlungsebene; gefolgt von liturgischen Handlungsfeldern, persönlicher Freundschaft, repräsentativen Netzwerken/Gremien. Demgegenüber erfährt der theologische Dialog geringe Erwähnung und das Schlusslicht bilden Bildungsveranstaltungen. Gefragt nach liturgischen Aktivitäten, benennen 30 Prozent die katholische Kirche als Partnerin jeweils mehrerer ökumenischer Gottesdienste, 23 Prozent nennen Kirchen der Leuenberger Gemeinschaft. Aber 46 Prozent haben noch nie einen ökumenischen Gottesdienst mit einer Kirche des historischen Protestantismus zusammen abgehalten; 30 Prozent noch nie mit Katholiken. Ein fast totaler Ausschluss bezieht sich auf die Pfingstkirchen: 76 Prozent geben an, noch nie einen Gottesdienst mit einer dieser Kirchen veranstaltet zu haben.

Die Antworten aus dem Bereich der IELA zeigen in aller Vorläufigkeit etwas von der starken Abständigkeit dieser Kirche von der Sozial- und der Individualethik der anderen beiden lutherischen Kirchen; zugleich weisen sie aber eine Bandbreite auf, die durchaus Hoffnungen auf eine Öffnung begründet.[10]

Auffällig ist die Breite der Beziehungen zur katholischen Kirche. Von den Evangelikalen scharf attackiert, pflegen Katholiken viele Formen ökumenischer Zusammenarbeit mit lutherischen Pastor*innen. In allen die Leuenberger Kirchenfamilie betreffenden Kooperationsformen, von denen berichtet wurde, sind die katholischen Ortsgeistlichen einbezogen gewesen. Darüber hinaus wurde in den Provinzen Misiones und Entre Ríos durchgängig von einer engen Zusammenarbeit des lutherischen Pastors/der lutherischen Pastorin mit dem katholischen Ortsgeistlichen bei öffentlichen Auftritten (Einweihungen, Jubiläen, Großereignissen) berichtet. Für den Ausbau der lutherisch-katholischen Beziehungen wurde mit der gegenseitigen Anerkennung der Taufe (römisch-katholisch, IERP, IELU) 1987 für den Bereich von Argentinien eine tragfähige Grundlage geschaffen. Nicht übersehen werden kann gleichwohl: Die großen Dialogprozesse bis hin zur Gemeinsamen Erklärung zur Rechtfertigungslehre werden nur von einer Minderheit des katholischen Klerus rezipiert.[11] So hängt die Konfessionsökumene nach Auskunft vieler Gesprächspartner stark von den jeweils handelnden Personen ab. Viele Befragte berichten überdies von Erfahrungen der Diskriminierung im seelsorgenden Zugang zu Krankenhäusern, Gefängnissen und Einrichtungen der Streitkräfte.

---

[10] Bei den beiden Tiefeninterviews mit Kirchenleitenden der IELA war ein großer Gesprächsbedarf spürbar.

[11] Der argentinische Dominikaner und Hochschullehrer *Jorge Scampini* ist als Ökumeniker sowohl an den Aktivitäten des Instituts für Ökumenische Forschung in Straßburg als auch denen des Paderborner Johann-Adam-Möhler-Instituts für Ökumenik beteiligt und bemüht sich um die Vermittlung der Dialogprozesse in den argentinischen Raum hinein: *Jorge Scampini:* El camino recorrido en las relaciones ecuménicas católico-luteranas, Vida Pastoral, Nr. 294 (2011), 29–39. Scampini hat wie auch Wynarczyk die vorliegende Arbeit begleitet.

## 5. Diskussion

Gegen die Hypothese, die wir oben aufstellten, spricht: Viele Befragte schließen die Zusammenarbeit mit Pfingstlern und vor allen Neupfingstlern aus; in einigen Fällen auch mit Evangelikalen. Die Fragmentierung des evangelischen Raumes schreitet in unverminderter Dynamik voran. Die Erfahrung der „Obelisken" von 1999/2001 hat sich nicht wiederholt. Demgegenüber stützen die folgenden Ergebnisse die Hypothese: sowohl die Präsenz von Pfingstlern in der FAIE wie auch die von Baptisten in ökumenischen Aktivitäten auf lokaler Ebene zeigen eine beachtliche Kultur aktiven Austausches. Hinzu tritt die Erfahrung der Einheit in der sozialen Bewegung Anfang der 2000er Jahre, die das Bild des evangelischen Feldes als eines homogenen Ganzen verankern konnte in der öffentlichen Meinung. Die gemeinsame Suche vieler evangelischer Kirchen nach einem neuen Religionsgesetz hält an. Die eigentliche Überraschung dieser Untersuchung jedoch stellt das Gewicht und die Vielfalt der Kontakte mit der katholischen Kirche dar, welche in einigen Hinsichten die Intensität der lutherischen Kontakte mit den Schwesterkirchen innerhalb des historischen Protestantismus in den Schatten stellt. Obwohl die Ergebnisse keine uneingeschränkte Allgemeingültigkeit beanspruchen können, springt doch der große Reichtum ökumenischer Aktivitäten ins Auge. Vieles spricht dafür, dass mit den genannten Einschränkungen die Hypothese als bewiesen gelten kann. Der Grad ökumenischer Bezogenheit überschreitet sicher nicht das, was in einem Kontext extremer Diaspora erwartbar war bei Kirchen, die sich von ihrem Selbstbild her zum Leben in ökumenischer Gemeinschaft berufen wissen. Im Blick auf die Massenmobilisierungen der „Obeliske" stellt die hier dokumentierte ökumenische Offenheit und Praxis der lutherischen Pfarrrer*innenschaft Argentiniens dennoch so etwas wie eine Erinnerung an die Zukunft dar und hebt sich deutlich aus dem zerrissenen Gesamtbild der Konfessionsbeziehungen heraus als Zeichen der Hoffnung.

*Andreas Stolze*

*(Andreas Stolze ist Pastor im ökumenischen Gemeindezentrum St. Stephanus in Lüneburg.)*

# Wissenschaftlerin und praktische Ökumenikerin: Hildegard Schaeder (1902–1984)

Hildegard Schaeder, die erste Referentin für Orthodoxie im Kirchlichen Außenamt der EKD, die als Bekennende Christin während der nationalsozialistischen Zeit Jüdinnen und Juden unterstützte und nach 1945 Wissenschaft, Theologie und Kirche in Westdeutschland aktiv mitgestaltete, gehörte jahrzehntelang zu den „vergessenen Frauen" in der Kirchengeschichte des 20. Jahrhunderts. Die Ursache dafür lässt sich an einem zentralen Punkt zusammenfassen: Die protestantische Kirchengeschichtsschreibung und Gedenkkultur würdigte auch im vergangenen Jahrhundert „fast durchweg nur ihre großen Männer: Bischöfe, Generalsuperintendenten, Theologieprofessoren, höhere Kirchenbeamte, Pfarrer"[1], wie es in einem Buch über protestantische Frauen im Widerstand gegen den Nationalsozialismus heißt. Dieses historiografische Desiderat traf auch Hildegard Schaeder, die erst in den 1990er Jahren wieder entdeckt wurde – von einer Frau, die selbst zu den Vorreiterinnen der Gleichberechtigung im Pfarramt gehörte.[2]

---

[1]  *Manfred Gailus/Clemens Vollnhals:* Protestantische Frauen mit viel Empathie und klugem Eigensinn. Zur Einführung; in: *Manfred Gailus/Clemens Vollnhals* (Hg.): Mit Herz und Verstand – Protestantische Frauen im Widerstand gegen die NS-Rassenpolitik, Göttingen 2013, 7–20, hier: 10.

[2]  Die ersten Forschungen über Hildegard Schaeder wurden von der Pfarrerin der Evangelischen Kirche in Hessen und Nassau Gerlind Schwöbel angestoßen, vgl.: *Gerlind Schwöbel:* Schaeder; in: BBKL VIII, 1379–1384; *Gerlind Schwöbel:* Schaeder, Hildegard; in: RGG⁴, 858; *Gerlind Schwöbel:* Leben gegen den Tod. Hildegard Schaeder: Ostern im KZ, Frankfurt am Main 1995. Mit jeweils unterschiedlicher Fokussierung auf Schaeders wissenschaftliches und kirchliches Wirken beschäftigten sich im ersten Jahrzehnt des 21. Jahrhunderts zwei Historikerinnen mit ihr: zum einen Katharina Wegner, die sich in einem Aufsatz in dem 2005 herausgegebenen Sammelband auf Schaeders Wirken im Kirchlichen Außenamt der EKD konzentriert, speziell auf die ersten Kontaktreisen der Außenamtsvertreter in die Sowjetunion (*Katharina Wegner:* Hildegard Schaeder; in: *Peter Maser/Christian-Erdmann Schott* [Hg.]: Beiträge zur ostdeutschen Kirchengeschichte, hg. im Auftrag des Vereins für ostdeutsche Kirchengeschichte und in Verbindung mit dem Ostkirchen-Institut Münster, Münster 2005, 22–54). Zum anderen liegt das Augenmerk von Heike Anke Berger in ihrer 2007 erschienenen Dissertation, in der die Werdegänge mehrerer Historikerinnen verglichen werden, auf Schaeder als Histori-

2003 wurde Hildegard Schaeder von der Holocaust-Gedenkstätte *Yad Vashem* als „Gerechte unter den Völkern" geehrt. Es blieb die einzige offizielle Würdigung, die ihr vielfältiges Wirken um Begegnung, Mitmenschlichkeit und Verständigung je erfuhr. Schaeder selbst begriff sich in erster Linie als Wissenschaftlerin und Ökumenikerin. Vor dem Hintergrund ihrer Ausbildung, ihres Werdeganges als Osteuropahistorikerin und später ihrer Tätigkeit als Referentin im Kirchlichen Außenamt der EKD war ihre Selbstwahrnehmung als Wissenschaftlerin evident. Ihr starkes Engagement für die Ökumene, speziell die der orthodoxen und evangelischen Kirchen, ergab sich allerdings aus einem anderen biografischen Zusammenhang, der im Folgenden ausführlicher dargestellt werden soll. Zuvor jedoch erfolgt ein kurzer Abriss ihrer Biografie.

## 1. Hildegard Schaeder – eine biografische Skizze[3]

1902 in einer Theologieprofessorenfamilie in Kiel geboren und aufgewachsen, studierte Hildegard Schaeder in Breslau und Hamburg Slawistik, Byzantinistik und osteuropäische Geschichte. 1929 wurde sie mit der Dissertationsschrift „Moskau – das dritte Rom. Studien der Geschichte der politischen Theorien in der slawischen Welt" bei einem der führenden Osteuropahistoriker der damaligen Zeit, Richard Salomon, promoviert. Von 1935 bis 1943 arbeitete Schaeder als Osteuropahistorikerin in der *Publikationsstelle für Ostforschung des Geheimen Staatsarchivs Preußischer Kulturbesitz.* Diese Forschungseinrichtung lieferte im Laufe der 30er und 40er Jahre des letzten Jahrhunderts mit mehr oder weniger starker praktischer Relevanz die historiografische Unterfütterung für die nationalsozialistische Ideologie in Bezug auf die deutsche Vormachtstellung im osteuropäischen Raum. Parallel zu ihrer offiziellen, eher systemkonformen Arbeit engagierte sich Hildegard Schaeder in der Bekennenden Kirche, konkret in der Berlin-Dahlemer Gemeinde von Martin Niemöller. Sie studierte evan-

kerin und Osteuropahistorikerin (*Heike Anke Berger:* Deutsche Historikerinnen 1920–1970. Geschichte zwischen Wissenschaft und Politik, Frankfurt/New York 2007).

[3]  Zu der Biografie Schaeders vgl. *Gisa Bauer:* Versöhnung durch Begegnung. Hildegard Schaeder als Osteuropahistorikerin, bekennende Christin und Ökumenikerin; in: *Karl Pinggéra/Jennifer Wasmuth/Christian Weise* (Hg.): Hildegard Schaeder (1902–1984). Impulse für die evangelisch-orthodoxe Begegnung. Ausgewählte Schriften, Berlin u. a. 2016, 5–73.

gelische Theologie an der zu diesem Zeitpunkt bereits illegalen Kirchlichen Hochschule in Berlin. Auf Grund ihrer Unterstützung von Jüdinnen und Juden wurde sie 1943 von den Nationalsozialisten verhaftet und bis Frühjahr 1945 inhaftiert. 1948 trat sie die Stelle als Referentin für Orthodoxie im Kirchlichen Außenamt der im selben Jahr gegründeten EKD an. Über zwei Jahrzehnte prägte Schaeder dieses Referat inhaltlich in starkem Maße, auch wenn sie kirchenpolitisch im Schatten der Leiter des Außenamtes stand, von denen der wohl renommierteste Martin Niemöller war. Wirkungsgeschichtlich außerordentlich bedeutsam sollte der Dialog der EKD mit der Russischen Orthodoxen Kirche werden, an dessen Entstehung und dessen ersten Treffen Schaeder wesentlich beteiligt war: 1959 trafen sich in Arnoldshain Vertreter der EKD mit einer Delegation der Russischen Orthodoxen Kirche und legten damit den Grundstein für die *Arnoldshainer Gespräche,* den längsten Dialog zwischen einer orthodoxen Kirche und einer Kirche der Reformation.[4] 1963 fand das Folgetreffen des ersten Arnoldshainer Gesprächs in Sagorsk statt, das dritte Gespräch 1967 in Hoechst im Odenwald. Hildegard Schaeder oblagen die Vor- und Nachbereitung dieser Treffen, die Redaktion der Studienhefte zu den Gesprächen, die Sichtung der Übersetzungen, die vorbereitenden und abschließenden Korrespondenzen. Während der Dialogtreffen selbst stand sie allerdings eher im Hintergrund. Trotzdem war sie auf deutscher Seite nahezu ausschließlich die einzige Expertin, die die theologischen Ansätze und Anliegen beider sich zum Dialog treffenden Kirchen kannte.

Fünf Jahre bevor Schaeder 1970 in den Ruhestand eintrat, wurde sie von der Frankfurter Universität in Würdigung ihrer ostkirchlichen Kenntnisse zur Honorarprofessorin ernannt. 1984 starb Hildegard Schaeder, kurz vor ihrem 83. Geburtstag.

Gebündelt wird die Vielzahl der Facetten in Schaeders Leben und Wirken durch ihre grundlegend ökumenische Haltung, die sie spätestens seit Beginn ihres Amtes als Orthodoxiereferentin in der EKD an den Tag legte.

---

[4]  Zu den deutschen evangelisch-orthodoxen Dialogen vgl.: *Martin Illert:* Dialog – Narration – Transformation. Die Dialoge der Evangelischen Kirche in Deutschland und des Bundes der Evangelischen Kirchen in der DDR mit orthodoxen Kirchen seit 1959, Beiheft 106 der ÖR, Leipzig 2016; *Heiko Overmeyer:* Frieden im Spannungsfeld zwischen Theologie und Politik. Die Friedensthematik in den bilateralen theologischen Gesprächen von Arnoldshain und Sagorsk, Frankfurt am Main 2005; die entsprechenden Passagen in: *Risto Saarinen:* Faith and Holiness. Lutheran-Orthodox Dialogue 1959–1994, Göttingen 1994.

Unentwegt suchte sie mit einem hohen Verständnis für die Lage der osteuropäischen und orientalischen Kirchen den Brückenschlag zur Orthodoxie. Wie ist dieses Engagement vor dem Hintergrund ihrer Biografie einzuschätzen, worin begründete es sich?

## 2. Hildegard Schaeders ökumenisches Motiv

Eines der einschneidenden Erlebnisse in Schaeders Leben, soweit das von außen beurteilt werden kann, war ihre Inhaftierung von Sommer 1943 bis Frühjahr 1945 unter den Bedingungen der nationalsozialistischen Diktatur. Sie wurde zuerst im Berliner Gestapogefängnis gefangen gesetzt und dann, ab Frühjahr 1944, im Konzentrationslager Ravensbrück. Die 42-jährige Geisteswissenschaftlerin, die in Berlin in einer eigenen kleinen Wohnung gelebt hatte, die zwölf Sprachen auf mindestens mittlerem Niveau beherrschte, die evangelische Theologie neben ihrem Beruf studierte und versuchte ihre zwei Arbeitsfelder, einmal die offizielle Tätigkeit als Slawistin und zum zweiten den Kirchenkampf im Untergrund, auszubalancieren – diese Intellektuelle fand sich im Frühjahr 1944 inmitten von 20.000 Frauen wieder, die auf einer Fläche von einem Quadratkilometer zusammengepfercht waren und die mit Hunger und Kälte, mit psychischen Traumatisierungen, mit Krankheiten, mit menschlicher Entwürdigung und v. a. mit der ständigen Todesgefahr zu kämpfen hatten.[5] Dem „System Konzentrationslager", das auf die Eliminierung der Gefangenen durch absolute Ausbeutung ihrer Arbeitskraft und bei minimaler Lebenserhaltung abzielte, war Schaeder ein Jahr lang ausgesetzt. In ihrem Fall kam noch erschwerend hinzu, dass sie als Deutsche zusammen mit Frauen gefangen gehalten wurde, die fast ausschließlich aus den von Deutschen besetzten Ländern stammten und die gegenüber Deutschen alles andere als positiv eingestellt waren. In dieser Situation prägte Schaeder nachhaltig der Umstand, dass, sobald über Jesus Christus, Gott oder Religion gesprochen wurde, die Gräben zwischen nationalen Grenzen, zwischen Täter- und Opferwahrnehmungen und zwischen den konfessionellen Zuschreibungen schwanden. „Wir gaben damals einander das Wort, daß wir diese Erfahrung der vereini-

---

[5]   Zum Konzentrationslager Ravensbrück vgl.: *Günther Zörner:* Frauen-KZ Ravensbrück, Berlin 1986; *Jack G. Morrison:* Ravensbrück. Das Leben in einem Konzentrationslager für Frauen 1939–1945, Zürich/München 2000.

genden Kraft Christi nicht vergessen wollten",[6] schrieb Schaeder im Rückblick über ihre Erfahrung im Konzentrationslager. Diejenigen, die sich dieses Wort gegeben hatten, waren Polinnen, Russinnen, Tschechinnen und andere Osteuropäerinnen hauptsächlich orthodoxer Konfession und eben eine protestantische Deutsche, deren Leben und Existenz sich am „Nullpunkt" befand, wie Schaeder es einmal formulierte,[7] an dem Punkt, an dem es nicht tiefer gehen konnte. Vor diesem Hintergrund ist Schaeders späteres ökumenisches Engagement zu sehen und zu verstehen. Dieses Erleben im Konzentrationslager war der Fixpunkt ihrer ökumenischen Hermeneutik. Mit dieser Genese ökumenischen Denkens stand Schaeder nicht allein. In einem Interview der Frankfurter Allgemeinen Zeitung äußerte Philipp Freiherr von Boeselager, Mitglied des Kreises der Hitler-Attentäter vom 20. Juli 1944, den vielzitierten Satz: „[...] Ich behaupte immer, die Ökumene hatte im KZ und im Widerstand ihren Ursprung."[8] Die *Ökumene der Märtyrer,* oft im Zusammenhang mit katholischen und evangelischen Männern gebraucht, findet in Hildegard Schaeders Erleben im Konzentrationslager ein Beispiel nicht nur für den orthodox-evangelischen Zusammenhalt, sondern für die Verbindung von konfessionell verschieden geprägten *Frauen* untereinander. Es existierte ebenso eine *Ökumene der Märtyrerinnen,* die, wie Schaeders späteres ökumenisches Engagement zeigt, eine starke Wirkungsgeschichte entfalten sollte.

*Gisa Bauer*

*(Dr. habil. theol. Gisa Bauer ist Kirchenhistorikerin mit den Forschungsschwerpunkten Kirchliche Neuzeit und Zeitgeschichte, Frauen- und Gendergeschichtsschreibung, osteuropäische Geschichte und Ostkirchen sowie Konfessionskunde. Sie ist Privatdozentin an der Theologischen Fakultät der Universität Leipzig und Lehrbeauftragte an der Evangelisch-Theologischen Fakultät der Johannes Gutenberg-Universität Mainz.)*

---

[6]   Brief von Hildegard Schaeder an Seine Heiligkeit Patriarch Aleksij I. vom 27.11.1952, zitiert nach *Schwöbel,* Leben, 120.

[7]   *Hildegard Schaeder:* Die Einheit des menschlichen Nullpunktes als Wirklichkeit und Verheißung, maschinenschriftl., 2 S., hier 1; Darmstadt, Zentralarchiv der EKHN, 232/8.

[8]   *Frank Schirrmacher:* Interview mit Philipp Freiherr von Boeselager; in: Frankfurter Allgemeine Zeitung vom 02.05.2008, 33 und 35, hier: 35.

# Ein einzigartiger Weg in der Theologie des 20. Jahrhunderts

## Fairy von Lilienfeld

### 1. Kurze Einleitung

Fairy von Lilienfeld war eine große Persönlichkeit der Ostkirchenkunde, die Theologie und Kirchengeschichte des Christlichen Ostens im deutschsprachigen Raum Mitte und Ende des 20. Jahrhunderts geprägt hat. Sie war Dozentin für Altrussisch und Altslawisch in Jena (1951–1955), Dozentin für Kirchengeschichte in Naumburg (1962–1966) und Professorin für Geschichte und Theologie des Christlichen Ostens in Erlangen zwischen 1966–1984.

Außerdem ist von Lilienfeld bis heute die einzige Frau, die einzige Ausländerin und die einzige nicht Orthodoxe, die als Ehrenmitglied 1985 in die Geistliche Akademie Moskau aufgenommen wurde.[1] Sie leistete einen unschätzbaren Beitrag zum Dialog zwischen der Russischen Orthodoxen Kirche und der Evangelischen Kirche in Deutschland.

Bei den Begegnungen und theologischen Diskussionen der Evangelischen Kirche in Deutschland (EKD) mit Vertretern der orthodoxen Kirchen, die seit den sechziger Jahren des letzten Jahrhunderts stattfanden, war von Lilienfeld nicht nur eine kompetente Beraterin, sondern auch eine aktive Teilnehmerin am ökumenischen Dialog. Bekannt ist sie vor allem als bedeutende Kennerin des christlichen Ostens, als Slawistin und Theologin und als langjährige Inhaberin des Lehrstuhls für Geschichte und Theologie des Christlichen Ostens an der damaligen Theologischen Fakultät der Friedrich-Alexander-Universität Erlangen-Nürnberg.

Ein Brief vom Patriarchen Kirill an den Landesbischof der Evangelisch-Lutherischen Kirche in Bayern, Johannes Friedrich, anlässlich ihres Todes am 18. November 2009, zeigt ihre Wertschätzung in der Welt der Orthodoxie: „Wir werden Fairy von Lilienfeld gedenken als einer außergewöhnli-

---

[1] *Sigrid Schneider-Grube* (Hg.): Stehet auf, ihr stolzen Frauen. Frauenleben im 20. Jahrhundert, Evangelischer Presseverband für Bayern e. V., München 2004, 25 u. f.

chen Theologin, eines wunderbaren Menschen, der aufrichtig und von ganzem Herzen Russland geliebt und den Geist der Orthodoxie verstanden hat."[2] Sie hat sich immer bemüht, ihr kirchliches und wissenschaftliches Engagement auf dem gleichen Niveau zu halten.

## 2. Vita

Ihr Lebenslauf wurde zwischen vielen Stationen gespannt: Riga – Stettin – Paris – Gießen – Jena – Naumburg – Halle – Magdeburg – Erlangen – Hemhofen – Höchstadt an der Aisch. Fairy von Lilienfeld erblickte das Licht der Welt in Riga und lebte anschließend außerhalb Deutschlands: Kindheit in Riga, Abiturzeit und Dolmetscherschule in Stettin (1919–1940). Es folgten Paris und Gießen, wo sie als Nachrichtenhelferin des Heeres (1940–1942) tätig war. Dann kam die Zeit in Ostdeutschland (damalige DDR). In Jena lebte sie zwischen 1947 und 1951. Danach studierte sie Philosophie, Slawistik und Philologie, unterrichtete und übersetzte für Zeiss-Ingenieure und war gleichzeitig Dozentin für Altslawisch und Altrussisch. Eine weitere Station ihres Lebens war Naumburg – für die Zeit ihres Studiums der Theologie (1953–1957) und ihrer Tätigkeit als Dozentin für Kirchengeschichte (1962–1966).

Nach einer kurzen Zeit in Halle, wo sie mit einer Arbeit über Nil Sorskij[3] promoviert (1961), und in Magdeburg, wo sie ordiniert wurde (1962), kam für sie die Zeit im Westen (BRD), nämlich in Erlangen als Professorin für Theologie und Geschichte des Christlichen Ostens (1966–1984). Sie war die erste Frau, die das Amt der Dekanin der Theologischen Fakultät innehatte (1969/70) und „die erste Frau in West-Deutschland auf einem theologischen Lehrstuhl"[4]. Die Zeit nach der Emeritierung und nach der Wende verbrachte sie in Erlangen und Höchstadt an der Aisch. Sie war Ehrenmitglied der Geistlichen Akademie Moskau (1985) und erhielt die Ehrendoktorwürde von der Universität Helsinki (1990). 2002 wurde ihr das Bundesverdienstkreuz Erster Klasse verliehen und 2010 bekam sie die Sil-

---

[2]  *Karl Christian Felmy:* Nachruf auf Prof. Dr. Dr. h.c. Fairy v. Lilienfeld; in: Ostkirchliche Studien 59 (2010), 3–7.

[3]  Die Doktorarbeit wurde veröffentlicht: *Fairy von Lilienfeld:* Nil Sorkij und seine Schriften. Die Krise der Tradition im Russland Ivans III., Berlin 1963.

[4]  *Schneider-Grube,* Stehet auf, ihr stolzen Frauen, 39.

berne Rose des hl. Nikolaus posthum. Diese wird an Menschen verliehen, „die sich, wie der Hl. Nikolaus, heute für die Einheit der Christen und für den Frieden unter den Menschen einsetzen"[5]. So wird enthüllt, wer sie war und was sie tat: eine Person, die ein beeindruckendes Werk für die christlichen Kirchen geschaffen hat.[6]

## 3. Forschungsgebiete und Engagement

Die Verschiedenartigkeit der Themen spiegelt die Vielseitigkeit der Interessen Fairy von Lilienfelds.[7] Hier spielen Mönchtum,[8] Sophia – die Weisheit Gottes,[9] die Geschichte und Theologie der Armenischen und der Georgischen Orthodoxen Kirche die zentrale Rolle. Für von Lilienfeld hatten die Liturgie und fromme Praxis eine große Bedeutung in den Kirchen des Ostens. In diesem Rahmen schrieb sie auch über das Psalmengebet und die christliche Dichtung. Außerdem beschäftigte sie sich mit der Bedeutung der Heiligenverehrung und der Göttlichen Liturgie des Heiligen Johannes Chrysostomos.[10] 1000 Jahre Christentum in Russland waren ein Thema, worüber sie viel geforscht hat, u. a. über die ökumenischen Beziehungen der Russischen Orthodoxen Kirche in Europa sowie die russisch-orthodoxe Laienfrömmigkeit von heute.

Die Begabung für Fremdsprachen, besonders Altrussisch und Altslawisch, hat ihr geholfen, die Geschichte der Russischen Orthodoxen Kirche

---

5    *Barbara Hallensleben/Guido Vergauwen/Nikolaus Wyrwoll:* Laudatio zur Verleihung der Silbernen Rose des Hl. Nikolaus; in: *Ruth Albrecht/Ruth Koch* (Hg.): Fairy von Lilienfeld 1917–2009, Basel 2011, 139.

6    Verschiedene Aspekte der Person Fairy von Lilienfelds bewertet dieses Buch: *Ruth Albrecht/Ruth Koch:* Vera – Zeugin des gemeinsamen Glaubens in Ost und West Fairy von Lilienfeld (1917–2009), Basel 2011.

7    *Adelheid Rexheuser:* Festschrift Fairy von Lilienfeld zum 65. Geburtstag, Institut für Gesellschaft und Wissenschaft (IGW) an der Universität Erlangen-Nürnberg, Erlangen 1982, Vorwort.

8    Siehe einer der besten Aufsätze über das Mönchtum: *Fairy von Lilienfeld:* Mönchtum; in Theologische Realenzyklopädie (TRE), Bd. 23, Berlin/New York 1994, 150–186.

9    Siehe *Fairy von Lilienfeld:* Sophia, die Weisheit Gottes. Gesammelte Aufsätze 1983–1995 (= OIKONOMIA, Quellen und Studien zur orthodoxen Theologie, hg. von *Fairy von Lilienfeld/Karl Christian Felmy*), Erlangen 1997.

10   Siehe: Die Göttliche Liturgie des Hl. Johannes Chrysostomos, Heft A, B, C, unter Mitarbeit von *Ruth Albrecht, Karl Christian Felmy und Martin George*, hg. von *Fairy von Lilienfeld* (= OIKONOMIA, Quellen und Studien zur orthodoxen Theologie, hg. von *Fairy von Lilienfeld und Karl Christian Felmy*), Erlangen 1986.

und der russischen Kultur sehr gut zu verstehen. Sie hat sich besonders für Alexander Men, den Lyriker Vjaceslav Ivanov und für die russisch-orthodoxen Bischöfe in den ersten Jahrzehnten des 20. Jahrhunderts interessiert. Die russische Religionsphilosophie zu Beginn des 20. Jahrhunderts spielt eine maßgebliche Rolle in ihrem wissenschaftlichen Werdegang. Pavel Florensky, Wladimir Solowjow, Nikolai Berdjajew und Sergei Bulgakow sind einige Autoren, mit denen sie sich intensiv beschäftigte.

Wenn es um die Geschichte des Erlanger Lehrstuhls geht, muss man sie unbedingt mit einbeziehen. Die Geschichte der Orthodoxie in Deutschland und der einzelnen Lehrstühle und Institute innerhalb Deutschlands, die Ostkirchenkunde als spezifische Aufgabe hat sie immer im Blick gehabt und versucht, deren Rolle und Relevanz zu etablieren. Wichtig sind dabei die Herausgabe der Reihe Oikonomia und die Synodale Bibliothek. Am Lehrstuhl intensivierte sie die Beziehung des Erlanger Lehrstuhls mit der Universität Würzburg, wirkte bei der Entwicklung des Ostkirchlichen Instituts der deutschen Augustiner mit, zudem hat sie intensiv die Kontakte zu den Karmelitinnen in Erlangen und zur Benediktinerabtei in Niederaltaich gepflegt.[11]

Neben den erwähnten Sprachen Kirchenslawisch und Altrussisch beherrschte sie viele andere Fremdsprachen, darunter Französisch, Georgisch, Englisch; ein Vorteil, der ihr in ihrer wissenschaftlichen Arbeit sehr geholfen hat. Diese umfasst ihre Beziehung zur Orthodoxie, das Verstehen der orthodoxen Tradition und die Rolle der Kirchen während des Kalten Krieges als „Martyrium der Lüge".

Sie übernahm zahlreiche Aufgaben in der Konferenz Europäischer Kirchen (KEK), u. a. war sie verantwortlich für den Dialog mit der Russischen Orthodoxen Kirche und dem Lutherischen Weltbund. Ihre Position in Bezug zur Frauenordination war ein wichtiger Aspekt ihrer Forschungen, obwohl sie keine feministische Theologin geworden ist. Offen hat sie sich den Fragen der jungen Frauengenerationen gestellt.[12]

---

[11] Dozent Dr. Johannes Chrysostomus (Dekan der byzantinischen Dekanie der Abtei Niederaltaich und Dozent für russische Kirchengeschichte an der Universität Salzburg) und Archimandrit Irenäus Totzke (Kirchenmusiker und Liturgiewissenschaftler) sind zwei Persönlichkeiten, mit denen sie wissenschaftlich sehr verbunden war. Siehe: *Fairy von Lilienfeld:* Vorabdruck: Nach 10 Jahren. Rückblick – Ausblick (1976), 9.

[12] Sie nahm selbst Themen der Frauenforschung auf. So bezieht sich zum Beispiel ihr letztes großes Forschungsprojekt auf Übersetzung und Kommentar der Quellen zur Christianisierung Georgiens (über die Heilige Nino, die Apostolin Georgiens).

Angesichts ihrer kirchlichen und akademischen Kontakte spielten Russland, Georgien und Armenien eine wichtige Rolle, wie z.B. ihre Kontakte mit Patriarch Kirill, Patriarch Aleksij, Metropolit Nikodim (Rotov) und dem georgischen Patriarch-Katholikos Il'ja II.

## 4. Zusammenfassung

Die Facetten der Persönlichkeit von Lilienfelds sind vielzählig und wurden in mehreren Büchern und Aufsätzen dargestellt, die ihr gewidmet wurden. Ruth Albrecht und Ruth Koch beschrieben sie als „Slawistin, Expertin für russische Kirchengeschichte und das frühe Mönchtum, Ökumene-Fachfrau, lutherische Pfarrerin, Freundin und Familienmitglied (...) Wer ihr begegnete, sei es im akademischen Kontext oder im Gottesdienst einer Dorfkirche, traf auf eine Frau, die ganz und gar Wissenschaftlerin war".[13]

Von Lilienfeld war nicht nur eine wissenschaftliche Theologin, sondern auch eine Person voller Frömmigkeitspraxis.

Sie war für ihre ungewöhnliche Gabe bekannt, Menschen miteinander zu verbinden. In den letzten Jahrzehnten hatte sie viele Brücken geschlagen: zwischen Christen verschiedener Konfessionen, Christen und Atheisten, Christen und Angehörige anderer Religionen, zwischen Wissenschaftlern verschiedener Fachgebiete und Denkstile, zwischen Menschen aus Ost und West.

All diese Aspekte verdeutlichen die Bedeutung ihres Werkes für die Geschichte und Theologie des Christlichen Ostens und zeigen vor allem die Rolle von Lilienfelds als Grenzgängerin zwischen Protestantismus und Orthodoxie, zwischen Ost- und Westkirche, in Theologie, Kultur und Literatur des 20. Jahrhunderts.

*Ionuţ Păun*

*(Pfarrer M. A. Ionuţ Păun ist seit März 2013 Gemeindepfarrer in Bamberg und wissenschaftlicher Mitarbeiter an der Friedrich-Alexander Universität Erlangen-Nürnberg.)*

---

[13]  *Albrecht/Koch* (Hg.), Fairy von Lilienfeld 1917–2009, 3.

Zur Stärkung des Zusammenhalts christlicher Kirchen hat die *Weltgemeinschaft Reformierter Kirchen* bei einem ökumenischen Festgottesdienst in der Wittenberger Stadtkirche auf ihrer *26. Generalversammlung* (29. Juni–7. Juli) zwei Erklärungen unterzeichnet. Bei einem ökumenischen Festgottesdienst bekannten sich die Protestanten aus der Tradition der Schweizer Reformatoren Zwingli und Calvin gemeinsam mit dem Lutherischen Weltbund zum *„Wittenberger Zeugnis"* und traten der *„Gemeinsamen Erklärung zur Rechtfertigungslehre"* bei. Die Generalversammlung stand unter dem Motto: *Lebendiger Gott, erneuere und verwandle uns.*

Das *Ökumenische Netzwerk zur Stärkung von Frauen afrikanischer Herkunft* (PAWEEN) organisierte vom 10. bis 14. Juli ein Seminar im Ökumenischen Institut Bossey mit 28 Vertreterinnen von Kirchen, kirchlichen, zivilgesellschaftlichen und panafrikanischen Frauenorganisationen und akademischen Einrichtungen. Weltweit sollen Frauen afrikanischer Herkunft unterstützt und zu Führungspositionen befähigt werden.

Die *Weltausstellung Reformation* in der Lutherstadt Wittenberg ist ein Forum für Menschen aus aller Welt, über die Bedeutung der Reformation damals und heute nachzudenken. In den Workshops, Podiumsdiskussionen, Gottesdiensten, Gesprächsrunden und innovativen Formaten werden gesellschaftlich brisante Fragen miteinander verhandelt. Eine Themenwoche vom 12. bis zum 17. Juli stellte den Frieden in den Mittelpunkt. Dazu gab es zahlreiche Veranstaltungen der Evangelischen Friedensarbeit und der Konferenz für Friedensarbeit im Raum der EKD, z.B. Projekte der Friedensarbeit aus dem Bistum Bamberg, der zivilen Konfliktbearbeitung in Deutschland und im Ausland, ein Projekt um die Geschichte eines afghanischen Flüchtlings, der sich in Hamburg seine Zukunft erboxt hat.

Unter dem Motto *„reform.aktion"* stand die *122. Allianzkonferenz* Ende Juli im thüringischen Bad Blankenburg, die damit das Thema des 500-jährigen Reformationsjubiläums aufgriff. Prominentester Gast unter den 1.700 Teilnehmerinnen und Teilnehmern der von der Deutschen Evangelischen Allianz (DEA) veranstalteten Konferenz war der Vorsitzende der CDU/CSU-Bundestagsfraktion, Volker Kauder, der über die *Situation der Christenverfolgung* in aller Welt sprach.

Im Rahmen des Seminars *„Den Glauben in einer multikulturellen und multireligiösen Welt teilen"*, das im August am Ökumenischen Institut Bossey des Ökumenischen Rates der Kirchen (ÖRK) stattfand, wurden die Ergebnisse der YMCA-

Studie „One Million Voices" präsentiert. „One Million Voices" (Eine Million Stimmen) ist ein Projekt des World YMCA (Christlicher Verein Junger Menschen, CVJM), das sich im Rahmen lokaler YMCA-Strukturen in über 60 Ländern an junge Menschen zwischen 15 und 24 Jahren wendet. Die Studie diente dazu, Jugendlichen und jungen Erwachsenen eine Stimme zu verleihen. Sie ergab, dass Themen wie Arbeitslosigkeit, Menschenrechte, Sexualität und Umwelt für sie sehr wichtig sind; viele junge Menschen finden keinen Zugang zum Arbeitsmarkt und nicht einmal zu Ausbildungsmöglichkeiten.

Da die Atomwaffenentwicklung Nordkoreas und die wachsenden Spannungen zwischen den Vereinigten Staaten und Nordkorea eine neue Dimension erreicht haben und die Welt an den Rand eines Krieges bringen können, fordern die Kirchen überall auf der Welt *einen bilateralen Dialog* und setzen damit auf *eine friedliche und gewaltfreie Lösung des Konfliktes.* Der Nationale Kirchenrat der USA (NCCCUSA) verlangt die sofortige Unterlassung aller feindseligen Handlungen und verbalen Äußerungen zwischen den Regierungen Nordkoreas und der USA. Die Erklärung des NCCCUSA vom 10. August fordert sofortige Schritte zur Vermeidung einer weiteren Eskalation bis hin zur Möglichkeit eines katastrophalen Atomkriegs. In einem dringenden Brief an den südkoreanischen Präsidenten Moon Jae-In fordert der Nationale Kirchenrat von Korea (NCCK) sofortigen Dialog, um die militärischen Spannungen auf der koreanischen Halbinsel zu mindern.

Am 13. August rief der ÖRK Kirchen überall auf der Welt auf, *Solidarität mit den koreanischen Kirchen* zu zeigen und an einem „Gebetssonntag für die friedliche Wiedervereinigung der koreanischen Halbinsel" teilzunehmen und für die *Versöhnung und Heilung* der geteilten koreanischen Halbinsel zu beten. Das Thema des diesjährigen Gebets geht auf den Römerbrief 14,19 zurück: „Darum lasst uns dem nachstreben, was zum Frieden dient und was zur Besserung untereinander dient." Der Gebetssonntag fand zwei Tage vor dem Tag der Befreiung (15. August) statt, an dem die Menschen in Korea das Joch der japanischen Kolonialherrschaft abschüttelten. Das gemeinsame Gebet wurde vom Koreanischen Christenbund in Nordkorea (KCF) und vom Nationalen Kirchenrat von Korea (NCCK) ausgearbeitet.

Die *44. Versammlung der Internationalen Ökumenischen Gemeinschaft (IEF)* hat eine „Erklärung von Wittenberg" veröffentlicht: „Wir sind auf dem Weg zur sichtbaren Einheit der Kirchen." Diese Erklärung ist der Abschluss der einwöchigen Versammlung vom 21.–28. August. Das Thema der Versammlung lautete *„Vom wahren Schatz der Kirche(n) – dem Evangelium* *miteinander auf der Spur"*. Die Erklärung würdigt das 50-jährige Bestehen der IEF und erinnert an die 500 Jahre, die seit der Reformation ins Land gezogen sind.

Für eine eindeutig nachhaltige Energiepolitik haben sich führende Vertreter des Christentums, des Islams und des Judentums ausgesprochen. Bei der *Expo 2017* in der kasachischen Hauptstadt Astana verabschiedeten sie am Vorabend des *Gebetstags zur Bewahrung der Schöpfung* eine entsprechende *gemeinsame Erklärung* zum Thema *„Energie der Zukunft"*. Die Erklärung wendet sich gegen Atomkraft sowie fossile Brennstoffe wie Kohle und Erdöl. Sie verurteilt aber ebenso Wegwerfprodukte und riesige Kraftwerksprojekte, deren ökologische und soziale Auswirkungen nicht hinreichend untersucht sind. Für die katholische Kirche unterzeichnete Kardinal Peter Turkson, Präfekt des Dikasteriums für die ganzheitliche Entwicklung des Menschen, das Dokument. Weiter zeichneten die Anglikanerin Clare Amos für den Weltkirchenrat, Rabbiner Daniel Sperber aus Jerusalem sowie der italienische Imam Yahya Sergio Pallavicini verantwortlich.

Die *Weltausstellung Reformation* stellte sich vom 30. August bis zum 4. September in der Themenwoche *„Bewahrung der Schöpfung"* neuen Fragen und Herausforderungen: Können wir die Schöpfung vor uns selbst bewahren? Selbst um Wasser wird gekämpft.

Wie gehen wir um mit dem, was da ist? Ist die Zukunft offen oder geht die Welt sowieso bald unter? Handlungsmöglichkeiten wurden ausgelotet, Ideen zu Nachhaltigkeit diskutiert und am 1. September wurde der *ökumenische Tag der Schöpfung* gefeiert.

Mit einem ökumenischen Gottesdienst im Dom zu Lübeck und einem Festakt beging die Arbeitsgemeinschaft Christlicher Kirchen in Deutschland (ACK) den diesjährigen *Tag der Schöpfung* am 1. September in Lübeck. Er stand unter dem Motto *„So weit Himmel und Erde ist"*. Mitwirkende waren u. a. der Vorsitzende der ACK in Deutschland, Bischof Karl-Heinz Wiesemann (Speyer) und Gothart Magaard, Bischof des Sprengels Schleswig und Holstein der Evangelisch-Lutherischen Kirche in Norddeutschland, der auch die Predigt hielt. Professorin Nicole C. Karafyllis vom Seminar für Philosophie an der Technischen Universität Braunschweig plädierte beim anschließenden Festakt dafür, wieder eine ganzheitliche Sicht der Schöpfung einzunehmen und die Folgen der technischen Entwicklung einzudämmen.

Vom 5. bis 9. September trafen sich Vertreter der katholischen und der orthodoxen Kirche auf der griechischen Insel Leros, um weitere Schritte im *katholisch-orthodoxen Dialog* zu besprechen. An der Versammlung des Koordinationskomitees der Internationalen Kommission für den offiziellen theologischen Dialog zwischen katholischer und orthodoxer Kirche nahm von vatikanischer Seite Kurt Kardinal Koch teil; er teilt sich den Vorsitz des Gremiums mit dem orthodoxen Erzbischof Job (Getcha) von Telmessos. Der orthodoxe Metropolit Paisios (Aravantinos) war als Vertreter des Ökumenischen Patriarchats Gastgeber des Treffens auf Leros. Im September 2016 hatten beide Seiten ein Dokument mit dem Titel „*Auf dem Weg zu einem gemeinsamen Verständnis von Synodalität und Primat in der Kirche des ersten Jahrtausends*" veröffentlicht.

Auf dem *31. Weltfriedenstreffen* vom 10. bis 12. September in Münster und Osnabrück standen rund zwei Dutzend Veranstaltungen zu Themen wie Flucht, Armut, Gerechtigkeit und Umweltschutz. Von dem Treffen sollte ein starkes Zeichen des Friedens in die Welt ausgehen. Veranstalter des Treffens waren die Bewegung Sant'Egidio sowie die Bistümer Münster und Osnabrück.

Am 14. September fand in Trier ein ökumenischer Gottesdienst zum *Fest Kreuzerhöhung* im Rahmen des *Gedenkjahres „500 Jahre Reformation"* statt. Eingeladen hatte die EKD ihre „ökumenischen Partnerkirchen" zu einem „*Christusfest-Gottesdienst*". Die Feier war damit eine der zentralen Veranstaltungen des Jubiläumsjahrs, und sie sollte noch einmal einen wesentlichen Aspekt verdeutlichen: Im Mittelpunkt des Reformationsgedenkens stand nicht Martin Luther oder ein anderer der Reformatoren des 16. Jahrhunderts, sondern Jesus Christus.

*Welche Bedeutung hat das Kreuz in den verschiedenen Konfessionen?* Mit dieser Frage beschäftigten sich die 50 Delegierten der *Arbeitsgemeinschaft Christlicher Kirchen in Deutschland (ACK) auf ihrer Mitgliederversammlung* am 13. und 14. September in Trier. Der Augsburger evangelische Theologieprofessor Bernd Oberdorfer hielt dazu einen Vortrag zur „Theologie des Kreuzes aus evangelischer Perspektive in ökumenischer Absicht". Die Mitgliederversammlung nahm außerdem am Gottesdienst der Evangelischen Kirche in Deutschland (EKD) zum „Kreuzerhöhungsfest" am 14. September teil. Diesen ökumenischen Gottesdienst, der im Rahmen des Reformationsjubiläums stattfindet, nahmen die Delegierten zum Anlass, eine erste ökumenische Bilanz des Jubiläumsjahres zu ziehen.

In Bochum fand am 16. September ein „ökumenisches Fest" unter dem Leitwort „*Wie im Himmel, so auf Erden*" statt. Ausgerichtet wurde es von der EKD und dem Deutschen Evangelischen Kirchentag auf der einen und von der katholischen Deutschen Bischofskonferenz und dem Zentralkomitee der deutschen Katholiken auf der anderen Seite. Das Programm enthielt einen Mini-Kirchentag mit Eröffnungsgebet, einen Impulsvortrag des scheidenden Bundestagspräsidenten

Norbert Lammert, „thematische Treffpunkte" am Nachmittag und einen ökumenischen Schlussgottesdienst.

Der Impuls *„Reformation – allein aus dem Glauben"* ist der siebte Beitrag eines von der *Aktionsgemeinschaft Dienst für den Frieden* (AGDF) am Reformationstag 2016 gestarteten Projekts *„Reformation heute – Gewalt absagen und Frieden wagen",* mit dem die AGDF einen Beitrag zum Reformationsjubiläum leisten, sich kritisch mit der reformatorischen Geschichte auseinandersetzen und dabei einen Fokus auf Gewalt und Gewaltfreiheit legen will. Die Impulse, die dazu veröffentlicht werden, sollen Denkanstöße für eine weitere Diskussion sein. Der Beitrag „Reformation – allein aus dem Glauben" von Professor em. Dr. Jürgen Moltmann findet sich auf der Homepage der AGDF (www.friedensdienst.de).

Unter dem Titel *„Streit!"* ist das Begleitheft zum diesjährigen Bittgottesdienst in der Ökumenischen FriedensDekade erschienen. Die *38. Ökumenische FriedensDekade* will in diesem Jahr vom 12. bis 22. November auf die finanziellen Zuwächse im bundesdeutschen Militärhaushalt hinweisen und für den Ausbau ziviler Maßnahmen zur Konfliktbearbeitung werben. Der zentrale Gottesdienst findet zum Abschluss der FriedensDekade am 22. November in der Stiftskirche in Tübingen statt.

Die *Gebetswoche für die Einheit der Christen 2018,* deren Texte von einer ökumenischen Gruppe der Kirchen auf den Bahamas erarbeitet worden ist, steht unter dem Motto *„Deine rechte Hand, Herr, ist herrlich an Stärke"* (vgl. Ex 15,6) und wird traditionell vom 18. bis 25. Januar begangen und in der Woche vor Pfingsten bis zum Pfingstmontag. Die Spendenprojekte für die Gebetswoche 2018 sind: 1. Indonesien – Unterstützung und Befähigung von Menschen mit Behinderung im Osten der Insel Sumba (Spendenvorschlag von Caritas International); 2. Lateinamerika – Seelsorge für Menschen im „Sojagürtel" (Spendenvorschlag von Brot für die Welt – Kirchen helfen Kirchen); 3. Schweiz – Ökumenische Ausbildung zu „Wegbereitern der Versöhnung" in Bossey (Spendenvorschlag der Arbeitsgemeinschaft Christlicher Kirchen in Deutschland). Die deutsche Fassung des Gottesdienstes für die Gebetswoche für die Einheit der Christen 2018 steht auf der Webseite der ACK (www.oekumene-ack.de/themen/geistliche-oekumene/gebetswoche/2018/) zur Verfügung. Außerdem stehen weitere Materialien zur Gebetswoche (Tagesmeditationen und Hintergrundtexte) zum Download bereit. Das gedruckte Gottesdienstheft und ein Plakat mit der Möglichkeit, eigene Termine einzutragen, können beim Verlag Butzon & Bercker (Telefon: 02832/929-291) bestellt werden.

*Kay Goldsworthy,* seit 2015 anglikanische Bischöfin von Gippsland, wird im Februar 2018 die erste Erzbischöfin der australischen Kirchengeschichte. Sie ist Nachfolgerin von Erzbischof *Roger Herft,* der wegen Nichtverfolgung von Fällen sexuellen Missbrauchs im Dezember 2016 auf sein Amt verzichtete. Goldsworthy befürwortet gleichgeschlechtliche Ehen, will aber nach eigener Aussage nicht auf Konfrontationskurs mit konservativen Kirchenvertretern gehen. „Homo-Ehe" und Frauenweihen sind wie in vielen anglikanischen Nationalkirchen zwischen Konservativen und Liberalen stark umstritten.

Papst Franziskus hat das fünfjährige Mandat von *Kardinal Gerhard Ludwig Müller* als Präfekt der Römischen Glaubenskongregation nicht verlängert. Vor der Berufung an den Heiligen Stuhl war Müller zehn Jahre lang Bischof von Regensburg. Nachfolger Müllers wird der bisherige Sekretär der Kongregation, der spanische Erzbischof *Luis Francisco Ladaria Ferrer.*

*Peter Kohlgraf,* bisher Theologieprofessor an der Katholischen Hochschule Mainz wurde am 27. August von seinem Vorgänger Karl *Kardinal Lehmann* zum Bischof geweiht und in sein Bischofsamt eingeführt. Der 50-jährige ist derzeit der jüngste Bischof an der Spitze eines deutschen Bistums. Papst Franziskus hatte ihn am 18. April zum Bischof von Mainz ernannt. Kohlgrafs Vorgänger Lehmann war vor gut 15 Monaten an seinem 80. Geburtstag zurückgetreten. Der Kardinal war fast 33 Jahre Bischof von Mainz.

*Christoph Stiba,* Generalsekretär des Bundes Evangelisch-Freikirchlicher Gemeinden (Baptisten- und Brüdergemeinden), ist seit März auch neuer Präsident der Vereinigung Evangelischer Freikirchen (VEF). Er ist Nachfolger von *Ansgar Hörsting,* Präses des Bundes Freier evangelischer Gemeinden, der dieses Amt sechs Jahre innehatte. Zum Stellvertreter Stibas wurde der Präses der Gemeinde Gottes, *Marc Brenner,* gewählt. Der neue Bischof der Evangelisch-methodistischen Kirche (EmK), *Harald Rückert,* kam ebenfalls in den VEF-Vorstand.

*Maurice Yacoub Amsih,* bisher Bischof an der Patriarchalkurie der syrisch-orthodoxen Kirche in Damaskus, ist neuer Metropolit für die Djazira, die syrische Ostprovinz zwischen Euphrat und Tigris. Patriarch Ignatius Aphrem II. führte ihn am 20. August in der Georgskathedrale in Hassake in sein Amt ein. Der frühere Metropolit der Djazira, *Eustathios Matta Roham,* von 2006 bis 2013 auch Mitglied des Zentralkomitees des Ökumenischen Rates der Kirchen, musste vor eini-

614 gen Jahren aus dem damals um-
kämpften Hassake fliehen und lebt
seither in Wien.

*Claudia Brinkmann-Weiß,* seit
2002 Dekanin des Kirchenkreises
Hanau, wird Dezernentin für Ökumene und Diakonie der Evangelischen Kirche von Kurhessen-Wal-
deck. Sie folgt auf *Ruth Gütter,* die
ins Kirchenamt der EKD wechselte.

*Es vollendeten*

*das 75. Lebensjahr:*

*Theodor Nikolaou,* Gründer
und langjähriger Leiter des Instituts
für Orthodoxe Theologie und der
daraus hervorgegangenen „Ausbil-
dungseinrichtung für Orthodoxe
Theologie der Ludwig-Maximilians-
Universität München", am 20. Juni;

*Wolfgang Huber,* ehemaliger
Bischof der Evangelischen Kirche
Berlin-Brandenburg (1994 bis
2004), ab 2004 bis 2009 Bischof
der Evangelischen Kirche Berlin-
Brandenburg-schlesische Oberlausitz und von 2003 bis 2009 Vorsitzender des Rates der Evangelischen
Kirche in Deutschland (EKD), am
12. August;

*das 85. Lebensjahr:*

*Martin Lange,* Pastor der Evangelisch-methodistischen Kirche, frü-
herer Sekretär der Arbeitsgemeinschaft Christlicher Kirchen in der
DDR, einer der Moderatoren des
Zentralen Runden Tisches in der
DDR 1989/1990, von 1992 bis
1997 Geschäftsführer der Arbeitsgemeinschaft Christlicher Kirchen
in Deutschland, am 20. Juli;

*Martin Stöhr,* einer der profi-
liertesten Vertreter der Ökumenischen Theologie und des jüdisch-
christlichen Dialogs, langjähriger
Direktor der Evangelischen Akademie Arnoldshain, von 1995 bis
2010 Vorsitzender der Martin-
Niemöller-Stiftung, Ehrenpräsident
mehrerer Organisationen, die sich
für den christlich-jüdischen Dialog
einsetzen, darunter des „International Council of Christians and Jews",
am 30. August;

*das 90. Lebensjahr:*

*Ulrich Finckh,* von 1971 bis
1980 ehrenamtlicher Geschäftsführer der Evangelischen Arbeitsgemeinschaft für Kriegsdienstverwei-
gerung und Frieden (EAK), am 4.
September.

*Verstorben sind:*

*Manfred Seitz,* langjähriger ehrenamtlicher Leiter des Pastoralkol-
legs der Vereinigten Evangelisch-Lutherischen Kirche Deutschlands
(VELKD), Professor für Praktische
Theologie an der Friedrich-Alexander-Universität Erlangen-Nürnberg
(1972–1994), im Alter von 88 Jahren, am 28. April;

*Joachim Kardinal Meisner,* seit
1989 bis 2014 der 94. Bischof in
der Nachfolge des Heiligen Mater-

nus auf dem Stuhl des Kölner Erzbischofs. Er galt in den 25 Jahren seiner Amtszeit als profiliertester Vertreter des konservativen Flügels der katholischen Kirche in Deutschland, im Alter von 83 Jahren, am 5. Juli;

*Joachim Vobbe,* von 1995 bis 2010 Bischof der Alt-Katholiken in Deutschland, für dessen Amtszeit die Entscheidung der Bistumssynode, Frauen zu allen geistlichen Ämtern zuzulassen, prägend war, im Alter von 70 Jahren, am 26. Juli;

*Rüdiger Minor,* von 1986 bis 1992 Bischof in der Zentralkonferenz der Evangelisch-methodistischen Kirche (EmK) in der Deutschen Demokratischen Republik (DDR) und nach der Wiedervereinigung Deutschlands und bis zur Vereinigung der beiden deutschen EmK-Zentralkonferenzen Bischof in der ostdeutschen Zentralkonferenz; er wurde 1991 als bischöflicher Koordinator mit der Aufsicht über das beginnende russische Werk der EmK beauftragt und von 1993 bis zum Eintritt in den Ruhestand im Jahr 2005 war er Bischof für Eurasien, im Alter von 78 Jahren, am 3. September;

*Erzbischof Feofan von Berlin und Deutschland,* Vorsteher der Berliner Diözese des Moskauer Patriarchats der russisch-orthodoxen Kirche, wurde 1996 zum Erzbischof ernannt; er war viele Jahre Delegierter der Orthodoxen Bischofskonferenz in Deutschland (OBKD) in der Mitgliederversammlung der Arbeitsgemeinschaft Christlicher Kirchen in Deutschland (ACK), im Alter von 63 Jahren, am 11. September.

# Zeitschriften und Dokumentationen

## I. Ökumenische Bewegung

*Elisabeth Gräb-Schmidt,* Protestanten beim Papst. Ökumene 2017: Zeichen der Einheit oder Aufgabe des Eigenen?, zeitzeichen 6/17, 14–16;

*Matthias Haudel,* Trinität als Lebenshorizont. Glauben und Leben im Lichte des dreieinigen Gottes, ebd., 24–26;

*Mario Fischer,* Die Charta Oecumenica als Grundsatzverpflichtung der Kirchen in Europa, US 2/17, 82–95;

*Rüdiger Noll,* Europa und die Ökumene, ebd., 112–122;

*Christoph Markschies,* Ökumenische Kirchengeschichte. Anmerkungen zu einem Projekt im Reformationsjahr, KNA-ÖKI 33–34/17, Dokumentation I–XII;

*Heinrich Bedford-Strohm,* Entscheidender Schub. Predigt bei der „Wittenberger Ökumenischen Versammlung", ebd., 35/17, Dokumentation I–IV;

*Michael Bünker,* Erinnerung stärkt die Ökumene. Zur Gegenwartsbedeutung der Reformation, ebd., 31–32/17, Dokumentation V–XI.

## II. Im Zeichen der Reformation

*Elisabeth Dieckmann,* Ökumenische Perspektiven nach dem Reformationsjubiläum 2017, US 3/17, 217–229;

*Barbara Rudolph,* Christusfest – Ökumenische Feiern im Jahr des ebd., 169–173;

*Thomas Kaufmann,* Reformatoren als Konvertiten, ZThK 2/17, 149–176;

*Jürgen Wandel,* Hängender Weingarten. Die „Weltausstellung Reformation" beleuchtet die Gegenwart, zeitzeichen 7/17, 54–57.

## III. Die Kirchen und die Krise in Europa

*Thomas Sternberg,* Europa – eine christliche Vision?, US 2/17, 96–111;

*Ulrich Ruh,* Die Kirchen angesichts der Krise Europas, ebd., 123–132;

*Charlotte Methuen,* Die europäische Krise und die Kirchen. Eine Perspektive aus dem Vereinigten Königreich, ebd., 133–145.

## IV. Dokumentationen

Die Ökumenische Bibelwoche 2017/18 steht ganz im Zeichen der Liebe: der Liebe Gottes zu den Menschen und der Liebe der Menschen untereinander. Das Bibelwochenmaterial ist im Neukirchener Verlag erschienen und kann bestellt werden unter info@nvg-medien.de.

# Neue Bücher

ZUM REFORMATIONSJUBILÄUM

*Konrad Raiser,* 500 Jahre Reformation weltweit. Studienreihe Luther 7. Luther Verlag, Bielefeld 2016. 232 Seiten. Pb. EUR 12,95.

Auch oder gerade im Jahr des 500. Reformationsjubiläums zeigt sich, dass dieses Ereignis sehr häufig ausschließlich mit Martin Luther und dessen Aktivitäten in Verbindung gebracht wird. Dies hängt verständlicherweise damit zusammen, dass im allgemeinen Bewusstsein – vor allem in Deutschland – der Beginn der Reformation am Wittenberger Thesenanschlag von 1517 festgemacht wird. In dem vorliegenden Band 7 einer Reihe von Studienheften zu Martin Luther und der Geschichte der Reformation unternimmt es Konrad Raiser, der ehemalige Generalsekretär des Ökumenischen Rates der Kirchen, die Reformation als gesamteuropäisches Ereignis zu verstehen und ihre weltweite Bedeutung darzustellen und kritisch zu untersuchen.

In einem ersten von insgesamt vier Schritten betrachtet er zunächst die Geschichte der Reformation aus europäischem Blickwinkel und ordnet sie in die weitere Geschichte von Reformen in der lateinischen Kirche seit dem 12. Jahrhundert ein. Hier zeigt sich die Reformation als „ein vielgestaltiger Prozess mit unterschiedlichen Zentren und Akteuren" (59), der keinesfalls nur auf Luther als Initiator zurückgeführt werden kann. Daher werden im zweiten Kapitel des Buches die „Profile reformatorischen Christentums" dargestellt, die die Vielfalt und Vielgestaltigkeit an Kirchen deutlich machen, die die Reformation aus ihren verschiedenen Ansätzen hervorgebracht hat. In einem dritten Kapitel wird der Blick auf die ganze Erde gelenkt: Raiser stellt die missionarische Expansion der reformatorischen Kirchen dar. Hierbei wird deutlich, dass bei dieser Ausbreitung vor allem Ideen aus dem Pietismus und der Erweckungsbewegung des 19. Jahrhunderts die Triebkräfte waren. Ergebnis ist ein heute deutlicher Schwerpunkt des Christentums im globalen Süden, das allerdings stärker von Kirchen geprägt ist, die nicht aus der „klassischen" Reformation hervorgegangen sind, sondern in denen sich ein neues christliches Profil gebildet hat. Raiser zeigt folglich im vierten Kapitel auf, dass die weltweite Bedeutung der Reformation nicht in direkten gesellschaftlichen Veränderungen liegt oder gar in der Ausbildung des modernen Freiheits- und Demokratieverständnisses, sondern eher in der Herausbildung einer „‚protestantischen', gesellschaftlichen und

618 politischen Kultur", die aber heute vermehrt Widerspruch erfährt insoweit ihr universale Gültigkeit zugesprochen wird. Daher fordert der Autor von den reformatorischen Kirchen, sich neu Rechenschaft über das Prinzip der Rechtfertigungslehre zu geben. An dieser Stelle kommt für ihn die Auseinandersetzung mit der pfingstlich-charismatischen Bewegung in den Blick ebenso wie die bisherige Bedeutung bzw. der in Zukunft zu leistende Beitrag der reformatorischen Kirchen für die weltweite ökumenische Bewegung im Hinblick auf eine „Einheit (der Kirchen) in versöhnter Gemeinschaft" wie auch im Hinblick auf die in der Schrift verheißene zukünftige Einheit der Menschheit und der ganzen Schöpfung.

Im Zentrum steht für Raiser der Begriff der Pluralität. Zum einen ist dies die Pluralität der reformatorischen Kirchen selbst, die nicht zuletzt zur Pluralität der Weltchristenheit heute geführt hat. Gleichzeitig wird diese Pluralität zur Herausforderung „auch für die überkommene konfessionelle Identität der ehemals sendenden reformatorischen Kirchen" (214). Er hebt andererseits die „Kraft der Erneuerung" des reformatorischen Protestantismus hervor und hegt die Hoffnung, „dass der reformatorische Protestantismus sich als Kraft der kulturellen Transformation in der Einen Welt erweisen könnte" (221).

Das Buch ist insgesamt beinahe zu einer Art Handbuch geraten, das einen guten kirchenkundlichen Überblick über die Facetten der aus der Reformation entstandenen Kirchen bietet. Nicht zu Unrecht hebt Raiser hervor, dass in Zukunft – vor allem im globalen Süden – die Beziehung der reformatorischen Kirchen zum pfingstlich-charismatischen Christentum existentiell wichtiger ist als die bisher im Zentrum stehende Beziehung zur römisch-katholischen Kirche (166). Wichtig ist daher auch seine Überlegung zur Frage, ob die pfingstlich-charismatische Bewegung eine „neue Reformation" ist (182–195), die als „ökumenische Herausforderung für die reformatorischen Kirchen und den historischen Protestantismus" gesehen werden. Für den Blick auf die weltweite Ökumene wäre es vielleicht interessant und auch hilfreich gewesen, auch die römisch-katholische Kirche als Ergebnis der Reformation (das Konzil von Trient war schlussendlich eine Reaktion auf die Forderungen der Reformatoren und hat die Grundlage für die heutige römisch-katholische Kirche gelegt) mit in die genannte Vielfalt einzubeziehen und auf diese Weise auch die Kirchen im globalen Süden auf ihre historische Beziehung zur römischen Kirche aufmerksam zu machen.

Für Leser und Leserinnen, die ihren Blick weiten und eine verengte Sicht auf die Reformation wie auch eine für Deutschland typische Verengung des Begriffs Ökumene auf die Beziehungen zwischen der

Evangelischen und der Katholischen Kirche überwinden möchten, ist dieses Buch ein unverzichtbarer Augenöffner.

*Dagmar Heller*

*Heinz Schilling,* Martin Luther. Rebell in einer Zeit des Umbruchs. C. H. Beck Verlag, München 2016. 4. aktualisierte Auflage 728 Seiten. Gb. EUR 19,95.

Die Lutherbiografie von Heinz Schilling kann man schon fast als eine Art „Klassiker" unter den neueren Lutherdarstellungen betrachten. Das 2012 zum ersten Mal erschienene Werk liegt in der zum Reformationsjubiläum aktualisierten Fassung bereits in der 4. Auflage vor.

In einem Prolog erläutert Schilling die Perspektive seiner Darstellung: „Luther als Mensch einer Epoche des Glaubens und des Umbruchs" (13–19). Die historische Verortung will eine voreilige „Vereinnahmung" Luthers hinterfragen und einem verklärenden und mystifizierenden Gedenkkult entgegenwirken. Der Reformator ist in seiner sperrigen Eigenart und seiner historischen Fremdheit wahrzunehmen, was für Schilling beinhaltet, ihn als „Mann in der Zeit und die Zeit in dem Mann verständlich" zu machen (18).

In chronologischer Abfolge werden in drei Hauptstadien Luthers Leben und sein reformatorisches Wirken entfaltet. Der erste Teil behandelt in drei Unterkapiteln die Jahre 1483–1511. Anknüpfend an das Stichjahr 1483, dem (vermutlichen) Geburtsjahr Luthers, werden wie in einem Zeitpanorama zunächst die vielfältigen Dynamiken und soziokulturellen Umbrüche der spätmittelalterlichen Gesellschaft in Europa aufgezeigt, bevor es, vor diesem Hintergrund, um die biografischen Stationen von Luthers „Kindheit, Studium und ersten Klosterjahren" (21–114) geht. Im zweiten Hauptteil „Wittenberg und die Anfänge der Reformation (1511–1525)", der sich über sechs Kapitel erstreckt, wird die reformatorische Frühphase beleuchtet (115–356). Neben dem Konflikt auslösenden Ablassstreit mit seinen publizistischen, kirchlich-politischen und insbesondere theologischen Folgewirkungen (Wormser Reichstag, Bann, Papst-/Kirchenkritik) stehen Luthers abgrenzende Positionierungen und Interventionen während der „Wittenberger Unruhen" und des Bauernkrieges sowie seine Eheschließung und Familiengründung im Fokus der Darstellung. Der dritte Hauptteil widmet sich unter dem Thema „Zwischen Prophetengewissheit und zeitlichem Scheitern" (357–618) in vier Teilkapiteln den Jahren 1525–1546. Dabei rücken die sich herausbildenden Konturen einer evangelischen Kirchenordnung, die pointierten Abgrenzungen und weitreichenden Kontroversen mit Erasmus (Willensfreiheit) und Zwingli (Abendmahl/Realpräsenz) sowie der Augsburger Reichstag mit den Komplikationen einer evangelischen Identität und Bündnispolitik in den Mittelpunkt. Darüber hinaus geht es um unterschiedliche anlassbedingte und orientierende Reflexionen zu Fragen ökonomischer, politischer und gesellschaftlicher Praxis (Zwei-Reiche-Lehre, Standes- und Berufsethik), um das polemische und eschatologisch/apokalyptisch bestimmte Negativbild von Juden und Türken, um Luthers musikalische Neigung und Produktivität sowie um die seelsorgerlichen Züge und Intentionen seiner Korrespondenz. Mit einer genauen Nachzeichnung von Luthers letzten Lebenstagen und seinem feierlichen Begräbnis in Wittenberg wird die biografische Darstellung beschlossen. Ein bilanzierender Epilog hält die zentralen Einsichten und Ergebnisse fest und resümiert sie in zentralen Aspekten der Wirkungsgeschichte: „Luther und die Neuzeit – die Dialektik von Scheitern und Erfolg" (619–644). Ein Anhang enthält neben den obligatorischen Anmerkungen und Belegen eine breite Bibliografie und ein Personenregister. In das Buch eingestreut sind darüber hinaus zahlreiche und vielfältige Abbildungen. Verknüpft mit erläuternden Querverweisen im Text trägt dieses umfangreiche Bildmaterial zu einer prägnanten und vertiefenden Visualisierung historischer Details bei.

Die vielschichtige und beziehungsreiche Darstellung der einzelnen Lebens- und Wirkungsphasen des Reformators verliert sich trotz aller Breite nie im Uferlosen. Einige durchlaufende Perspektiven und inhaltliche Akzentuierungen werden pointiert herausgestellt. So verdeutlicht Schilling die Spannung zwischen dem universal gedachten Ansatz der reformatorischen Kirchenerneuerung und dem faktischen Ergebnis einer Separatreformation lutherischer (bzw. analog dazu reformierter) Staats- und Landeskirchen (619). Auch wenn darin ein Scheitern gesehen werden könnte, so bedeutete dieses Ende des Universalismus letztlich doch eine zentrale Weichenstellung für die kulturelle und politische Differenzierung Europas. Die Pluralität und Konkurrenz von partikularen Konfessionskirchen, zu denen auch die römische Kirche trotz ihres ideellen Universalanspruchs faktisch zählte, erwies sich trotz der Gräuel der bald aufbrechenden Religionskriege als ein Wegbereiter der Moderne, in der sich ein von Säkularität, Pluralität und Gewissensfreiheit gekennzeichnetes System rechtlich gleichgestellter Partikularstaaten herausbildete (628).

Ein weiteres Augenmerk legt der Autor auf das für ihn zentrale Moment einer Revitalisierung der christlichen Religion, die mit der Reformation verbunden war. Luther verlieh der kirchlich erstarrten Religion mit seiner wort- und rechtfertigungstheologischen Fokussierung (*sola gratia*) wieder eine existentielle Plausibilität und damit auch eine neue politische und gesellschaftliche Bedeutung und Gestaltungskraft (641). Aus einer überkommenen „Verweltlichung" wurde eine neue „Welthaftigkeit", die sich in einer motivierenden Weltverantwortung niederschlug (642). Die innere religiöse Erneuerung durch die Reformation strahlte dabei für Schilling auch auf die römisch-katholische Kirche aus, indem nämlich das Trienter Konzil in Reaktion auf die Reformation Grundlagen für eine eigene innerkatholische Reform legte (629 f).

Persönlichkeit und Selbstverständnis des Reformators sind für Schilling weitere wichtige Verständniskategorien. Luthers ausgeprägtes, „prophetisch-eschatologisch" bestimmtes Sendungsbewusstsein lieferte einerseits die Grundlage dafür, in den kirchlichen und politischen Widerständen und Konflikten couragiert standzuhalten (626). Sie führte aber zugleich zu einer kompromisslosen und rigiden Verwerfung aller Abweichler. Dies zeigte sich u. a. in Luthers Haltung zum Bauernkrieg wie auch in seinem Umgang mit andersdenkenden reformatorischen Akteuren (Zwingli, Täufer, Karlstadt). Eine Pluralität der Wahrheit war für Luther nicht vorstellbar. Obwohl es in seinem Denken Ansätze für eine religiöse Toleranz gab, überwog mit zunehmender Zeit die normative Vorstellung von einer kirchlichen und dogmatischen Einheitlichkeit und Reinheit innerhalb der protestantischen Kirchengesellschaften, gleichsam als „heilsgeschichtliche Notwendigkeit" (635).

Eine ähnlich rigorose Tendenz ist für Schilling auch spürbar in Luthers Haltung zum Judentum. Dabei stellt er zunächst klar, dass Luthers polemischer und z. T. infamer Antijudaismus nicht ethnisch, sondern primär heilsgeschichtlich und theologisch motiviert war (Enttäuschung über die Ablehnung der Messianität Jesu). Dies unterschied ihn vom rassistischen Antisemitismus, der die ideologische Basis für den Nationalsozialismus bildete. Daher ist es für den Autor unsachgemäß, eine direkte kausale Linie von Luther zum Holocaust zu ziehen. Ungeachtet dessen bleibt für ihn jedoch unstrittig, dass die Maßlosigkeit und die Aggressivität von Luthers antijüdischen Schriften zu einer judenfeindlichen Grundstimmung und Vergiftung des Denkens des 19. und 20. Jahrhunderts beitrugen und so antisemitischen Ausgrenzungen und Auswüchsen Vorschub leisteten (637).

Die Biografie bietet eine äußerst gewinnbringende, erhellende und anregende Lektüre. Sie zeichnet sich nicht nur durch inhaltliche Prägnanz, sondern auch durch eine lebendige, lesefreundliche Sprachform aus. Wichtige Zusammenhänge, die die Verschränkung von Zentralmotiven der Theologie Luthers mit den geschichtlichen und situativen Kontexten aufzeigen, werden greifbar und deutlich. In ökumenischer Hinsicht unterstreicht das Buch die Skepsis gegenüber allen konfessionalistischen Lutherbildern mit ihren plakativen und vordergründigen Reflexen und Klischees. Die theologische Substanz der Reformation Luthers wird in ihren ursprünglichen kirchenweiten Erneuerungsintentionen wie auch in den Grenzen der historischen Umsetzung erkennbar. Damit wird zugleich auf eine bleibende Herausforderung verwiesen, nämlich die gewachsene konfessionelle Vielfalt nicht nur als unwiderrufliche Gegebenheit „hinzunehmen", sondern als inspirierendes Potential „anzunehmen" und im Sinne einer kirchlich-pluralen und partnerschaftlichen Ökumene zu begreifen und zu gestalten. Ein bedenkenswerter Impuls im Kontext eines Reformationsjubiläums!

*Klaus Peter Voß*

*Ingolf U. Dalferth* (Hg.), Reformation und Säkularisierung. Zur Kontroverse um die Genese der Moderne aus dem Geist der Reformation. Mohr Siebeck, Tübingen 2017. 259 Seiten. Br. EUR 14,–.

Der Band enthält die Referate, die im Auftrag des Wissenschaftlichen Beirats „Reformationsjubiläum 2017" vom 27.–28. November 2015 unter dem Motto „Reformation und Säkularisierung" in Berlin gehalten wurden und die die seit Jahrzehnten in der Systematischen Theologie und in der Kirchengeschichte behandelte Frage klären wollten, ob man die Reformation als den Anfang des Geistes der Moderne und der entsprechenden Säkularisierungsprozesse betrachten kann. Dabei wollten die Teilnehmer der Tagung die bekannten Bahnen der Debatten über Säkularisierung, Säkularität und Säkularismus verlassen und weniger diskutieren, ob die Grenze zwischen religiös und säkular verläuft, als vielmehr beachten, dass die Grenze zwischen göttlich und weltlich bzw. zwischen Schöpfer und Schöpfung verläuft.

Deshalb formulierte Ingolf U. Dalferth in seinem Einleitungsreferat „Säkularisierung, Säkularität, Säkularismus. Orientierung in einem unübersichtlichen Feld am Leitfaden der Frage nach dem Geist der Reformation" (1–23) am Ende mehrere Fragen, die den Referenten helfen sollten, den richtigen Weg zu finden: „Was steht zur Debatte, wenn nach dem Verhältnis von Reformation und säkularer Welt gefragt wird? Welche Fragen sind vom Standpunkt einer säkularen Moderne an die reformatorischen Traditionen zu richten? Und welche Entwicklungen der europäischen Moderne und globalen Spätmoderne bringen reformatorische Überzeugungen zur Geltung und welche widersprechen ihnen?" (23)

Die übrigen Referate waren von Brad S. Gregory: „Disembedding Christianity. The Reformation Era and the Secularization of Western Society" (25–55); Dorothea Wendebourg: „Freiheit des Glaubens – Freiheit der Welt" (57–89); Albrecht Beutel: „Konsequente Historisierung. Die Revision und Transformation reformatorischer Basisimpulse im Zeitalter der Aufklärung" (91–118); Volker Gerhardt: „Aufklärung über den Glauben" (119–140); Detlef Pollack: „Religion und Individualisierung. Kulturelle Wirkungen des Protestantismus" (141–174); Eilert Herms: „Die Moderne im Lichte des reformatorischen Erbes" (175–234); Risto Saarinen: „Rechtfertigung und Anerkennung. Theologische Denkfiguren in der gesellschaftlichen Diskussion" (235–254).

Für das ökumenische und das interreligiöse Gespräch ist es nur schade, dass keine Autoren aus anderen Kirchen, Konfessionen und Religionen als Vortragende eingeladen waren. Denn die Säkularisierung ist nicht nur ein protestantisches oder christliches, sondern ein allgemeines Menschheitsphänomen. Dass das Christentum, besonders in seiner protestantischen Form, daran einen erheblichen Anteil und den Geist der Moderne mitbestimmt hat, ist seit Ernst Troeltsch bekannt und braucht uns nicht noch einmal gesagt zu werden. Dass und wie die Säkularisierung die moderne Welt bestimmt,

sollte aber intensiver, als es hier – mit Blick auf die Reformation im 16. Jahrhundert – geschah, untersucht werden.

*Bernd Jaspert*

## INTERKULTURELLE THEOLOGIE

*Henning Wrogemann,* Theologie Interreligiöser Beziehungen. Religionstheologische Denkwege, kulturwissenschaftliche Anfragen und ein methodischer Neuansatz. Lehrbuch Interkulturelle Theologie/Missionswissenschaft, Band 3. Gütersloher Verlagshaus, Gütersloh 2015. 475 Seiten. Kt. EUR 39,99.

Nur zwei Jahre nach Band 2 legt Henning Wrogemann nun auch den dritten Band seiner Trilogie vor, der eine Theorie des interreligiösen Dialogs entwickelt. Nach einer *Einleitung* in die Thematik geht es in Kapitel I um *Neuere Entwürfe christlicher Religionstheologien.* Sechs Entwürfe werden vorgestellt, kritisch vor allem die von John Hicks und Paul Knitter bewertet, positiv der von Amos Yong. Kritikpunkt ist, dass viele Dialogansätze nicht den realen Vollzug gelebter Religion berücksichtigen, sondern auf einer distanzierten Metaebene angesiedelt sind. Kapitel II zeigt, wie *andere Religionen in muslimischer und buddhistischer Perspektive* gesehen werden. Wichtigstes Ergebnis: Auch für den Dialog offene muslimische und buddhistische Theologen wollen (und können) nicht auf den Anspruch der Letztbegründung der eigenen Religion verzichten.

Kapitel III: *Bausteine einer Theorie Interreligiöser Beziehungen* behandelt u. a. Fragen wie: Was bedeutet Identität? Was bedeutet Anerkennung? Was wirkt in der Öffentlichkeit? und mündet in „Grundlinien einer Theorie interreligiöser Beziehungen" (287 ff). W. warnt vor dem Fehlschluss, gegenseitige Wertschätzung durch „Selbstrelativierungsmuster" gewinnen zu müssen (251; 335). Kapitel IV: *Das Dialogische in interreligiösen Beziehungen* bespricht Wesen, Gegenüber und Ziel eines echten Dialogs und führt hin zu Kapitel V: *Auf dem Weg zu einer Theologie Interreligiöser Beziehungen.* Hier wird sehr ausführlich auch das Gespräch mit den unterschiedlichen Ansätzen biblischer Theologie geführt, vom Gottesbild im Alten Testament, über das Verhalten Jesu bis zum Umgang mit einer feindlichen Umwelt im 1. Petrusbrief und der Offenbarung des Johannes.

Aus der Zusammenfassung ein längeres Zitat, das auch etwas vom Reflexionsniveau des Buchs zeigt: „Eine *Theologie Interreligiöser Beziehungen geht* … im Unterschied zu anderen Ansätzen davon aus, dass auf der Basis religiöser Letztbegründungsmuster wichtige Impulse für ein konstruktiv-wertschätzendes Miteinander von Individuen und Menschengruppen in pluralen Gesellschaften zu gewinnen ist. Grundlegend ist, interreligiöse Beziehungen als *leibliche Kommunikation* in spezifischen *Raumkonstellationen* zu verstehen, die durch *performatives Handeln* wesentlich bestimmt sind, wobei die durch ein *religiöses Narrativ begründete Selbstwahrnehmung einer Wir-Gruppe* wesentlich zu friedfertigen und wertschätzenden Interaktionen dadurch beitragen kann, dass durch dieses Narrativ der scheinbaren Normativität des Alltäglichen ein *kontrafaktisches Verständnis von Wirklichkeit* gegenübergestellt wird" (402 f).

Zu den Aufgaben dieser Theologie gehört weiter, auch auf unbequeme Texte christlicher Tradition Bezug zu nehmen und deren produktive Potentiale zu entdecken und sich von rein kognitivistischen Zugängen akademischer Theologie zu lösen.

Das letzte Kapitel, VI. *Interkulturelle Theologie/Missionswissenschaft und Religionswissenschaft,* stellt sich der Aufgabe, die verschiedenen Bezeichnungen des Fachs in Beziehung zueinander zu setzen. Es fasst damit die Ergebnisse der ganzen Trilogie zusammen. Hier die entscheidende Passage: „Interkulturelle Theologie reflektiert die durch den universalen Geltungsanspruch ihrer Heilsbotschaft motivierten missionarisch-grenzüberschreitenden Interaktionen christlichen Glaubenszeugnisses, die im Zusammenspiel mit den jeweiligen kulturellen, reli-

giösen, gesellschaftlichen und anderen Kontexten und Akteuren zur
Ausbildung einer Vielzahl lokaler
Christentumsvarianten führen, die
sich durch das Bewusstsein ihr[er]
Zusammengehörigkeit vor die Aufgabe gestellt sehen, normative Ge-
halte christlicher Lehre und Praxis
in der Spannung zwischen Universa-
lität und Partikularität immer wieder
neu auszuhandeln." „Als begriffliche
Neubestimmung und Weiterent-
wicklung der Fachbezeichnung Mis-
sionswissenschaft *verweist der Begriff Interkulturelle Theologie auf
das für die christliche Religions-
formation grundlegende Charakte-
ristikum, dass sich die christliche
Heilsbotschaft universal und also
grenzüberscheitend an alle Menschen richtet"* (420).

Das Buch beeindruckt durch
den außerordentlichen Reichtum an
Informationen und Einsichten aus
ganz unterschiedlichen Bereichen
der Thematik. Ökumenisch wichtig
ist die Absage an eine eurozentri-
sche Sicht der Dinge und das Plä-
doyer für das, „was auf der Gras-
wurzelebene" religiöser Erfahrung
geschieht (413 f). Es ist zu hoffen,
dass W.'s Eintreten für einen offe-
nen Dialog ohne vorlaufende Selbst-
relativierung einen fruchtbaren Impuls für das interreligiöse Gespräch
setzt.

*Walter Klaiber*

*Wilhelm Storost Vydunas,* Sieben
Hundert Jahre deutsch-litau-
ischer Beziehungen. Kulturhis-
torische Überlegungen. Dritte
Auflage zum 150. Geburtstages
des Autors, herausgegeben von
Brita Storost, koordiniert von
Miroslav Danys, LIT Verlag,
Münster/Berlin 2017. 408 Sei-
ten. Kt. EUR 49,90.

Wie sieht die Heimat aus,
„wenn man mit ihr durch die Zeiten wandert"? (10). Genau diese
Wanderung hat der litauische Dichter, Linguist und Philosoph Wilhelm
Storost Vydunas vor 85 Jahren un-
ternommen, als er sein Buch „Sieben Hundert Jahre deutsch-
litauischer Beziehungen" veröffentlichte. Rechtzeitig zum 150. Geburtstag haben seine Großnichte
Brita Storost und Miroslav Danys,
der frühere Osteuropabeauftragte
der Lippischen Landeskirche und
Koordinator des Vydunas-Jahres
2018, die dritte Auflage dieses Werkes herausgegeben, das die komplexe Geschichte zwischen Litauen,
Deutschland und auch Polen, sowie
die Rolle des Christentums darin
beleuchtet. Während die Nazis
nach ihrer Machtübernahme die
erste Auflage 1932 noch in der Druckerei fast vollständig vernichten
ließen, um das litauische Kulturgut
auszulöschen und um die Leser von
Vydunas' gesamteuropäischem Den-

ken des Friedens und der Versöhnung fernzuhalten, ist das Buch nun gleichsam wie Phönix aus der Asche der Bücherverbrennung auferstanden.

Wilhelm Storost Vydunas wurde 1868 im ostpreußischen Jonaten geboren. Seine Eltern gehörten zur lutherischen Kirche und erzogen ihren Sohn ganz im Sinne des Pietismus und der Erweckungsbewegung. Sein Vater studierte am Missionsinstitut in Berlin, um sich auf seine Missionarstätigkeit in Afrika vorzubereiten. Eine Erkrankung an Tuberkulose hinderte ihn jedoch daran, als Missionar auszureisen. Neben seinem Beruf als Schuldirektor hat er sich auch als „Stundenhalter" betätigt, das heißt, er hielt regelmäßig Andachten und Kasualien, sowohl auf Litauisch als auch auf Deutsch. Wilhelm las bereits als Kind mehrfach die Bibel. Sein Vater brachte ihm Griechisch und Latein bei, um ihn auf das Theologiestudium vorzubereiten. Wilhelm wurde dann allerdings Lehrer und übte 24 Jahre lang diesen Beruf aus, bevor er von der preußischen Schulbehörde, ebenfalls aufgrund einer Tuberkuloseerkrankung, früh pensioniert wurde. Vydunas begann daraufhin ein umfangreiches Studium an deutschen Universitäten, das sein Nachdenken über die christliche Mission durch das Schwert am litauischen Volk beförderte. Aus dieser Zeit entsprang sein Pazifismus, die Neigung zur Theosophie und Anthroposophie,

und in diesem Zusammenhang gehört sein größtes Werk „Sieben Hundert Jahre deutsch-litauischer Beziehungen", das ein „Bekenntnis" (394) zu seiner litauischen Heimat ist. Als solches muss das Buch gelesen werden, denn dadurch erschließen sich der Leserschaft die tiefen Verletzungen der Litauer durch die Besatzung der Deutschen über mehrere hundert Jahre, die Wirkung bis in die reformatorischen Kirchen heute zeitigt.

Vydunas fordert in seinem Buch den neuzeitlichen Gedanken ein, sein Volk, dessen Kultur und Religion nicht von außen, sondern aus der Binnenperspektive wahrzunehmen. Dazu dienen im gesamten ersten Teil sowohl die prosaischen und lyrischen Darstellungen der litauischen Landschaft, als auch die eindrücklichen Kenntnisse über die Herkunft der litauischen Sprache und seiner Lieder (der „Daina"), sowie die Beschreibungen des Kunsthandwerkes im letzten Teil. Der erste und letzte Teil bilden sozusagen die kulturelle Klammer, welche die Leserschaft in das hineinnimmt, was Vydunas „Heimat" nennt und von wo aus er die Deutung der Geschichte und der Religion als ein Bekenntnis zu seinem Land vornimmt. Die Würdigung der litauischen Kultur und Sprache, das, was die Balten insgesamt als europäische Minderheit auszeichnet, entspricht heutzutage ganz dem Wiederentdecken von Minderheiten-Kulturen, wie sie sich der ÖRK auf seiner Zentralausschusssitzung im Juni 2016 in Trondheim im Rahmen des „Pilgerweges der Gerechtigkeit und des Friedens" ins Bewusstsein gerufen und die KEK in ihrer Charta Oecumenica auf die Agenda geschrieben haben. Es gilt, dies nicht nur zu proklamieren, sondern sich folgerichtig auch ernsthaft mit Minderheiten-Kulturen zu beschäftigen und sie mithilfe ihrer eigenen Schriftsteller, Dichter und Philosophen von innen heraus zu verstehen. Dazu leistet das Buch von Storost Vydunas einen wertvollen Beitrag. Vydunas, obwohl er sich zu Litauen als seiner Heimat bekennt, denkt aber nicht nur litauisch, sondern zeigt sich als echter „Europäer", indem er die Würdigung spezifischer Kulturen auch auf zugewanderte Minderheiten in Litauen bezieht wie zum Beispiel die Mennoniten (213) und die Waldenser (229).

Die Auseinandersetzung mit der litauischen Sprache und die Kenntnis ihrer Wurzeln im Gotischen, Althochdeutschen, Griechischen, Lateinischen, aber vor allem im Sanskrit (!) durchzieht das gesamte Werk. Hier zeigt sich wie unter einem Brennglas die ganze Komplexität auch der politischen Verflechtungen, besonders der ambivalenten deutsch-litauischen Beziehungen: Es waren deutsche Orden, die sich gewaltsam mit unglaublicher Arroganz über die Litauer erhoben, aber es waren nach dem Wiener Kongress auch deut-

sche Pfarrer, die die Übersetzung der Bibel ins Litauische (246), die Herausgabe eines litauischen Gesangbuchs (248) und die Gründung von Schulen (247), in denen die Kinder Litauisch lernten, beförderten oder sogar selbst vornahmen. Vydunas: „Als Deutsche zum ersten Male in unsere Heimat hereinbrachen, wurden sie von dem Gedanken geleitet, daß sie als Christen den heidnischen Bewohnern hier unendlich überlegen und darum zur Unterwerfung berechtigt seien. Im Laufe der Zeit änderte sich das. Die bekriegten Bewohner unserer Heimat hießen schließlich ebenfalls Christen" (313).

Es ist das Verdienst von Storost Vydunas, das komplizierte Geflecht in der Geschichte zwischen Deutschen und Litauern darzustellen, freilich nicht ohne einen im späten 19. und in der ersten Hälfte des 20. Jahrhunderts üblichen Idealismus, mit dem er den Einzelnen überhöht: „Was vom einzelnen Menschen gilt, das hat auch Bedeutung mit Bezug auf ein ganzes Volk." Hier und an vielen anderen Stellen hätte dem Buch eine Kommentierung durch die Herausgeber gutgetan. Ein kritischer Apparat würde helfen, die Distanz zum 19. Jahrhundert in der Sprache zu überwinden, aber auch die Skepsis gegenüber dem idealistisch überhöhten Gedankengut angemessen einzuordnen. Notwendig wäre die Kommentierung des Buches bei Kriegs- und Schlachtenbeschreibungen gewesen (z. B. im Kapitel „Deutsche kommen in das Land", 143–188), ebenso ein kritischer Hinweis zur Zuverlässigkeit der von Vydunas benutzten Quellen. So bleibt es die Aufgabe der Leser*innen, selbst herauszufiltern, welche Ansichten der Zeit geschuldet sind und welche Schätze aus diesem Buch auch heute gehoben werden können. Allein, zur Erstellung solch eines kritischen Kommentars fehlte den Herausgebern das Geld und die Unterstützung, die dieses Buch durch die ihr verbundenen Kirchen verdient hätte.

Die Beziehungen zwischen den litauischen Kirchen und den EKD-Gliedkirchen sind teilweise durchaus ambivalent. Dass die traditionellen litauischen Kirchen zum Teil anfällig für die Mission der Missouri-Bewegung sind und dies unlängst zur Spaltung innerhalb der Reformierten Kirche führte, hat auch damit zu tun, dass den reformatorischen Kirchen heute das komplexe Geschichtsbewusstsein eines Storost Vydunas fehlt. Ein Großteil der litauischen Pfarrer lehnt die Beschäftigung mit den Schriften des Vydunas kategorisch ab, weil sie in seiner umfassenden humanistischen Bildung und auch seinem historisch-kritischen Zugang zur Bibel eine Gefährdung ihres Glaubens sehen. Die neue Synode der Reformierten Kirche, die sich von der durch die Missouri-Bewegung unterlaufenen traditionellen Reformierten Kirche getrennt hat,

wird weder vom Staat noch von einigen deutschen Partnerkirchen anerkannt. Dabei ist gerade sie es, die die Unterstützung gut gebrauchen könnte.

Die Lippische Landeskirche hat hier eine besondere Verantwortung, hat doch Storost Vydunas nach dem Zweiten Weltkrieg in Detmold seine letzten Jahre verbracht. Er starb im hohen Alter von 85 Jahren 1953 in Detmold, wohin es ihn nach der Vertreibung durch die Nazis und auf der Flucht vor den Sowjets nach 1944 verschlagen hatte. Die regelmäßig stattfindende Polen-Litauen-Lippe Konsultation könnte die Chance des Vydunas-Jahres nutzen, ihrem Bürger ein Denkmal zu setzen. Nicht nur der Erinnerung wegen, sondern als Ausdruck europäischer Verständigung.

*Gesine v. Kloeden*

RECHTFERTIGUNG

*Nicholas Thomas Wright*, Rechtfertigung. Gottes Plan und die Sicht des Paulus, übersetzt von Rainer Behrens, redaktionell bearbeitet und herausgegeben von Barbara Hallensleben und Simon Dürr, Studia Oecumenica Friburgensia 63, Aschendorff Verlag, Münster 2015. 260 Seiten. Br. EUR 29,80.

Der ehemalige anglikanische Bischof von Durham und heutige

Professor für Neues Testament an der Universität St. Andrews, Nicholas T. Wright, versteht seine 2009 im englischen Original erschienene Monographie zum paulinischen Verständnis der Rechtfertigung nicht allein als Beitrag zur exegetischen Debatte zwischen den Anhängern der „alten" und der „neuen Perspektive" auf Paulus, sondern ausdrücklich auch als Wortmeldung in einer ökumenischen Diskussion: „Wenn Paulus heute zurückkommen würde" schreibt Wright, „so wäre sein größter Schock bezüglich unseres kirchlichen Lebens sicherlich die Weise, wie wir uns fröhlich mit radikaler Uneinigkeit abgefunden haben, insbesondere am Tisch des Herrn". Paulus „würde" nach der Meinung des Exegeten „darauf bestehen, dass alle, die zur Glaubensfamilie des Messias gehören, an denselben Tisch gehören". Als Neutestamentler sucht der Autor deshalb die kritische Auseinandersetzung mit dem in reformatorischer Zeit erarbeiteten und im 19. Jahrhundert weiter ausgebildeten Verständnis des Rechtfertigungsgeschehens, das den Akzent einseitig auf die individuelle Gottesbeziehung verengt, und unterstreicht dabei den bundestheologischen Kontext der Gedanken des Paulus. Dieser in der neutestamentlichen Wissenschaft der „neuen Perspektive auf Paulus" zugerechnete Ansatz hat nach Wright ekklesiologische Folgen und verlangt auch nach praktisch-theologischen

Konsequenzen, die freilich in diesem exegetischen Werk nicht ausgeführt werden können.

Dass die Rechtfertigung für Paulus in den Zusammenhang des „Bundes Gottes mit und durch Abraham für die Welt" gehört, zeigt Wright insbesondere durch die Untersuchung des Galater- und des Römerbriefes. „Gerechtfertigt meint hier", so Wright, „als Mitglied der Bundesfamilie gelten [...]. Rechtfertigung ist die Lehre, die besagt, dass wir zusammengehören." Sein inklusives Rechtfertigungsverständnis kann Wright auch als „Rechtfertigung durch Eingliederung" [scil. der Heiden in den Bund Gottes mit Abraham] bezeichnen. Sinnfälligen Ausdruck findet dieses Verständnis u. a. durch die Übersetzung der „pistis Iesu Christou" (Gal 2,16 u. ö.) als „Treue des Messias Jesus" (und nicht als „Glaube an Jesus Christus"). Der durch den treuen Messias wiederhergestellte Bund erhält zudem durch die in Röm 8 beschriebene Gabe des Geistes eine kosmische Dimension, „den die östlichen Christen nie verloren haben". Damit hebt Wright in guter anglikanischer Tradition über das Gespräch der Reformation mit dem Protestantismus auch die Bedeutung des Christuszeugnisses der östlichen Kirchen für die christliche Soteriologie hervor.

Dem im Jahr 2016 vollzogenen Beitritt der anglikanischen Kirche und dem im Jahr 2017 erfolgten Beitritt des Reformierten Weltbundes zur Gemeinsamen lutherisch-katholischen Erklärung zur Rechtfertigungslehre von 1999 verleihen Wrights Überlegungen eine hohe theologische Plausibilität. Auf das Potenzial der Einsichten Wrights für das ökumenische Gespräch weisen die Herausgeber in ihrer Einleitung denn auch eigens hin. Wrights Einsichten können, so hoffen sie, „jene Lehre, die kirchengeschichtlich Anlass von Spaltungen wurde [...] zum Beweggrund der Versöhnung" machen.

Fraglos zwingt Wrights in allen Punkten überzeugende und sehr gut lesbar entfaltete Paulusdeutung die Vertreter einer im obigen Sinne traditionell lutherischen Ausformung der Rechtfertigungslehre zur Überwindung ihres individualistischen Ansatzes zugunsten des in der reformierten Tradition immer schon betonten biblischen Bundesgedankens. Ob es jedoch realistisch ist, von dieser exegetischen und theologischen Erkenntnis auch Impulse hin zu einer Abendmahlsgemeinschaft zwischen evangelischen und katholischen oder auch zwischen evangelischen und orthodoxen Christen zu erwarten, scheint dem Rezensenten eine offene Frage. Die paulinischen Ausführungen zur Rechtfertigung scheinen nämlich nach der Meinung des Rezensenten alles andere als „rein theologische" Überlegungen zu sein, die dann später auf eine gottesdienstliche Praxis übertragen wurden, sondern sie scheinen dem Rezensenten bereits in untrennbarem Zusammenhang mit einer schon gelebten Gemeinschaft am Tisch des Herrn zu stehen. Die moderne exegetische Trennung von Theorie und Praxis unterscheidet aus der Sicht des Rezensenten die gegenwärtigen ökumenischen Bestrebungen darum von der Realität des Neuen Testaments. Wenn nämlich das Konzept eines aktuellen Lehrdialoges de facto vorgibt, eine Einigung in der „Lehre" könne eine gottesdienstliche Gemeinschaft „herstellen", so erinnern die Paulusbriefe daran, dass die durch Christus hergestellte Gemeinschaft schon von den Gemeinden gelebt wird und verwenden gerade diesen Umstand als ein starkes Argument für ihre „inklusive" Sicht.

*Martin Illert*

Dr. Uta Andrée, Missionsakademie an der Universität Hamburg, Rupertistraße 67, 22609 Hamburg; Rev. Dr. Ştefan Barbu, E. Vanhoorenbekelaan 37/01, BE-3010 Kessel-Lo; PD Dr. Gisa Bauer, Sonnenstraße 3, 76185 Karlsruhe; Prof. Dr. Margit Eckholt, Institut für katholische Theologie der Universität Osnabrück, Schloßstraße 4, 49074 Osnabrück; Bischof Charles Jason Gordon, Bistum Bridgetown, Barbados, Antillen; Pfarrerin Dr. Dagmar Heller, Ökumenisches Institut Bossey, Chemin Chenevière 2, CH-1279 Bogis-Bossey; Prof. Dr. Martin Illert, Kirchenamt der EKD, Herrenhäuser Straße 12, 30419 Hannover; Dr. Bernd Jaspert, Aura 9, 36142 Tann (Rhön); Bischof i.R. Dr. Walter Klaiber, Albrechtstraße 23, 72072 Tübingen; Pfarrerin Dr. Gesine v. Kloeden, Landeskirchliche Beauftragte für Mission und Ökumene, Evangelische Gemeinde Hohensachsen, Steingasse 1, 69469 Weinheim; Dr. Claudia Kunz, Sekretariat der Deutschen Bischofskonferenz, Referat Pastorale Entwicklung, Kaiserstraße 161, 53113 Bonn; PD Dr. Jantine Nierop, Studienzentrum der EKD für Genderfragen in Kirche und Theologie, Arnswaldstraße 6, 30159 Hannover; Pfarrer M.A. Ionut Paun, Rumänisch-Orthodoxe Kirchengemeinde, Andreas Hofer Str. 21, 96049 Bamberg; Dr. Carola Roloff, Universität Hamburg, Akademie der Weltreligionen, Von-Melle-Park 8, 20146 Hamburg; Prof. Dr. Hans-Joachim Sander, Universität Salzburg, Theologische Fakulät, Universitätsplatz 1, A-5020 Salzburg; Pastor Andreas Stolze, Ev. KirchengemeindeSt. Stephanus, St. Stephanus-Passage 3, 21337 Lüneburg; Prof. Dr. Petros Vassiliadis, Dardanellion 14, Neapoli, GR-Thessaloniki, 567 27; Dr. Klaus Peter Voß, Bergstraße 61, 58579 Schalksmühle; Bischöfin i.R. Rosemarie Wenner, Kurpfalzstraße 55, 69226 Nußloch.

*Titelbild:* Papst Franziskus und Antje Jackelen, Erzbischöfin der Lutherischen Kirche Schwedens, beim gemeinsamen Reformationsgedenken in Lund, Schweden (31.10.2016)

Thema des nächsten Heftes 1/2018:

**Familie**

mit Beiträgen von Reiner Anselm, Stefanos Athanasiou, Torsten Dietz, Andreas Krebs, Dexter Maben, Eberhard Schockenhoff, Phillip Tolliday

632 | **ÖKUMENISCHE RUNDSCHAU – Eine Vierteljahreszeitschrift**

In Verbindung mit dem Deutschen Ökumenischen Studienausschuss (vertreten durch Thomas Söding, Bochum) herausgegeben von Angela Berlis, Bern; Petra Bosse-Huber, Hannover; Daniel Buda, Genf/Sibiu; Amelé Ekué, Genf/Bossey; Fernando Enns, Amsterdam und Hamburg (Redaktion); Dagmar Heller, Genf; Martin Illert, Hannover (Redaktion); Heinz-Gerhard Justenhoven, Hamburg; Ulrike Link-Wieczorek, Oldenburg/Mannheim (Redaktion); Viola Raheb, Wien; Johanna Rahner, Tübingen (Redaktion); Barbara Rudolph, Düsseldorf (Redaktion); Dorothea Sattler, Münster; Oliver Schuegraf, Hannover (Redaktion); Athanasios Vletsis, München; Rosemarie Wenner, Frankfurt am Main, Marc Witzenbacher, Frankfurt am Main (Redaktion).

ISSN 0029-8654                                ISBN 978-3-374-05279-0

**www.oekumenische-rundschau.de**

*Redaktion:* Marc Witzenbacher, Frankfurt a. M. (presserechtlich verantwortlich)
*Redaktionssekretärin:* Gisela Sahm
Ludolfusstraße 2–4, 60487 Frankfurt am Main
Tel. (069) 247027-0 · Fax (069) 247027-30 · e-mail: info@ack-oec.de

*Verlag:* Evangelische Verlagsanstalt GmbH
Blumenstraße 76 · 04155 Leipzig · www.eva-leipzig.de
Geschäftsführung: Arnd Brummer, Sebastian Knöfel

*Satz und Druck:* Druckerei Böhlau · Ranftsche Gasse 14 · 04103 Leipzig

*Abo-Service und Vertrieb:* Christine Herrmann
Evangelisches Medienhaus GmbH · Blumenstraße 76 · 04155 Leipzig
Gläubiger-Identifikationsnummer: DE03EMH00000022516

Tel. (0341) 71141-22 · Fax (0341) 71141-50
E-Mail: herrmann@emh-leipzig.de

*Anzeigen-Service:* Rainer Ott · Media Buch + Werbe Service
Postfach 1224 · 76758 Rülzheim
www.ottmedia.com· ott@ottmedia.com

*Bezugsbedingungen:* Die Ökumenische Rundschau erscheint viermal jährlich, jeweils im ersten Monat des Quartals. Das Abonnement ist jeweils zum Ende des Kalenderjahres mit einer Frist von einem Monat beim Abo-Service kündbar.
***Bitte Abo-Anschrift prüfen und jede Änderung dem Abo-Service mitteilen.***
***Die Post sendet Zeitschriften nicht nach.***
*Preise* (Stand 1. Januar 2013, Preisänderungen vorbehalten):
Jahresabonnement (inkl. Versandkosten): Inland: € 42,00 (inkl. MWSt.),
Ausland: EU: € 48,00, Nicht-EU: € 52,00 (exkl. MWSt.)
Rabatt (gegen Nachweis): Studenten 35 %.
Einzelheft: € 12,00 (inkl. MWSt., zzgl. Versand)

Die nächste Ausgabe erscheint Januar 2018.